全国职业院校智能网联汽车新形态工作手册式教材

全国技工院校智能网联汽车工学一体化教材

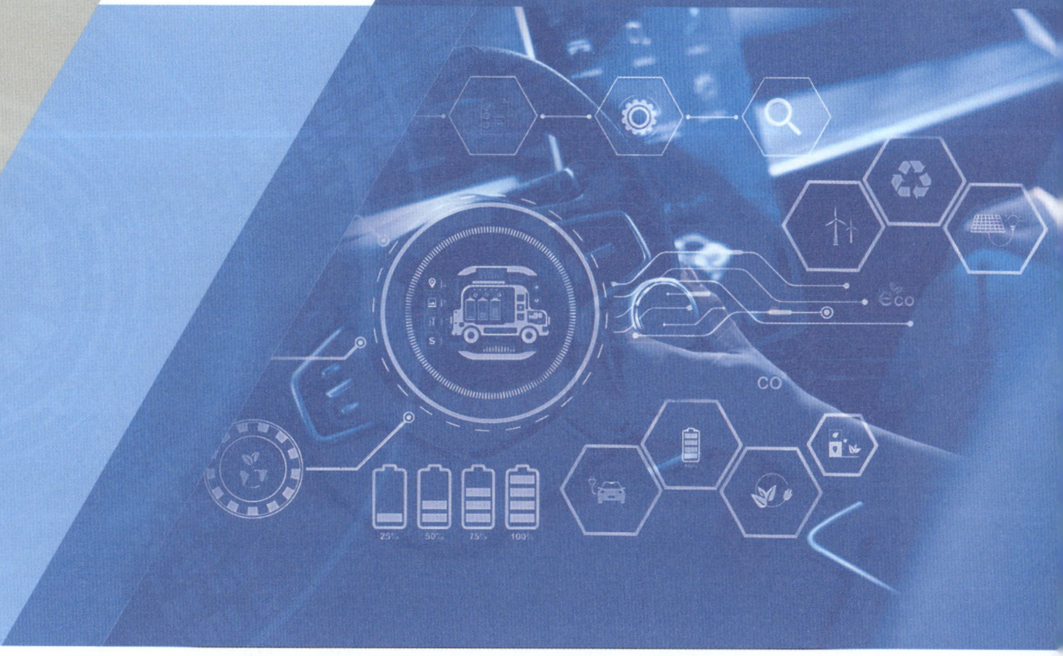

汽车智能座舱装调与检修

中德诺浩汽车职业教育研究院　组织编写

主　编　宋建华　吕丕华

副主编　王　翠　汪洋青　许智达

参　编　杨　振　徐建明

中国劳动社会保障出版社

内容简介

本书以新一代汽车企业岗位（群）任职要求、职业标准、典型工作任务为主体内容，以“教、学、做”合一的形式编写而成，具有工作手册和教材的共同特征。全书共有 4 个情境、16 个任务，内容主要包括智能座舱数字仪表和影像系统装调与检修、智能信息娱乐和舒适系统装调与检修、智能座舱车载网络装调与检修、智能座舱人机交互（HMI）系统装调与检修等。

本书可作为职业院校与技工院校智能网联汽车相关专业教学用书，也可作为汽车企业相关技术人员与社会人士培训参考用书。

图书在版编目（CIP）数据

汽车智能座舱装调与检修 / 宋建华，吕丕华主编 . -- 北京：中国劳动社会保障出版社，2024
全国职业院校智能网联汽车新形态工作手册式教材　全国技工院校智能网联汽车工学一体化教材
ISBN 978-7-5167-6017-8

Ⅰ. ①汽…　Ⅱ. ①宋…②吕…　Ⅲ. ①汽车 – 智能通信网 – 座舱 – 职业教育 – 教材　Ⅳ. ①U463.83

中国国家版本馆 CIP 数据核字（2024）第 027033 号

中国劳动社会保障出版社出版发行
（北京市惠新东街 1 号　邮政编码：100029）

*

三河市华骏印务包装有限公司印刷装订　　新华书店经销

880 毫米 ×1230 毫米　16 开本　15.75 印张　338 千字
2024 年 5 月第 1 版　　2024 年 5 月第 1 次印刷
定价：57.00 元

营销中心电话：400-606-6496
出版社网址：http://www.class.com.cn
http://jg.class.com.cn

前言

近年来，我国汽车产销总量连续位居全球第一，汽车产业已发展成为我国国民经济重要的战略性、支柱性产业。伴随新一轮科技革命和产业变革，智能网联汽车已成为全球汽车产业发展的战略方向。

党的二十大报告指出，“坚持把发展经济的着力点放在实体经济上，推进新型工业化，加快建设制造强国、质量强国、航天强国、交通强国、网络强国、数字中国”。国家发展和改革委员会等部门印发的《智能汽车创新发展战略》提出，“发展智能汽车，有利于提升产业基础能力，突破关键技术瓶颈，增强新一轮科技革命和产业变革引领能力，培育产业发展新优势”，具有重要的战略意义。与之呼应，汽车产业对于高素质技术技能型人才的需求越来越紧迫。

根据中共中央办公厅、国务院办公厅印发的《关于加强新时代高技能人才队伍建设的意见》，为贯彻落实全国职业教育大会精神，为我国汽车产业提供有力的人才和技能支撑，编者团队以岗位职业技能为核心，以优化课程结构、加强实践教学、突出能力培养和提高教材质量为突破口，编写了这套职业院校智能网联汽车新形态工作手册式教材。

本套教材融入企业新知识、新技术、新工艺、新方法，根据汽车产业链典型岗位工作标准，将智能网联汽车理论知识与实践应用有机结合，综合培养学生的专业知识、技术技能、职业道德等职业综合素质和行动能力，具有以下特点：

（1）产教融合，内容前瞻。集合职业院校与龙头企业等多方力量，依据职业教育国家专业教学标准，按照生产实际和岗位需求，将新技术、新工艺、新规范、典型生产案例纳入教材内容，对接职业标准和岗位（群）能力要求。

（2）理实结合，工学一体。以真实生产项目、典型工作任务等为载体，把握学生认知规律，体现先进职业教育理念，将工作过程和学习过程融为一体，培养学生的综合职业能力。

（3）模式先进，编排合理。采取行动导向教学模式，按照结构化、模块化、系统化的要求精心编排教材内容，满足项目学习、案例学习、模块化学习等不同学习方式的需求。

（4）形态创新，数字引领。采用工作手册式教材形式，图、文、表并茂，“岗课赛证”融通，配套数字资源形式多样、信息技术应用充分，附有专属二维码便于使用者浏览和学习，有效激发学生的学习兴趣和创新潜能。

（5）课程思政，导向明确。内容编写坚持正确的政治方向和价值导向，落实课程思政要求，弘扬劳动光荣、技能宝贵、创造伟大的时代风尚，培育劳模精神、劳动精神和工匠精神。

（6）彩色印刷，制作精良。全书采用彩色印刷，版面清晰，主题明确，满足理论及实训等多种教学场景。

本套教材可作为职业院校智能网联汽车相关专业核心教材，也可作为其他汽车类专业的专业课教材和拓展课教材使用，同时还可供从事汽车研究、设计、制造、使用和维修的工程技术人员学习和参考。

智能网联汽车技术是传统汽车技术与信息技术、人工智能、通信技术、传感器技术等新技术的深度融合，整个行业还在不断地创新探索技术和服务的内容、模式，加之编写团队水平有限，使本书在一些具体问题的处理上难免有不尽如人意之处，敬请广大读者批评指正！

《汽车智能座舱装调与检修》由曲靖职业技术学院宋建华、中德诺浩（北京）教育科技股份有限公司吕丕华担任主编，九江职业技术学院王翠、汪洋青，中德诺浩（北京）教育科技股份有限公司许智达担任副主编，九江职业技术学院杨振、徐建明参加编写。

此外，本教材在编写过程中还得到了相关行业、企业，以及职业院校产、学、研各方面的专家和技术骨干的参与和支持，在此致以诚挚的谢意。

编　者

Contents

目录

情境一
智能座舱数字仪表和影像系统装调与检修

智能座舱是智能网联汽车的核心模块之一，它直接为用户提供智能化、网联化集成功能，它是营造安全、高效、先进驾乘环境的终端体系。

智能座舱数字仪表和影像系统装调与检修是智能网联汽车智能座舱系统装调与检修的重要组成部分，深刻影响着车辆的运行效率和驾乘性能。本情境针对智能座舱仪表、后视镜、全景影像系统等进行一系列的学习、认知、诊断、检修，包括智能座舱系统运行检查、抬头显示仪表（HUD）与数字仪表检修、中控屏装调与检修、流媒体后视镜系统检修、智能座舱影像系统标定与检修 5 个任务。

本情境主要学习内容有智能座舱认知、组成，智能座舱功能操作、检查，数字仪表原理、数字仪表装调、中控仪表更换方法、中控仪表系统故障检修，智能后视镜定义、功用，后视镜摄像头控制系统检修，全景影像系统标定，环车摄像头更换等。

情境目标

▸ 能够参照技术规范，按照正确的操作流程和检修要求，规范完成智能座舱系统运行检查。

▸ 能够依据数字仪表工作原理，选用合适的工具，完成数字仪表、中控仪表的检修、更换、装调。

▸ 能够根据智能后视镜控制逻辑，按照规范的操作流程，完成智能后视镜的检修和标定。

▸ 能够根据全景影像系统的工作逻辑，按照规范的诊断流程和操作步骤，完成全景影像系统标定、部件更换。

任务一
智能座舱系统运行检查

任务导入

场景：某品牌汽车售后服务中心

人物：维修技师陈师傅、客户张先生

情境：客户张先生近日购买了一台高配置国产智能网联汽车，车辆具备语音识别、抬头显示、氛围灯、手势识别、智能空调等多项智能化功能。在使用过程中，张先生发现座舱语音识别存在系统无反应的问题。张先生来到售后服务中心，售后服务中心安排陈师傅接待并为张先生提供车型配置确认、座舱使用指导及智能座舱系统运行检查服务。如果你是陈师傅，你将如何开始工作呢？

任务目标

- 能根据车辆用户手册，快速准确认知智能座舱的部件，完成车辆智能座舱配置检查。
- 能根据车辆用户手册，熟练操作智能系统，完成智能座舱系统运行检查与用户设置。

任务实施

（一）智能座舱系统配置检查

1. 知识学习

（1）智能座舱的定义

智能座舱是汽车传统驾驶舱综合运用人工智能、汽车电子、生物感知、智能控制、信息融合、电子屏幕显示等先进技术升级后的智能化汽车驾乘空间，如图 1–1 所示。智能座舱是汽车驾驶舱内饰和汽车电子技术的融合创新，它具备从驾乘应用场景出发的人机交互（简称 HMI）系统，是自汽车发明以来人车关系从“汽车是人的交通工具”向“汽车是驾乘人员的伙伴与助手”演进变化的重要技术进步。因此，智能座舱与先进驾驶辅助系统（简称 ADAS）一道，被认为是智能网联汽车的主要特征。

图 1-1　智能座舱外观

（2）智能座舱的组成

智能座舱主要由智能操控系统、信息与娱乐系统、安全舒适系统、人机交互系统、车载通信系统、辅助电气系统六大系统组成，其典型部件如图 1-2 所示。

图 1-2　智能座舱典型部件

智能操控系统集合多功能操控键的转向盘、力反馈加速踏板等。

信息与娱乐系统包括数字仪表、中控屏、后排多媒体、车载音响。

安全舒适系统包括智能座椅、智能空调等。

车载通信系统包括蓝牙、Wi-Fi、NFC 等。

人机交互系统包括智能语音控制系统、手势识别控制系统、驾驶员监控系统等。

辅助电气系统包括智能刮水器系统、无钥匙进入系统、电动天窗等。

（3）智能座舱技术发展历程

智能座舱技术发展历程主要包括第一代智能座舱（电子座舱）、第二代智能座舱（智能助力）和第

三代智能座舱（第三生活空间）三个阶段。

1）第一代智能座舱（电子座舱）

20 世纪 60 年代至 90 年代，汽车驾驶室的仪表板主要安装机械式组合仪表、收音机和车载录音机等设备，操控界面采用物理实体按键形式。21 世纪初，随着汽车电子技术的发展，汽车驾驶室开始向电子化发展，形成电子化汽车座舱，原先传统汽车驾驶室的电子信息系统逐步整合，其中最有代表性的是车载信息与娱乐系统，收音机与车载 CD 机集成为一套多功能音乐播放器，如图 1–3 所示。

图 1–3　第一代智能座舱（电子座舱）

2）第二代智能座舱（智能助力）

2015 年，汽车座舱开始使用移动计算技术和流媒体技术，各车载系统逐渐具备个性化设置、仪表娱乐互联交互、外部通信互联等特征。随着智能手机、平板计算机和导航仪等设备的发展，车载信息娱乐系统开始具备协助导航、播放音乐等功能，如图 1–4 所示。

图 1–4　第二代智能座舱（智能助力）

3）第三代智能座舱（第三生活空间）

目前，汽车智能座舱正在向迅速搭载高级智能驾驶系统、人工智能助手、主动式个性交互、生物识别等技术。汽车座舱已发展为“以人为中心的移动空间”，是基于“家”“办公”的第三生活空间，为汽车驾乘人员提供全方位服务，并在视觉、听觉、触觉、嗅觉、体感上为驾乘人员提供多维的交互体验，如图 1–5 所示。

图 1–5　第三代智能座舱（第三生活空间）

未来汽车作为“第三生活空间”，使用场景将更加丰富化、生活化和智能化，基于车辆位置信息，融合信息、娱乐、订餐、互联等功能，可以通过网联功能轻松实现线上、线下体验的无缝对接。

2. 技能操作

（1）操作准备

准备技能操作所需的物料，见表 1–1。

表 1–1　物料准备

类别	所需物料
教学车辆	智能座舱系统、实训车辆
设备、仪器、工具、资料	维修手册，电路图，转向盘套、座椅套、脚垫（车内三件套），安全手套，工具套装，抹布

（2）智能座舱系统配置检查

按照使用手册与维修手册检查智能座舱车辆配置，并将检查结果填入表 1–2 中。

表 1–2　智能座舱系统配置检查表

序号	名称	是否配置	安装位置
1			
2			

续表

序号	名称	是否配置	安装位置
3			
4			
5			
6			
7			
8			
9			
10			
11			
12			
13			
14			
15			

（二）智能座舱功能检查与设置

1. 知识学习

（1）智能座舱技术架构

智能汽车交互方式的革新，带来的是全新的用户体验场景，从原先的传统座舱体验延展到智能座舱体验，包括车载系统、全场景交互、驾驶环境模拟显示、车载应用及服务生态等。典型智能座舱系统配置如图 1–6 所示。

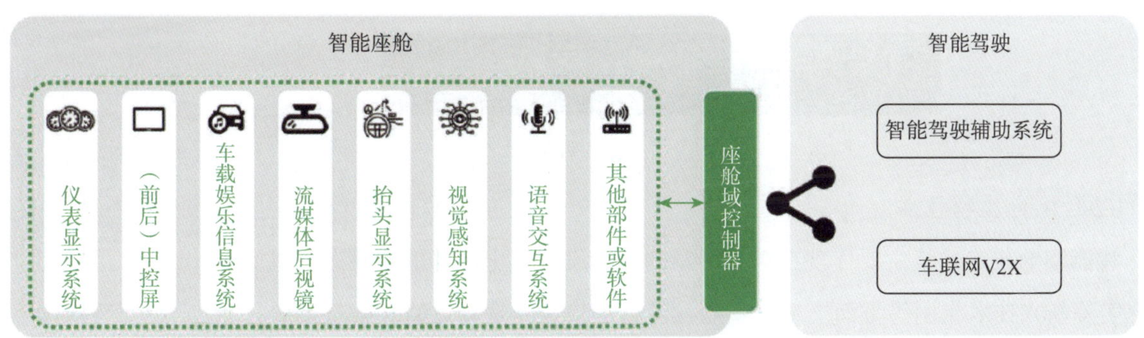

图 1–6　典型智能座舱系统配置

智能座舱内可以实时显示驾驶环境模拟，可以在车内看到更广范围、更多系统感知的内容，包括但不限于周围环境模拟、限速指示、施工提醒等，典型智能导航界面如图 1–7 所示。

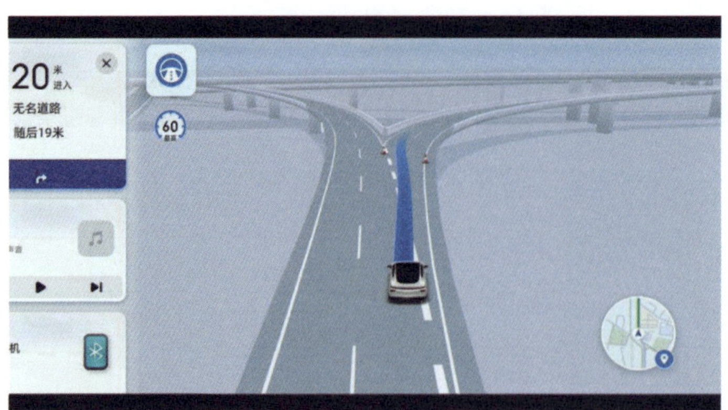

图 1-7　典型智能导航界面

智能座舱的技术架构主要有硬件层、软件层、服务层和支撑层四个部分。硬件层、软件层和服务层共同构成上、中、下三层结构，支撑层服务其他三个层级，如图 1-8 所示。硬件层包含摄像头、麦克风阵列、内嵌式存储器（EMMC）、内存（DDR）等。软件层有系统软件和功能软件两大类软件。系统软件主要有操作驾驶域系统驱动（Linux SPI）与座舱域系统驱动（Android SPI）；功能软件包括与智能驾驶共用部分和智能座舱自身域的感知软件控制模型，以及决策中心服务等。服务层包括启用摄像头进行人脸识别、自动语音识别、数据服务、场景网关、账号鉴权等。支撑层主要包括数据平台、回灌平台、训练平台。

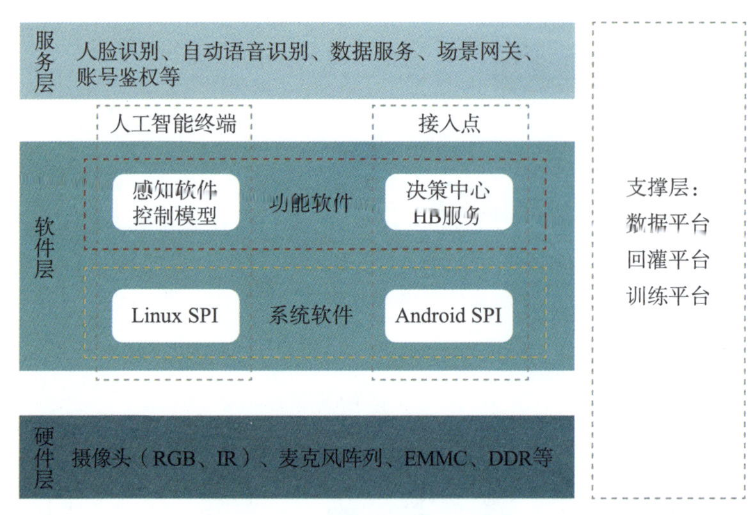

图 1-8　智能座舱的技术架构

（2）智能座舱技术趋势

智能座舱技术趋势主要体现在基于场景的功能设计、更完善的多模态人机交互体系、增强现实与虚拟现实等新兴技术应用等方面。智能座舱技术趋势将兼顾驾驶体验和乘坐体验，通过不断发展新兴技术来不断满足驾驶员和乘客的安全性、舒适性、趣味性、个性化等各种层次的需求。

1）基于场景的功能设计

智能座舱的设计更多应通过全方位挖掘分析用户在不同使用场景下的真实需求，找到交互方式、功能体验上的创新技术及方法，最大程度地提升用户在真实场景中的体验感，为用户提供“人—车—生态系统”的完整价值体验。

2）多模态人机交互体系

驾驶员不只是将车辆作为代步工具，而是将车视为可以满足娱乐、办公需求的个性化智能移动空间，要求车辆具有精准的感知能力和理解行为的能力。这种理想的用户体验需要依靠完善的多模态人机交互体系，再根据大数据库和深度学习算法对信息进行反馈。例如，当驾驶员输入的语音含有代词等模糊性词语时，仅依靠语音交互就会产生语义歧义，导致不能准确理解驾驶员的行为和用意，而要准确描述目标可能需要大量的语句才能实现，耗费驾驶员较多的时间和精力，从而使交互体验大打折扣。而完善的多模态人机交互体系，可以在语音交互的同时配合眼动仪进行视觉追踪，方便快速地捕捉到驾驶员的目标，从而提升交互的准确性和便捷性，如图 1–9 所示是某网络平台消费者需求调研。

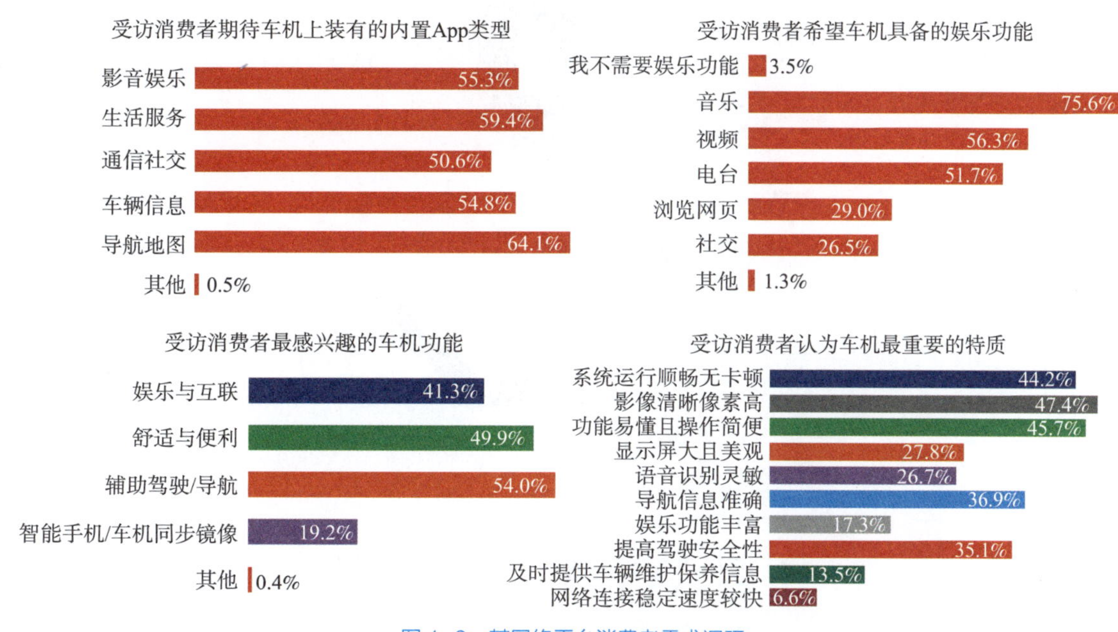

图 1–9 某网络平台消费者需求调研

目前许多车企的智能座舱已具备语音交互、手势识别、触摸操控、视觉分析等多模态交互技术，但是还需要将功能进一步加深，直到准确适用于各种用户场景，形成完善的系统。

3）增强现实与虚拟现实等新兴技术应用

随着智能网联技术的快速发展，智能座舱受到消费者需求、政策支持等多重驱动因素的影响，为汽车产业带来了新的机遇，正在成为汽车制造企业争夺的技术热点。

现在座舱搭配的大屏、多屏等基础硬件设施差别越来越小，新兴技术等差异化功能的应用变得更为重要，可以更为有效地提高产品竞争力。例如，增强现实抬头显示技术可以更加直观地为用户提供车道偏离预警、碰撞警告、周边信息提示等功能，相较于传统的抬头显示系统，其不需要驾驶员不断切换视角，避免频繁切换出现危险。虚拟现实技术在给智能座舱带来科技感的同时，可以根据乘客喜好随意改变汽车内、外部环境，增加行驶过程中的趣味性和娱乐性。

（3）智能座舱操作与用户设置

典型智能座舱中控操作界面如图 1–10 所示。通过界面中的各个虚拟按键，可对座舱各项智能功能进行开启、关闭、调节操作，并可进行相应设置。

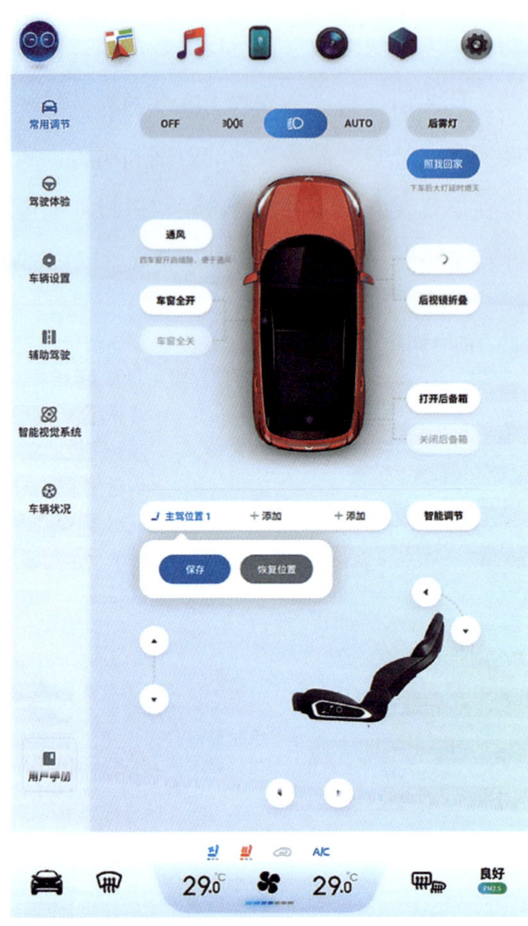

图 1–10　典型智能座舱中控操作界面

2. 技能操作

（1）操作准备

准备技能操作所需的物料，见表 1–3。

表 1–3　物料准备

类别	所需物料
教学车辆	智能座舱系统、实训车辆
设备、仪器、工具、资料	维修手册、电路图、车内三件套、安全手套、工具套装、抹布

（2）智能座舱系统运行检查

通过车辆中控屏，执行智能座舱系统运行检查，并将工作记录在表 1–4 中。

表 1-4　智能座舱系统运行检查记录表

序号	系统名称	功能	检查结果	备注
示例	后视镜	后视镜折叠	正常□　异常□	
1			正常□　异常□	
2			正常□　异常□	
3			正常□　异常□	
4			正常□　异常□	
5			正常□　异常□	
6			正常□　异常□	
7			正常□　异常□	
8			正常□　异常□	

（3）智能座舱设置

将智能座舱系统功能的设置步骤填写在表 1–5 中。

表 1-5　智能座舱系统功能设置记录表

序号	调试目标	设置步骤
示例	智能氛围灯	中控屏主页→右滑至负一屏→灯→氛围灯开关→选择颜色和亮度
1		
2		
3		
4		
5		
6		
7		
8		

检查评估

对本任务的学习情况进行检查，并将相关内容填写在表 1–6 中。

表 1-6　检查表

检查项目	检查结果	结果点评
智能座舱系统配置检查		
能准确指出智能座舱各部件的名称	是□　否□	
能准确指出智能座舱各部件的作用	是□　否□	

续表

检查项目	检查结果	结果点评
智能座舱功能检查与设置		
能精准找到智能座舱功能调节界面	是□ 否□	
能正确完成智能座舱系统功能设置	是□ 否□	
能正确操作智能座舱的功能和设置	是□ 否□	
整理及恢复		
工具、设备是否整理恢复	是□ 否□	
车辆是否清洁干净	是□ 否□	

任务小结

本任务小结如图 1–11 所示。

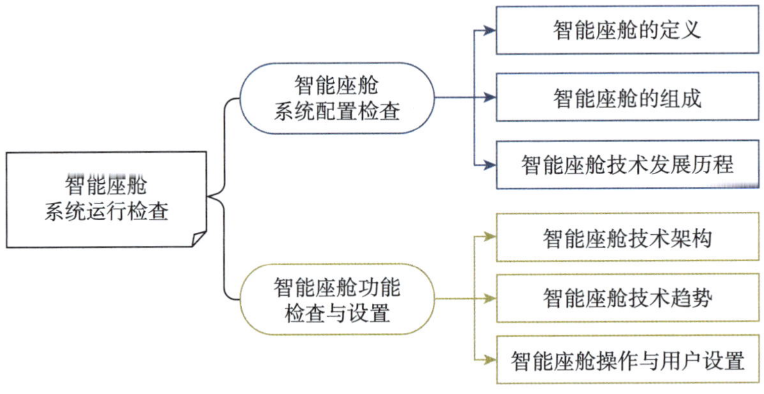

图 1–11　本任务小结

任务二
抬头显示（HUD）系统与数字仪表检修

任务导入

场景：某品牌汽车售后服务中心

人物：维修技师陈师傅、客户张先生

情境：客户张先生拥有一台高配置新能源汽车，车辆配备数字式仪表、抬头显示系统等多种设备。最近，张先生发现数字式仪表在显示时，显示界面有黑点出现。张先生驱车来到售后服务中心，陈师傅对车辆检查时发现问题确实存在，同时发现该车抬头显示系统也偶有闪亮，于是准备对这两个部分进行检查。如果你是陈师傅，你该做哪些工作？

任务目标

▸能根据维修手册，正确使用工具，规范更换抬头显示系统设备。

▸能根据维修手册，正确使用工具，按照断电流程、拆装指示，规范更换数字仪表设备。

任务实施

（一）抬头显示系统装调

1. 知识学习

（1）抬头显示系统的类型

抬头显示（HUD，head up display）系统一般简称抬头显示、HUD，如图 2–1 所示。

图 2-1　HUD

汽车 HUD 主要有 3 种类型：组合型抬头显示（C-HUD，combiner HUD）系统、风挡型抬头显示（W-HUD，windshield HUD）系统和增强现实型抬头显示（AR-HUD，augmented reality HUD）系统。

1）C-HUD 系统

C-HUD 系统（以下简称 C-HUD）是在汽车仪表上方、仪表板顶部加装一个半透明树脂板，将该树脂板作为投影介质反射出虚像。该树脂板通常会根据成像条件进行特殊处理，例如做成楔形来避免反射重影，提升显示效果，如图 2-2 所示。

图 2-2　C-HUD

C-HUD 成本较低；成像区域小，显示内容有限；成像距离近，成像高度较低；布置位置处于驾驶员前方的仪表板上，在车辆碰撞时可能会对驾驶员造成二次伤害。

2）W-HUD 系统

W-HUD 系统（以下简称 W-HUD）具有基于曲面反射镜、全息光学元件（HOE）和全息光波导（waveguide）放大成像等不同技术路线。目前 HOE 和 Waveguide 技术尚未成熟，主要应用的是基于曲面反射镜放大成像技术，如图 2-3 所示。

基于曲面反射镜放大成像技术的 W-HUD 使用前风窗玻璃作为成像介质来反射成像，可以支持更大的成像区域和更远的投影距离。W-HUD 的劣势在于，前风窗玻璃通常为曲面反射镜，W-HUD 必须根据其尺寸和曲率去适配高精度曲面反射镜，导致成本相对较高。

图 2-3　W-HUD

W-HUD 技术上门槛极高，从光学的角度来看，风窗玻璃是自由曲面，为了形成不失真的图像，就要求 HUD 中的凹透镜发出非常精确的图像。因此，在制造大镜片的过程中对容差的要求更加严格。由于环境亮度的变化范围大，HUD 需基于虚拟影像的背景具有极高的亮度和精确的亮度控制以形成可轻松读取的图像。

3）AR-HUD 系统

AR-HUD 系统（以下简称 AR-HUD）和 W-HUD 一样使用前风窗玻璃作为成像介质来反射成像，但 AR-HUD 成像区域更大、投射距离更远、成像也更为生动。

AR-HUD 需要通过智能驾驶的传感器（摄像头、雷达等）对前方的路况进行解析建模，以得到对象的位置、距离、大小等要素，再把 HUD 显示的信息精准地投影到对应的位置。AR-HUD 可将投射信息与交通环境进行高度融合，例如行驶过程中的车道线贴合、前方障碍物（危险物）贴合、车道偏离预警与车道线贴合等，如图 2-4 所示。

图 2-4　AR-HUD

AR-HUD 各方面性能都是最佳的，但其体积最大，在整车上布置较为困难。同时目前 AR-HUD 技术还不够成熟，显示效果仍需提升。

（2）抬头显示系统的结构组成

HUD 主要由图像生成单元（PGU，picture generation unit）和光学显示系统两大部分构成。图像生成单元用于生成 HUD 输出图像，光学显示系统用于显示图像。HUD 结构组成如图 2-5 所示。

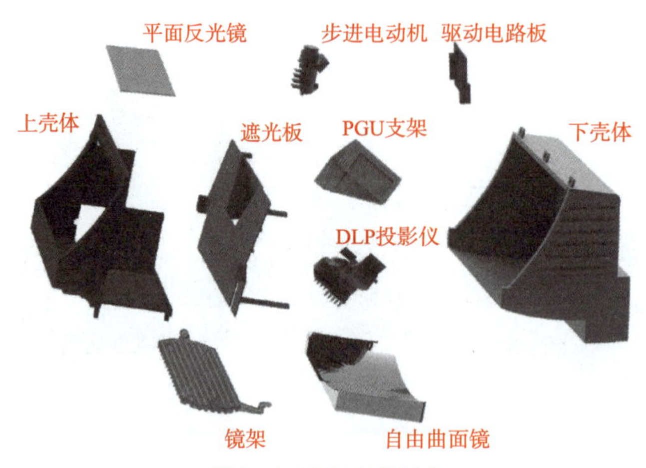

图 2-5　HUD 结构组成

1）图像生成单元（PGU）

图像生成单元（PGU）是 HUD 最核心的部件，占 HUD 总成本的 50% 左右，其作用是生成 HUD 输出图像，由光源、光学膜片和其他光学组件构成。

PGU 是 HUD 的核心技术部分，其技术路线可分为薄膜晶体管液晶显示屏技术（TFT-LCD）、数字光处理技术（DLP）和激光扫描技术（MEMS）三种。不同的技术路线，其光源和光学组件都完全不同。

① 薄膜晶体管液晶显示屏技术（TFT-LCD）

TFT 是 LCD 液晶显示技术的一种，TFT-LCD 的工作原理是 LCD 被背光光源照亮后，通过集成在 LCD 面板每个像素点背后的薄膜晶体管驱动液晶分子旋转改变光源偏振状态，从而呈现不同的明暗灰度，再通过 RGB 滤色片呈现彩色图像。

TFT-LCD 可以输出高响应速度、高亮度、高对比度的图像信息，且技术成熟、成本低，是目前 HUD 的主流技术路线，但是其热管理难度大，需要有更多热管理方面的光学设计。

② 数字光处理技术（DLP）

DLP 是一种以数字微镜装置作为主要光学控制元件调节反射光，并在匀光片上实现投射成像的技术。DLP 通过集成数十万个超微型镜片的数字微镜芯片（DMD），可将强光源经过数字系统计算反射后投影出来。

DLP 技术的优势有热效应不严重，图像明亮度、颜色饱和度等表现较佳。

DLP 技术的劣势有图像对位、清晰度、锐度、重影、失真等问题，以及成本相对较高。

③ 激光扫描技术（MEMS）

MEMS 技术使用具有较高功率的红、绿、蓝（三原色）单色激光器为光源，激光经相应光学元件和处理芯片的整合与扫描后投射在显示屏上。

MEMS 方案的优势为低能耗、高亮度、大视场和高对比度，其主要问题包括激光二极管不耐高温，暂无法满足车载高温工作环境要求，激光二极管成本较高，如图 2-6 所示。

2）光学显示系统

HUD 的光学显示系统一般包括前风窗玻璃、反射镜、控制单元。

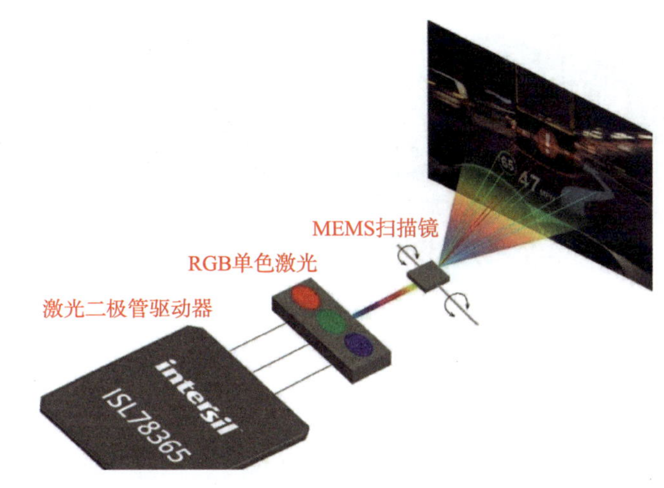

图 2-6　MEMS 结构组成

① 前风窗玻璃

除 C-HUD 依赖放置于仪表板上方的树脂曲面镜成像外，W-HUD 和 AR-HUD 都需要通过前风窗玻璃成像。前风窗玻璃有内、外两层玻璃，两层玻璃之间存在一层 PVB 薄膜夹层。若将 HUD 图像通过普通前风窗玻璃投射，在玻璃厚度和倾斜角度作用下，很容易形成虚像重影，投射效果差。

为了消除重影，目前的主流方案是将 PVB 薄膜夹层制成楔形，使玻璃呈上厚下薄的状态，如图 2-7 所示。

② 反射镜

反射镜和风窗玻璃需要进行拟合以尽可能消除画面畸变。自由曲面反射镜磨具需要用精密仪器制造（纳米级），非球面镜需要一次成形，如图 2-8 所示。

普通挡风玻璃夹层

HUD挡风玻璃夹层

图 2-7　HUD　PVB 薄膜

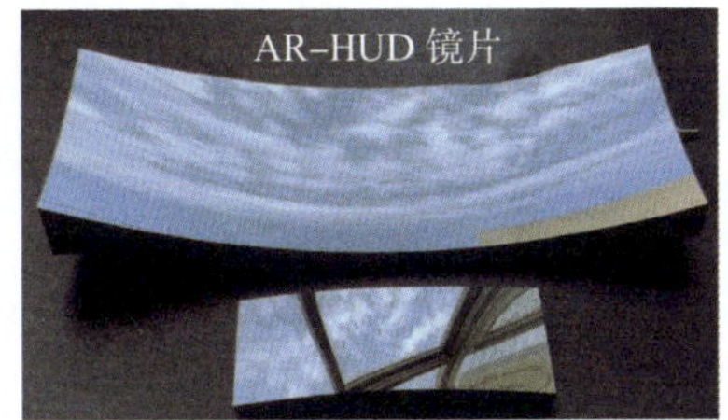

图 2-8　AR-HUD 镜片

③ 控制单元

控制单元接入车辆数据总线，获取车速、导航、智能驾驶等信息，并在图像生成单元输出图像，如图 2-9 所示。

（3）抬头显示系统的工作原理

汽车前风窗玻璃是反射镜，在驾驶员眼前投射一个实时的图像，图像本身来自下方的主机，从成像屏幕正面看，成像屏幕上的图像通过第一个镜子（反射镜）反射到第二个更大的镜子（AR-HUD 镜）上，再射向前风窗玻璃，由此形成视域较大的增强投影面，如图 2-10 所示。

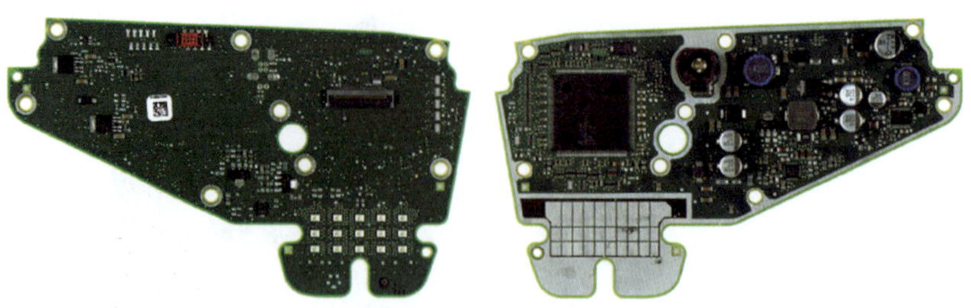

图 2-9　控制单元

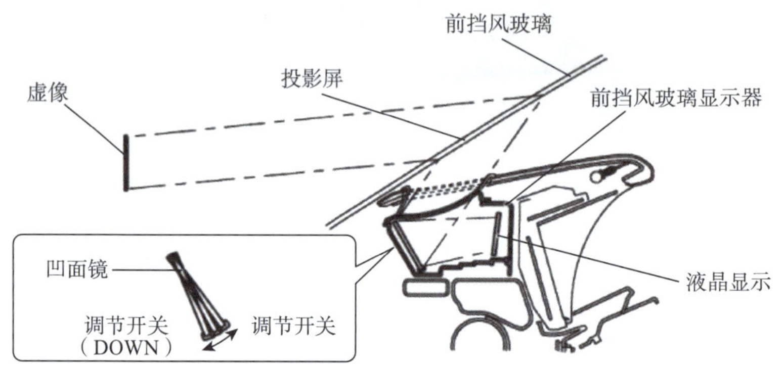

图 2-10　抬头显示系统的工作原理（AR-HUD）

（4）抬头显示系统电路

典型 HUD 电路图如图 2-11 所示。抬头显示器通过两根输出线路和两个底线与中控仪表相连。

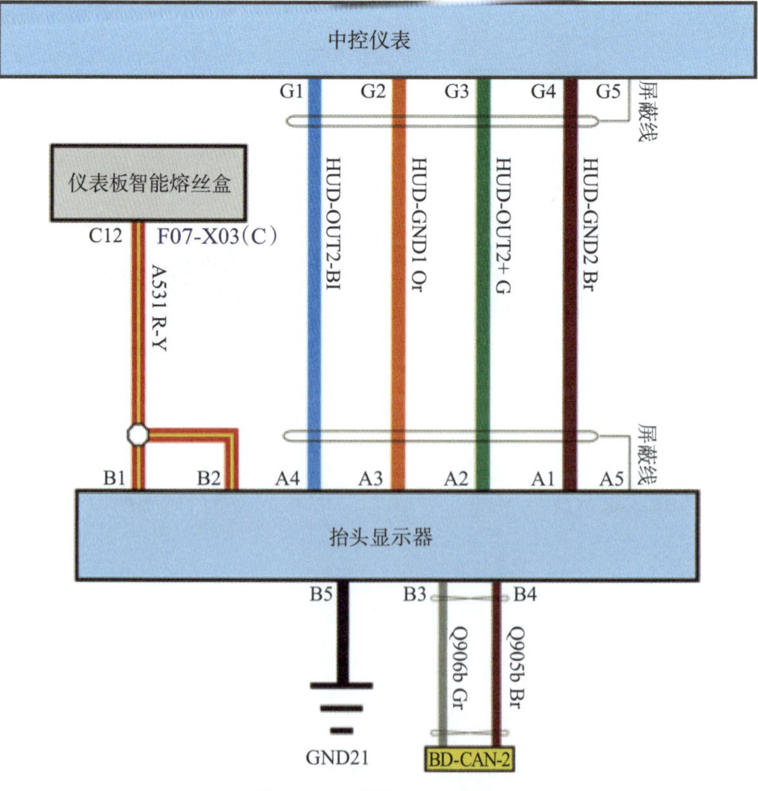

图 2-11　典型 HUD 电路

情境一

（5）抬头显示系统的更换方法

断开蓄电池负极端子，脱开 8 个弹簧卡片及 11 个卡爪，并拆下左侧除霜喷嘴，如图 2-12 所示。

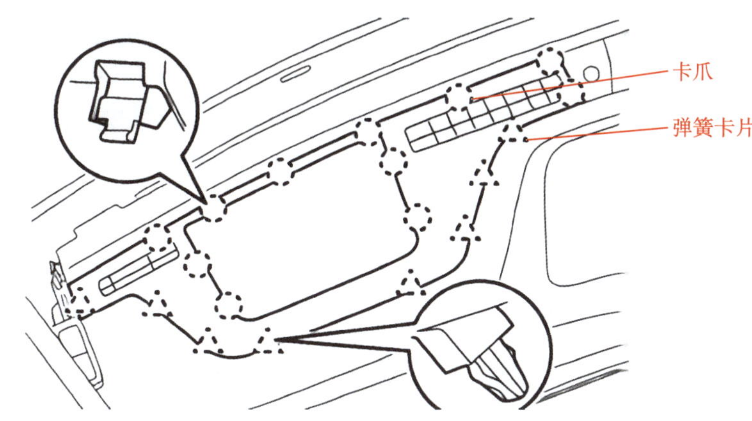

图 2-12　拆下左侧除霜喷嘴

拆卸抬头显示器装饰盖，脱开 5 个弹簧卡片，并拆下抬头显示器装饰盖，如图 2-13 所示。

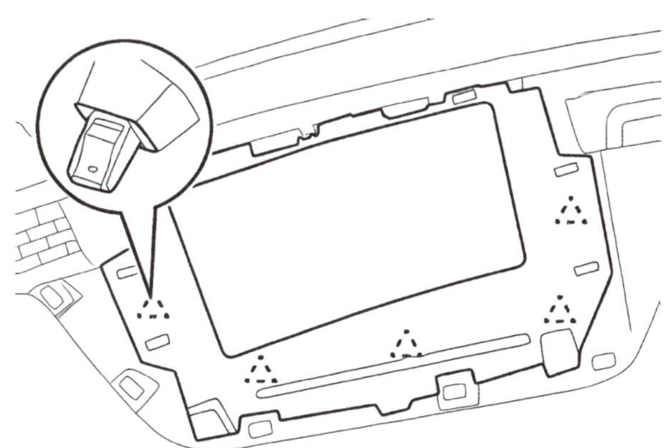

图 2-13　拆下抬头显示器装饰盖

拆卸仪表板总成，拆下 4 个螺栓，并拆下抬头显示器总成，如图 2-14 所示。断开抬头显示器总成线束连接器，如图 2-15 所示，并取出抬头显示器总成。

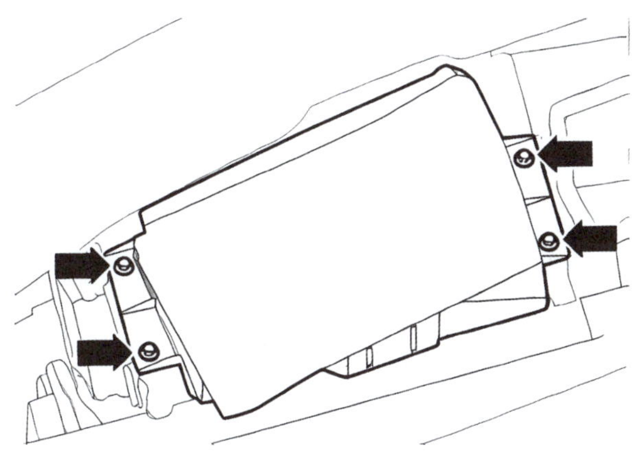

图 2-14　拆下抬头显示器总成

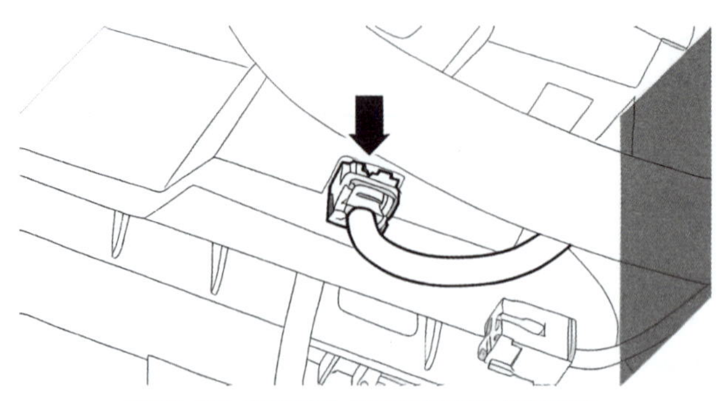

图 2-15　断开抬头显示器总成线束连接器

HUD 安装方法与拆卸相同，步骤相反。

2. 技能操作

（1）操作准备

准备技能操作所需的物料，见表 2-1。

表 2-1　物料准备

类别	所需物料
教学车辆	智能座舱系统、实训车辆
设备、仪器、工具、资料	维修手册、电路图、车内三件套、安全手套、工具套装、抹布

（2）抬头显示系统电路图拆画

按照维修手册，拆画抬头显示系统电路图（见图 2-16）。

图 2-16　抬头显示系统电路图

（3）抬头显示仪表更换

根据维修手册进行抬头显示仪表更换，将工作内容记录在表 2-2 中。

表 2-2　操作记录表

序号	步骤	工具设备	备注
1			
2			
3			
4			
5			
6			
7			
8			

（二）数字组合仪表装调与故障检修

1. 知识学习

（1）数字组合仪表的功能

数字组合仪表简称数字仪表，是传统汽车组合仪表应用先进数字技术、屏幕显示技术、信息处理技术更新换代的车辆仪表部件。传统组合仪表与数字组合仪表的对比如图 2-17 所示。

a）

b）

图 2-17　传统组合仪表与数字组合仪表的对比

a）传统组合仪表　b）数字组合仪表

数字组合仪表相较传统组合仪表可为驾驶员提供更多的相关信息，例如多媒体信息、大尺寸数字地图信息等，还能基于正常、运动、越野等驾驶模式提供定制的显示内容。数字组合仪表能够集成 HUD 和驾驶员监控等新功能，并且允许在使用相同的仪表硬件系统时，在软件上对各种车型进行区别设置。

（2）数字组合仪表产品的特性要求

为满足智能网联汽车的各种使用场景，数字组合仪表在图形性能、高分辨率显示、安全性、快速启动、散热等方面有着较高的性能要求。

强大的图形性能和高分辨率显示支持。数字组合仪表解决方案代替传统组合仪表后，车企和驾驶员期望的是能够以平滑、逼真的图形性能呈现具有针对性的图形内容。速度和转速指针需以 60 fps 的帧率呈现出来，以保证平滑流畅的运动。随着数字组合仪表图形内容的增加和显示分辨率的提高，只有功能强大的应用处理器才能应对日益提高的要求。

高安全性。尽管不是所有的图形内容都与安全有关，但信号警告灯（如制动器故障警告）都与安全有关。因此，仪表系统要求信号灯呈现符合 ASIL-B 级安全认证。而且，安全组件中的音频警告（如“车门未正确关闭”警告或安全带提示音）可能要求符合仪表系统中的音频驱动程序的 ASIL-A 等级。

系统启动快速。驾驶员希望在打开点火开关后，所有测量仪表都能尽快进入工作状态。这要求整个系统（包括显示和图形）在冷启动后 1 s 内进入正常工作状态。

功率和热性能。数字组合仪表系统需配备散热风扇等附加组件。

（3）数字组合仪表系统结构组成

数字组合仪表是驾驶员和汽车进行交互的主要界面，它可为驾驶员提供所需的汽车运行参数、行驶里程、车辆故障信息等重要内容，典型的数字组合仪表界面如图 2-18 所示。

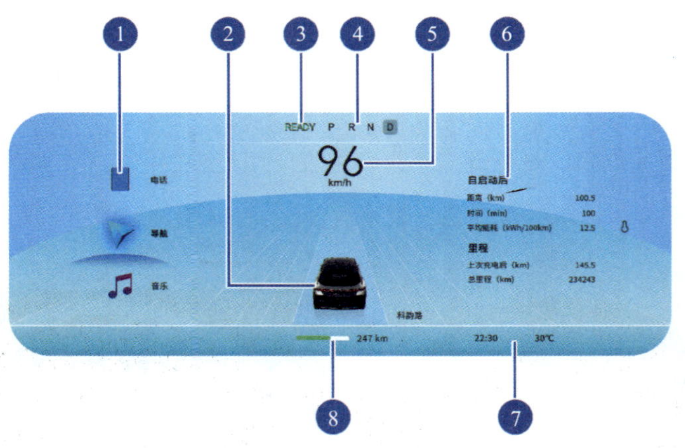

图 2-18　典型的数字组合仪表界面

1）仪表板左侧显示区域

当使用导航功能时，区域显示导航功能信息。当不使用导航功能时，可设置其他显示内容。

2）显示本车

当车辆启动并正常使用主动巡航、前向碰撞警告等功能时显示。

3）指示灯

指示灯分布在仪表板上的不同位置，反映了车辆系统功能的状态。

4）挡位指示灯

根据车辆当前使用挡位，高亮显示对应的挡位指示灯。

5）车速

显示车辆当前的行驶速度。

6）仪表板右侧显示区域

显示系统菜单设置项。

7）时间 / 温度

显示当前时间及车外温度信息。

8）电量表

显示车辆动力电池剩余电量，并估算剩余电量的续航里程。

9）登录账号信息

显示当前登录的账号信息，账号登录可通过触摸屏进行操作。

（4）数字组合仪表符号

如图 2–19 所示，数字组合仪表界面有很多符号，每个符号都有特定的含义，数字组合仪表符号的说明见表 2–3。

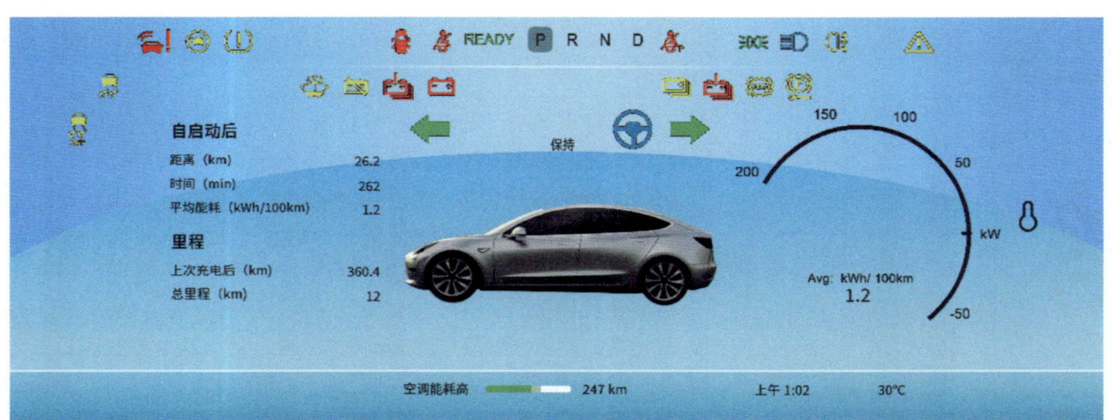

图 2–19　数字组合仪表符号示意

表 2–3　数字组合仪表符号的说明

符号	名称	说明
	定速巡航指示灯	指示灯绿色点亮表示定速巡航已启用
		指示灯蓝色点亮表示自适应巡航已启用

续表

符号	名称	说明
	定速巡航指示灯	指示灯黄色点亮表示自适应巡航有故障
		指示灯灰色点亮表示自适应巡航处于准备状态
		指示灯白色点亮表示定速巡航处于准备状态
	电池低电量提示灯	提示灯黄色点亮表示动力蓄电池电量过低，同时仪表板会显示“续航里程低，请及时充电”提示驾驶员
	主警告灯	当车辆有任意两个或两个以上故障报警时，主警告灯点亮，当仪表板有文字提示被确认后，主警告灯点亮，当出现没有显示的故障信息时，主警告灯点亮
	驾驶员座椅安全带提示灯	提示灯点亮表示驾驶员安全带未系好或安全带系统存在故障，驾驶员入座操作车辆启动后，有以下报警现象：当车速 < 25 km/h 时，若未系好安全带，指示灯闪烁 6 s 后常亮，直到系好安全带。在报警期间如系好安全带又解开，指示灯重新闪烁 6 s 后常亮。当车速 > 25 km/h 时，若未系好安全带，指示灯闪烁 30 s 并伴有声音报警及文字“请系好驾驶员安全带”提示，30 s 后如仍没有系好安全带，声音报警及文字提示消失，指示灯常亮，直到系好安全带。在报警期间如系好安全带又解开，报警提示重新计时。如果在报警期间车速 < 25 km/h，报警继续。当驾驶员系好安全带后，提示灯仍然点亮时，有可能是安全带系统存在故障，需要进行检修
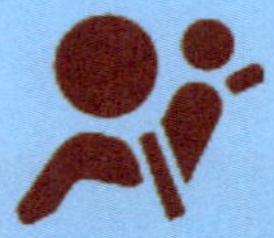	辅助保护系统（SRS）指示灯	指示灯点亮表示安全气囊系统存在故障。当系统检测到安全气囊系统有故障时，指示灯点亮，同时仪表板会显示“请检查安全气囊”信息提示驾驶员，应及时进行检修
	副驾驶座椅安全带提示灯	提示灯点亮表示副驾驶员安全带未系好或安全带系统存在故障。车辆启动时，前排乘客入座后，有以下报警现象：当车速 < 25 km/h 时，若未系好安全带，指示灯闪烁 6 s 后常亮，直到系好安全带。在报警期间如系好安全带又解开，指示灯重新闪烁 6 s 后常亮。当车速 > 25 km/h 时，若未系好安全带，指示灯闪烁 30 s 并伴有声音报警及文字“请乘客系好安全带”提示，30 s 后如仍没有系好安全带，声音报警及文字提示消失，指示灯常亮，直到系好安全带。在报警期间如系好安全带又解开，报警提示重新计时。如果在报警期间车速 < 25 km/h，报警继续。当乘客系好安全带后，提示灯仍然点亮时，有可能是安全带系统存在故障，需要进行检修

续表

符号	名称	说明
	后排左侧安全带未系提示灯	提示灯点亮表示后排左侧乘客安全带未系好或安全带系统存在故障
	后排中间安全带未系提示灯	提示灯点亮表示后排中间乘客安全带未系好或安全带系统存在故障
	后排右侧安全带未系提示灯	提示灯点亮表示后排右侧乘客安全带未系好或安全带系统存在故障
	车门开启指示灯	指示灯点亮表示有任意车门正在开启未关闭
	后雾灯指示灯	指示灯点亮时表示后雾灯开启
	位置灯指示灯	指示灯点亮时表示位置灯开启
	远光灯指示灯	指示灯点亮表示远光灯开启
	近光灯指示灯	手动开启近光灯时，指示灯点亮
		当开启自动灯光控制后，系统自动开启近光灯时，指示灯点亮
	左侧转向信号与危险警告指示灯	开启左侧转向灯或危险警告灯时，指示灯闪烁
	右侧转向信号与危险警告指示灯	开启右侧转向灯或危险警告灯时，指示灯闪烁
	洗涤液液位低报警指示灯	指示灯点亮表示洗涤液液位低，请及时添加洗涤液（根据车型配置不同，指示灯信息不是在所有车型上均适用）

续表

符号	名称	说明
	制动系统故障指示灯	指示灯点亮表示制动液液位低或检测不到真空助力器信号。当系统检测到制动液液位低时，指示灯点亮，同时仪表板会显示“请补充制动液”提示信息。当系统检测到真空助力器信号丢失或异常时，指示灯点亮，同时仪表板会显示“电动真空泵故障”提示信息，需及时进行检修
ABS	防抱死制动系统（ABS）指示灯	指示灯点亮表示防抱死制动系统（ABS）系统存在故障
	ESP 指示灯	指示灯黄色点亮表示车辆稳定性辅助（ESP）系统存在故障
		指示灯黄色闪烁表示车辆稳定性辅助（ESP）系统正在工作
OFF	ESP OFF 指示灯	指示灯点亮表示车辆稳定性辅助（ESP）系统关闭
A	AVH 指示灯	指示灯绿色点亮表示 AVH 系统开启
	HDC 指示灯	指示灯点亮表示下坡辅助控制系统开启
	胎压监测系统（TPMS）指示灯	指示灯点亮表示胎压监测系统（TPMS）存在故障或轮胎状态存在异常
P	电子驻车（EPB）状态指示灯	指示灯点亮表示正在施加电子驻车制动。当系统检测到车辆驻车制动力有异常时，指示灯点亮，同时仪表板会显示“驻车力不足，请在平地停车”提示信息。当车辆在行驶中施加动态制动时，指示灯点亮，同时仪表板会显示“动态制动中”提示信息
P	电子驻车（EPB）故障指示灯	指示灯点亮表示电子驻车制动系统存在故障
	电动助力转向（EPS）指示灯	指示灯点亮表示电动助力转向（EPS）系统存在故障。当系统检测到电动助力转向（EPS）系统存在故障时，指示灯点亮，同时仪表板会显示“请检查 EPS”提示信息
READY	READY 指示灯	指示灯点亮表示车辆启动成功
	12 V 蓄电池充电系统指示灯	指示灯点亮表示 12 V 蓄电池系统存在故障。当系统检测到 12 V 蓄电池电压过低时，指示灯点亮，同时仪表板会显示“低压蓄电池电压过低”提示信息。当系统检测到 12 V 蓄电池有故障时，指示灯点亮，同时仪表板会显示“低压蓄电池故障”提示信息

续表

符号	名称	说明
	充电枪已连接指示灯	指示灯点亮表示充电枪已连接成功。当连接充电枪给车辆充电时，指示灯点亮，同时仪表板会显示“充电枪已连接”提示信息
	电动系统故障指示灯	指示灯点亮表示车辆电动系统有故障。当车辆电动系统有故障时，指示灯点亮，同时仪表板会显示“电池过温，远离车辆，请联系维修”“车辆跛行，请联系维修”“车辆失去动力，安全停车，请联系维修”等信息，并且蜂鸣器鸣叫以提示驾驶员，需及时进行检修
	电机及控制器过热指示灯	指示灯点亮表示电机及控制器温度过高，需及时进行检修
	动力蓄电池过热指示灯	指示灯点亮表示动力蓄电池温度过高，需及时进行检修
	动力蓄电池故障指示灯	指示灯点亮表示动力蓄电池有故障，需及时进行检修
	动力蓄电池切断指示灯	指示灯点亮表示动力蓄电池电源为切断状态，需及时进行检修
	智能系统故障指示灯	指示灯点亮表示智能系统有故障。智能系统故障指示灯用来说明智能系统整体状态，包括车道偏离系统、前碰撞预警系统、盲区监测系统、ACC 自适应续航系统、LKA 车道保持系统，任一系统出现错误状态或故障时均会点亮智能系统故障指示灯
	辅助驾驶状态指示灯	指示灯灰色点亮表示辅助驾驶系统处于准备状态
		指示灯蓝色点亮表示辅助驾驶系统已启用
		指示灯红色点亮表示辅助驾驶系统有故障
	驱动功率限制指示灯	指示灯点亮表示车辆处于“跛行”状态，应降低功率行驶

（5）数字组合仪表电路

数字组合仪表接收显示中控仪表发送的信号，如图 2-20 所示。数字组合仪表电路主要包括电源线、接地线、熔丝盒线以及数据连接线。

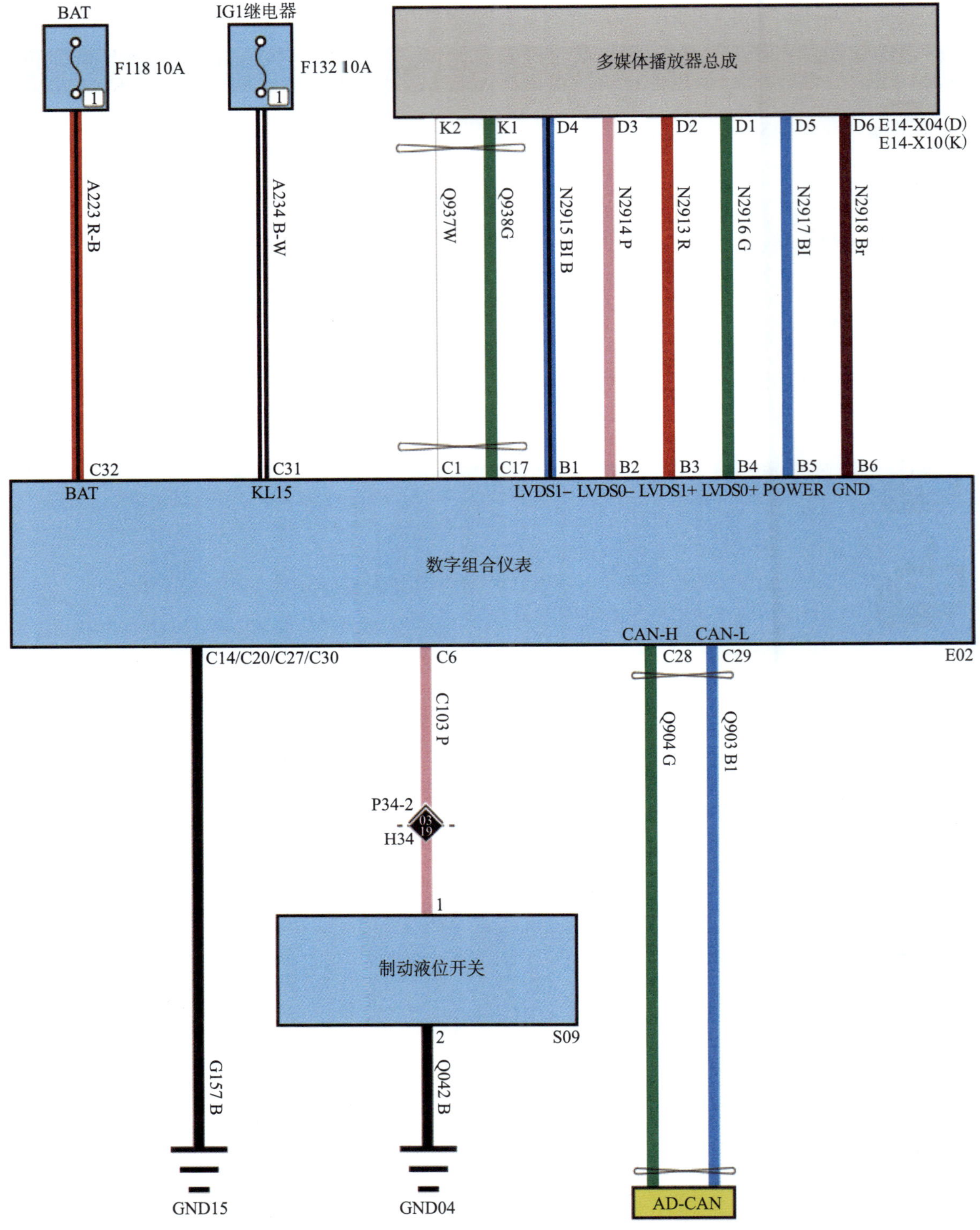

图 2-20　数字组合仪表电路

（6）数字组合仪表常见故障诊断方法

1）常见故障类型

数字组合仪表的故障类型一般可分为硬件故障和软件故障两大类。

①常见的硬件故障

逻辑错误。仪表硬件的逻辑错误通常是由于设计错误、加工过程中工艺性错误或使用中其他因素所造成的。这类错误主要包括短路、开路、相位出错等，其中短路是最常见的也是较难排除的故障。数字组合仪表在结构设计上往往要求体积小，从而使印制电路板的布线密度高，使用中异物等常常造成引线之间的短路而引起故障。开路故障则常常是由于印制电路板的金属化孔质量不好，或接插件接触不良所造成的。

元器件失效。元器件失效的原因主要有两个方面：一是元器件本身已损坏或性能差，如电阻、电容损坏，集成电路损坏，器件的速度、功耗等技术参数不符合要求等；二是由于组装原因造成的元器件失效，如电容、二极管、三极管的极性错误，集成块的方向安装错误等。

可靠性差。系统不可靠的因素有很多，如金属化孔、接插件接触不良会造成系统时好时坏、振动虚接，内部和外部的干扰、元器件负载过大等都会造成逻辑电平不稳定，走线和布局的不合理等情况也会引起系统可靠性变差。

电源故障。若数字组合仪表存在电源故障，通电后，将造成元器件损坏。电源的故障包括电压值不符合设计要求，电源引出线和插座不对应，各挡电源之间短路，变压器功率不足、内阻大、负载能力差等。

②常见的软件故障

程序失控。这种故障现象是以断点连续方式运行时，目标系统没有按规定的功能执行工作或没有响应。这是由于程序转移到没有预料到的某处循环所造成的。这类错误产生的原因是程序中转移地址计算有误、工作寄存器冲突等。在采用实时多任务操作系统时，错误可能在操作系统中，没有完成正确的任务调度操作。

中断错误。CPU 不响应任何中断或不响应某一个中断。这种错误的现象是连续运行时不执行中断服务程序的规定操作。当断点设在中断入口或中断服务程序中时反而碰不到断点。造成错误的原因是中断控制寄存器初值设置不正确，使 CPU 没有开放中断或不允许某个中断源请求；对片内的定时器、串行口等特殊功能寄存器的扩展 I/O 口编程有错误，造成中断没有被激活；某一中断服务程序不是以 RETI 指令作为返回主程序的指令，CPU 虽已返回到主程序，但内部中断状态寄存器没有被清除，从而不响应中断；由于外部中断的硬件故障使外部中断请求失效。这种故障是 CPU 循环地响应某一个中断，使 CPU 不能正常地执行主程序或其他的中断服务程序。这种错误大多发生在外部中断中。若外部中断以电平触发方式请求中断，那么当中断服务程序没有有效清除外部中断源时，或由于硬件故障使得中断一直有效，此时 CPU 将连续响应该中断。

输入或输出错误。这类错误包括输入操作杂乱无章或根本不动作。错误的原因是输出程序没有和硬件协调好（如地址错误、写入的控制字和规定的操作不一致等），时间上没有同步，硬件中还存在故障等。

2）故障诊断的基本方法

由于微处理器的引入，使数字组合仪表的功能大大增强，同时也给诊断故障和排除故障增加了困难。

虽然利用自诊断程序可以进行故障的定位，但是任何诊断程序都要在一定的环境下运行，如电源、微处理器工作正常等环境。当系统故障已经破坏了这个环境，自诊断程序本身都无法运行时，诊断故障就可能很不顺利；另外，诊断程序所列出的结果有时并不是唯一的，不能定位在哪一具体部位或芯片上。

在进行数字组合仪表故障诊断时，首先判断出仪表故障是属于软件故障还是硬件故障，应优先解决仪表电源与通信故障，之后再通过自诊断程序进行故障定位，缩小故障范围，最后进行修复或更换。

（7）数字组合仪表总成更换

1）断开蓄电池负极电缆，调整转向盘到最低位置，拆卸组合仪表装饰面板两个固定螺钉（不同车型螺钉数量不同，以实车为主），如图 2–21 所示。

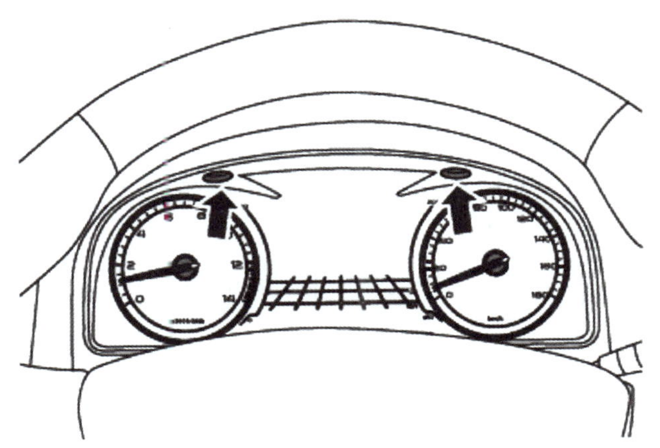

图 2–21　拆卸组合仪表装饰面板两个固定螺钉

2）如图 2–22 所示，断开转换开关连接器，取出组合仪表装饰面板。

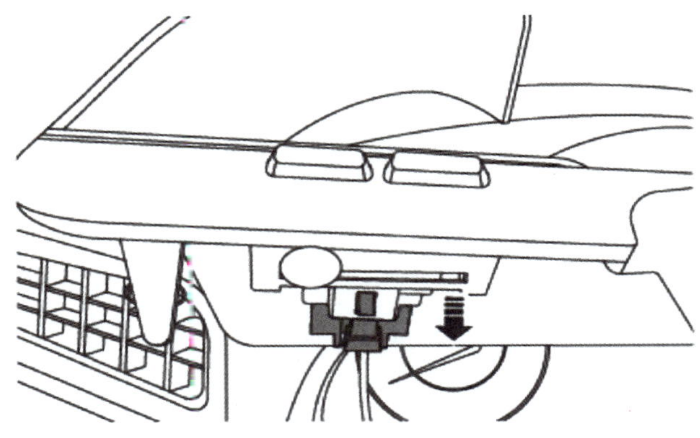

图 2–22　断开转换开关连接器

3）拆卸仪表三个固定螺钉（不同车型螺钉数量不同，以实车为主），如图 2–23 所示。

4）断开组合仪表线束连接器，取出组合仪表，如图 2–24 所示。

安装顺序与拆卸顺序相反。

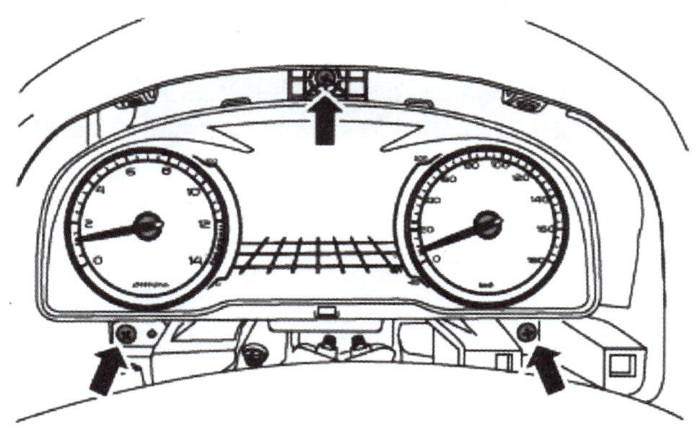

图 2-23　拆卸仪表三个固定螺钉

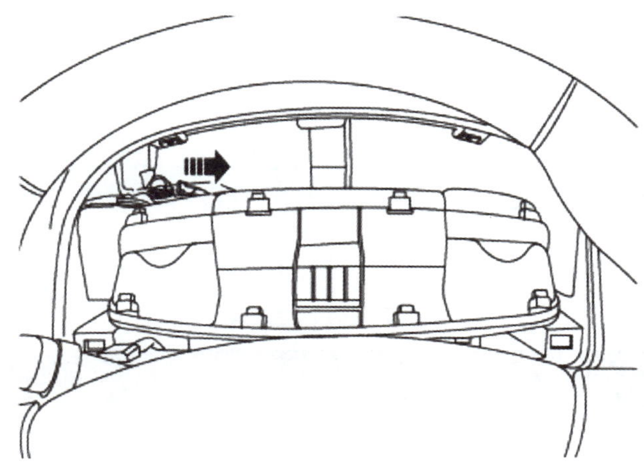

图 2-24　取出组合仪表

2. 技能操作

（1）操作准备

准备技能操作所需的物料，见表 2-4。

表 2-4　物料准备

类别	所需物料
教学车辆	智能座舱系统、实训车辆
设备、仪器、工具、资料	维修手册、电路图、车内三件套、安全手套、工具套装、抹布

（2）数字组合仪表总成更换

根据为维修手册，对数字组合仪表总成进行更换，将工作内容记录在表 2-5 中。

表 2-5　操作记录表

序号	工作内容	工具设备	备注
1			

续表

序号	工作内容	工具设备	备注
2			
3			
4			
5			
6			
7			
8			

检查评估

对本任务的学习情况进行检查，并将相关内容填写在表 2-6 中。

表 2-6　检查表

检查项目	检查结果	结果点评
HUD 显示仪表装调		
能准确拆画电路图	是□　否□	
能正确拆装 HUD 设备的外围附件	是□　否□	
能规范拆下 HUD 设备本体	是□　否□	
数字组合仪表装调检修		
能正确拆装数字组合仪表的外围附件	是□　否□	
能正确拆装数字组合仪表的固定螺栓	是□　否□	
能规范取下数字组合仪表的各个线束插头	是□　否□	
整理及恢复		
工具、设备是否整理恢复	是□　否□	
是否对零部件妥善保护	是□　否□	

任务小结

本任务小结如图 2-25 所示。

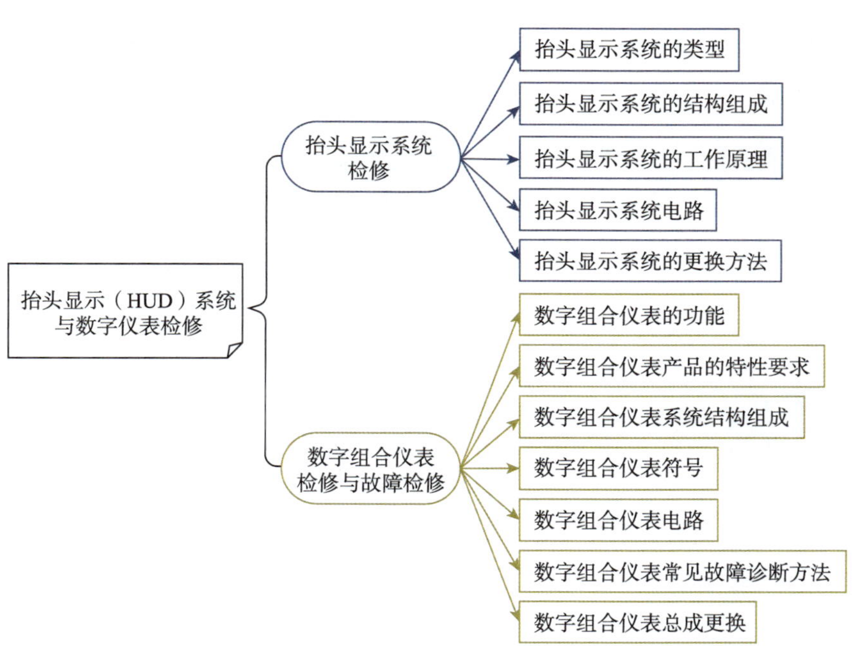
抬头显示（HUD）系统与数字仪表检修
抬头显示系统检修
抬头显示系统的类型
抬头显示系统的结构组成
抬头显示系统的工作原理
抬头显示系统电路
抬头显示系统的更换方法
数字组合仪表检修与故障检修
数字组合仪表的功能
数字组合仪表产品的特性要求
数字组合仪表系统结构组成
数字组合仪表符号
数字组合仪表电路
数字组合仪表常见故障诊断方法
数字组合仪表总成更换

图 2-25　本任务小结

任务三
中控仪表装调与检修

任务导入

场景：某品牌汽车售后服务中心

人物：维修技师陈师傅、客户张先生

情境：客户张先生拥有一台高配置新能源汽车，该车辆配备数字式中控屏。最近张先生发现中控屏显示界面有闪屏现象，他驱车来到售后服务中心，陈师傅对车辆检查时发现问题确实存在，准备对中控仪表进行线路和硬件检查，请问该如何做？

任务目标

▸能根据所学知识及技术资料的指引，选用合适的工具，规范进行中控仪表的拆装和更换。

▸能根据故障诊断思路，选用合适的工具和设备，对中控仪表中的针脚进行准确的测量。

▸能根据所学知识及技术资料的指引，对检测出的故障点进行检修。

任务实施

（一）中控仪表更换

1. 知识学习

（1）中控屏的定义

中控屏又称中控台或中控仪表，可集成显示时间、导航路线、多媒体等信息，其尺寸较大，显示清

晰。随着用户对信息、娱乐、安全、功能操作等方面的需求不断提升，中控仪表系统逐渐成了一个综合平台，成为人机交互系统的一个重要组成部分，如图 3–1 所示。

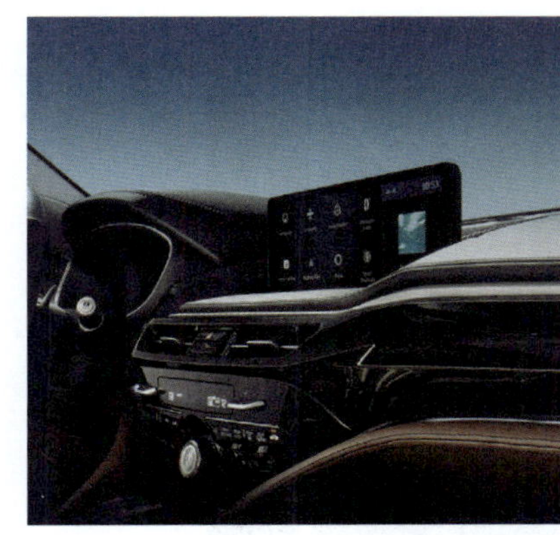

图 3–1　中控屏

（2）中控仪表技术发展历程

中控仪表技术发展历程如图 3–2 所示。

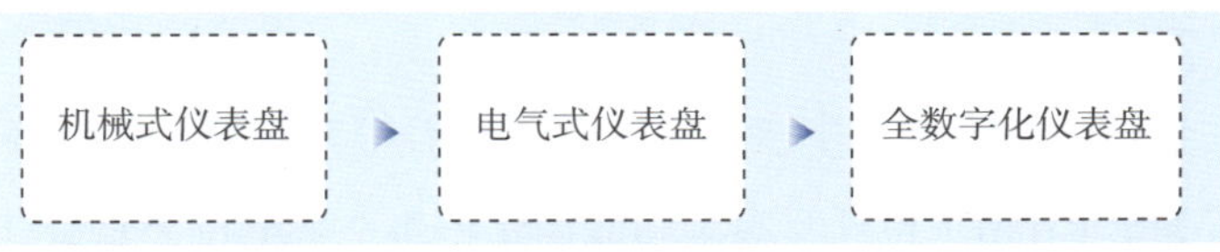

图 3–2　中控仪表技术发展历程

1）机械式仪表盘。第一代仪表盘为机械式仪表盘，它显示的信息极为有限，更多的是车辆物理信息“通信员”的角色。

在机械式仪表盘应用时期，中控台就是收音机和空调的调节器，而且都是实体按键，只能满足驾驶的基本需求，没有显示屏幕，功能简单，没有交互性，如图 3–3 所示。

图 3–3　机械式仪表盘

2）电气式仪表盘。从真空荧光显示屏（VFD）发展到液晶显示屏（LED）及小尺寸薄膜晶体管显示器（TFT），显示屏显示的信息越来越清晰、快捷。目前电气式仪表盘在市场的保有量最大，如图 3–4 所示。

图 3–4　电气式仪表盘

3）全数字仪表盘。汽车仪表盘领域在不断追求更新，划时代的全数字仪表盘开始装配在车辆上，也就是常说的虚拟仪表盘。全数字仪表盘使用了一整块液晶屏取代了传统的指针和刻度表，所有信息都通过屏幕进行显示。

目前汽车座舱正在快速转变为全数字座舱。全数字座舱带来更好用户体验的同时，还能更好地在全局上进行整体的人机交互（HMI）设计，很多新能源车型将全数字仪表盘设计在一整块显示屏中，如图 3–5 所示。

图 3–5　全数字仪表盘

（3）中控仪表的功能

中控仪表是智能座舱的核心组成部分，起着显示与操控两大重要作用，是人车信息交换的主要载体、人机交互的核心部件和重要载体。

1）显示作用

典型车型中控仪表界面如图 3–6 所示，图中的数字含义对照如下。

图 3-6　典型车型中控仪表界面

① 状态栏

状态栏提供了锁止 / 解锁、访问驾驶员设定、显示车辆信息、下载软件更新、显示网络信号强度和蓝牙状态设置，以及访问乘客安全气囊设置的快捷方式。如果显示一个报警图标（感叹号），轻触该图标可查看对应的警告信息。

② 应用程序

单击某一应用程序可将其显示在查看区域。各应用程序有默认的显示位置。导航和摄像头在顶部查看区域打开，所有其他应用程序在底部查看区域打开。应用程序除显示在默认的查看区域外，还能指定具体的显示位置，方法是长按应用程序图标，然后将其拖拽至所要查看的区域。

③ 主视图区

主视图区会显示所选择的应用程序。对于某些应用程序（如导航和网页），可以使用标准触摸屏手势进行控制。

④ 最大化 / 最小化应用程序

轻触小矩形框以展开相关联的应用程序至整个主视图区（一些应用程序无法展开）。再次轻触以用半屏视图来显示两个应用程序。

⑤ 控制

轻触可访问本车的所有控制功能和具体设置（如门、锁、灯等）。

⑥ 温度控制

轻触不同的区域，可启动空调设备、调节双区温度、选择出风口等。

⑦ 音量控制

轻触上下箭头以增加或减小扬声器的音量，也可以通过转向盘左侧的滚轮来调节音量。

⑧ 使两个当前显示的应用程序返回原有位置

注意：驾驶员必须始终把道路交通安全放到第一位。为确保车辆驾乘人员和其他道路使用者的安全，只有在道路和交通条件允许时方可操作中控仪表。

2）控制作用

典型中控仪表控制界面如图 3–7 所示，图中的数字含义对照如下。

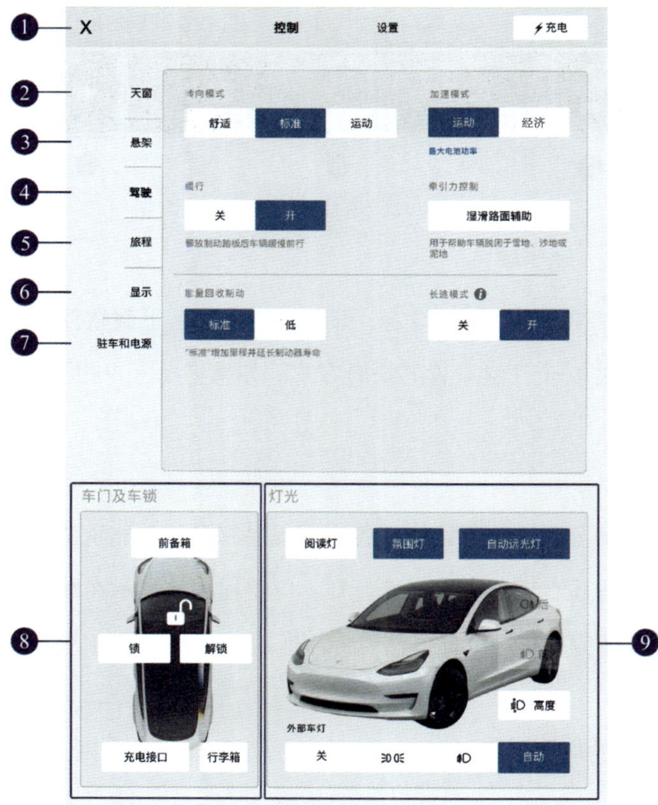

图 3–7　典型中控仪表控制界面

① 关闭

单击“×”按钮可以退出控制界面。

② 天窗

轻按可调整天窗的开启和闭合。

③ 悬架

如果车辆装配了智能空气悬架，通过轻触即可手动升高或降低车辆底盘的高度或清除之前保存的自动升起位置。在更改悬架设置前，必须接通电源并踩下制动踏板。智能空气悬架可以让车辆自动调节升降，甚至在电源关闭后仍可自动调节。因此在牵引或吊装时，必须禁用自动调节升降功能。

④ 驾驶

调整转动转向盘所需力度大小。运动模式可以感知更敏感些而舒适模式感觉到更易于驾驶和驻车。

加速：可以选择加速级别。经济模式属于标准加速，可实现最大行驶里程。选择运动模式可提升约60% 的峰值扭矩。

缓行：开启后，松开制动器时，挂前进挡，车辆会缓慢向前移动；挂倒车挡，则车辆缓慢向后移动。

牵引力控制：要让标准单电机车辆的车轮空转，可以关闭牵引力控制。在双电机车辆上，可以启用“湿滑路面辅助”。如果关闭“牵引力控制”（或启用“湿滑路面辅助”），仪表板上会显示警告消息。牵引力控制仅在当次驾驶时关闭。在双电机车辆上，车速超过 64 km/h 时会自动启用牵引力控制。

能量回收制动：当行驶过程中松开加速踏板时，能量回收制动降低车辆的速度并将任何剩余能量反馈回电池。如果设置为“低”，车辆不会快速降速，但续航里程会减少。

⑤ 里程表

查看和重置各里程表，这些表显示到目前为止的已行驶距离。

⑥ 显示

手动控制触摸屏和仪表板的亮度及日间（亮背景）或夜间（暗背景）设置。当设置为自动时，可根据环境照明条件的变化自动切换日间或夜间亮度。

⑦ 驻车和电源

可以手动关闭电源和释放驻车制动器。

⑧ 车门及车锁

控制所有车门、充电接口、行李舱的解锁与闭锁。

⑨ 灯光

控制车内和车外的灯光，如车内氛围灯的开启和关闭、车外近光灯的开启和关闭。

（4）中控仪表显示屏的结构

中控仪表显示屏的结构如图 3-8 所示，部件名称见表 3-1。由图 3-8 可以看出，显示屏主要由显示屏主体和固定框架部分组成。

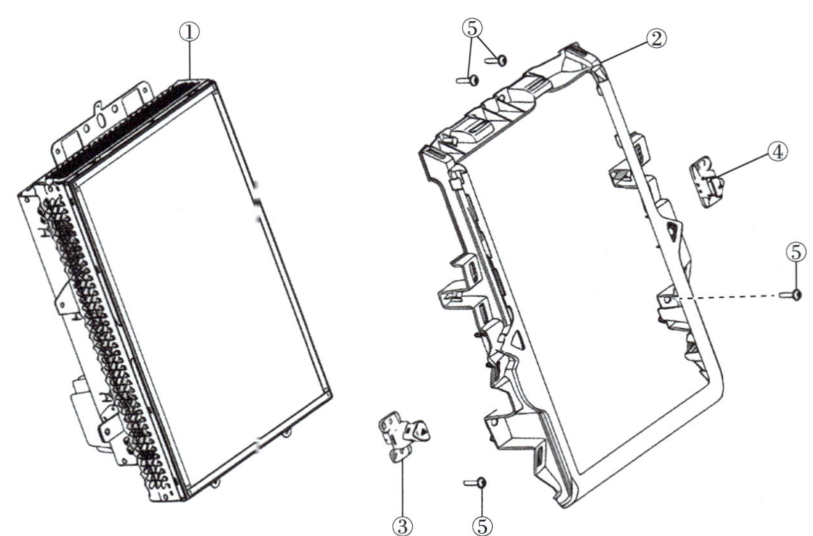

图 3-8 中控仪表显示屏的结构

表 3-1 中控仪表显示屏结构部件名称

序号	部件名称
①	主屏幕
②	屏幕框架
③	固定支脚
④	固定支脚
⑤	螺栓

（5）中控仪表系统的组成

中控仪表系统如图 3-9 所示，中控仪表接口如图 3-10 所示。

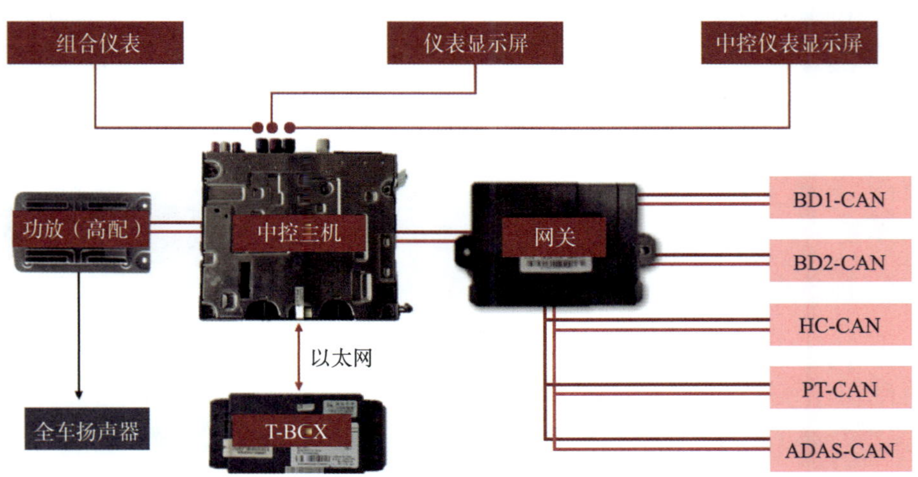

图 3-9 中控仪表系统

在图 3-9 中，英文代码的含义见表 3-2。

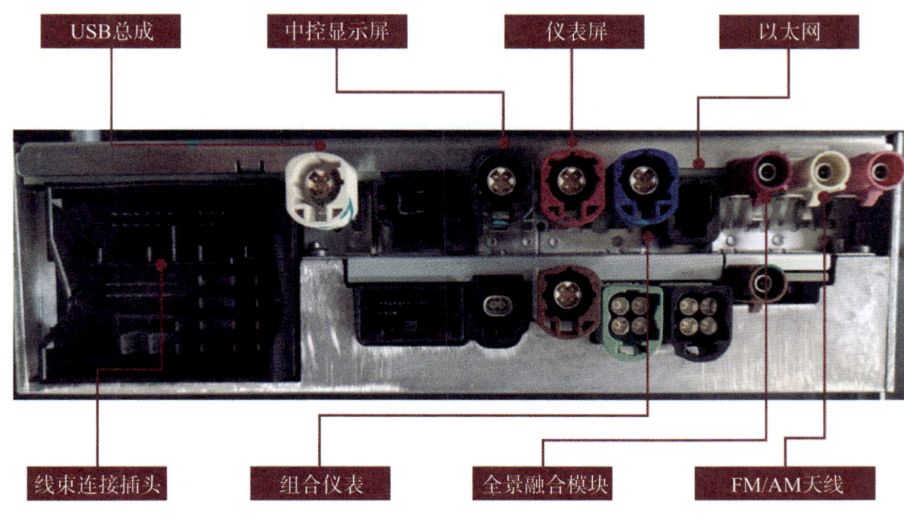

图 3-10　中控仪表接口

表 3-2　英文代码的含义

英文名称	中文名称	英文名称	中文名称
BD1-CAN	车身 CAN2	BD2-CAN	车身 CAN2
T-BOX	车联网控制单元	HC-CAN	混动控制 CAN
PT-CAN	动力 CAN	ADAS-CAN	驾驶辅助 CAN

（6）中控仪表的拆卸流程

1）嵌入式中控仪表的拆卸流程

① 整车断电后，拆卸空调中部出风口上的装饰板；拆卸装饰板时，应使用专用工具，否则容易将装饰板边缘刮花。

② 拆卸空调中部出风口面板。

③ 拆卸仪表板右侧装饰条。

④ 拆卸空调控制面板。

⑤ 拆卸中控仪表（智能车载主机）。

⑥ 拆卸中控仪表 4 个固定螺栓（不同车型固定螺栓数量不同，以实训车辆为主），中控仪表螺栓位置如图 3-11 所示。

⑦ 取出中控仪表，断开背面的线束连接器和天线，中控天线位置如图 3-12 所示。

⑧ 取下中控仪表主机，拆卸完成。

2）整体式中控仪表的拆卸流程

① 卸下触摸屏（MCU）。

② 轻轻地将触摸屏（MCU）放在泡沫容器上，触摸屏的屏幕朝下。

③ 从电缆扎带上松开蓝牙天线，如有必要，请切断扎带，如图 3-13 所示。

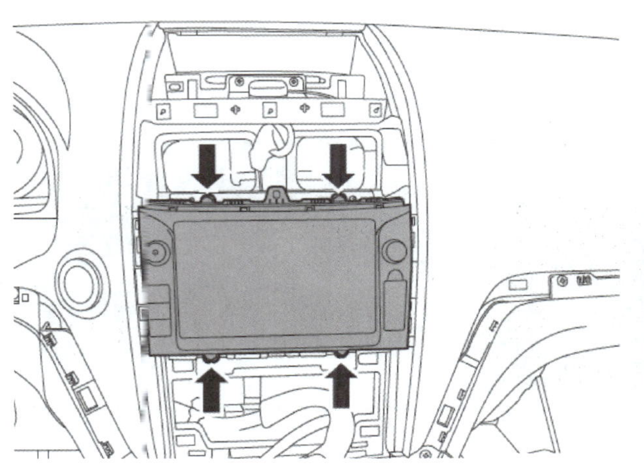

图 3-11　中控仪表螺栓位置

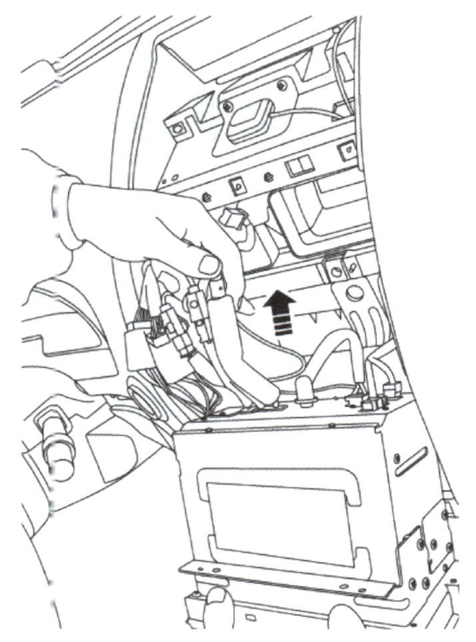

图 3-12　中控仪表天线位置

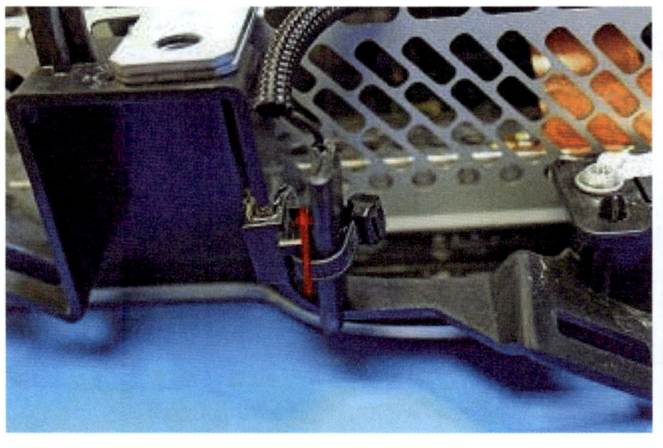

图 3-13　松开蓝牙天线

④ 卸下触摸屏周围的固定螺栓（扭矩 4 N · m 不同车型固定螺栓数量不同，以实训车辆为主），中控仪表螺栓位置如图 3-14 所示。

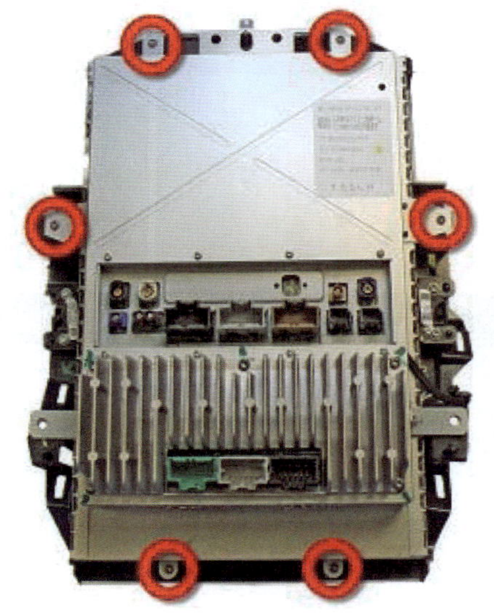

图 3-14　中控仪表螺栓位置

⑤ 提起控制单元（MCU）并卸下触摸屏。

⑥ 轻轻地将控制单元（MCU）放回泡沫容器上，触摸屏的屏幕朝下。

⑦ 卸下危险警告开关的固定螺栓（扭矩 1 N · m），危险警告开关螺栓位置如图 3-15 所示。

图 3-15　危险警告开关螺栓位置

⑧ 卸下手套箱开关的固定螺栓（2 个），从触摸屏上卸下手套箱开关，拆卸完成。

2. 技能操作

（1）操作准备

准备技能操作所需的物料，见表 3-3。

表 3-3　物料准备

类别	所需物料
教学车辆	智能座舱系统、实训车辆
设备、仪器、工具、资料	维修手册、电路图、车内三件套、翼子板防护布、安全手套、工具套装、抹布

（2）更换中控仪表

进行实训车辆中控仪表系统的更换，并将工作内容填入表 3-4 中。

表 3-4　操作记录表

序号	步骤	工具设备	关键步骤、数据、注意事项
1			
2			
3			
4			
5			
6			
7			
8			
9			
10			

（二）中控仪表系统故障诊断

1. 知识学习

（1）中控仪表（智能车载主机）无法开机故障检修

根据电路图，按调试步骤进行检查，将检查内容记录在表 3-5 中。

表 3-5　调试流程表

序号	工作内容	故障现象	检查结果	处理方法
1	检查供电熔丝	供电熔丝是否熔断	是□　否□	是：转至序号 2 否：转至序号 3
2	检查供电熔丝上游线路	检查供电熔丝上游线路是否有短路现象，进行线路修理，确认没有线路短路现象，更换额定电流的熔丝。熔丝的额定值为 15 A/10 A（依车辆而定），确认音乐播放控制功能是否正常	是□　否□	是：进行线路修理后更换额定电流的熔丝，并转至序号 7 否：更换额定电流的熔丝，并转至序号 7

续表

序号	工作内容	故障现象	检查结果	处理方法
3	检查智能车载主机电源	拆卸智能车载主机，测量智能车载主机线束连接器供电端子的电压，电压标准值为 11.5~13.5 V，确认电压是否符合标准值	是□　否□	是：转至序号 5 否：转至序号 4
4	检修智能车载主机线束连接器和熔丝之间的断路故障	确认智能车载主机线束连接器供电端子与熔丝之间的断路故障修复完成，确认音乐播放控制功能是否正常工作	是□　否□	是：系统正常 否：转至序号 5
5	检查智能车载主机接地	测量智能车载主机线束连接器接地端子与接地点之间的电阻。电阻标准值应小于 1 Ω，确认电阻是否符合标准值	是□　否□	是：转至序号 7 否：转至序号 6
6	检修智能车载主机线束连接器接地端子与车身接地之间的断路故障	确认智能车载主机线束连接器接地端子与车身接地之间的断路故障修复完成，确认音乐播放控制是否正常工作	是□　否□	是：系统正常 否：转至序号 7
7	音乐播放控制	确认音乐播放控制是否正常	是□　否□	是：系统正常 否：转至序号 1

（2）中控仪表常见故障诊断

中控仪表常见故障、可能原因及检测方法见表 3-6。

表 3-6　中控仪表常见故障、可能原因及检测方法

常见故障		故障可能原因		检测方法
无法正常开机		主机故障	主机损坏	连接一台（可以正常工作的）新主机，若开机正常，则更换主机
			主机连接器接续不良	确认主机各连接器的连接状态，或重新连接
			主机线束损坏	检查主机线束是否损坏，若有损坏则更换新线束
			主机电压异常	检查主机供电电压是否正常
		液晶显示屏故障	液晶显示屏连接器接续不良	确认液晶显示屏连接器的连接状态，或重新连接
			液晶显示屏线束损坏	检查液晶显示屏线束是否损坏，若有损坏则更换新线束
			液晶显示屏单品不良	更换新的液晶显示屏，若开机正常，则为液晶显示屏单品问题，需更换液晶显示屏
画面显示异常	信息缺失	液晶显示屏 LVDS（一种低电压差分信号传输和接口技术）连接器接续不良		确认液晶显示屏 LVDS 连接器的连接状态，或重新连接
		液晶显示屏 LVDS 线束损坏		检查液晶显示屏 LVDS 线束是否损坏，若有损坏则更换新线束

续表

常见故障		故障可能原因	检测方法
画面显示异常	闪屏	液晶显示屏单品不良	更换新的液晶显示屏，若画面显示正常，则为液晶显示屏单品问题，需更换液晶显示屏
		主机信号源异常	连接一台（可以正常工作的）新主机，若画面显示正常，则更换主机
触摸失效		主机异常	连接一台（可以正常工作的）新主机，若触摸正常，则更换主机
		软件初始化异常	主机关机后重新启动
		液晶显示屏单品不良	更换新的液晶显示屏，若触摸正常，则为液晶显示屏单品问题，需更换液晶显示屏
低温开机时，画面偏暗，且持续一段时间		液晶的特性	请耐心等待，等到机内温度回升后会自动恢复正常，或更换液晶显示屏

2. 技能操作

（1）操作准备

准备技能操作所需的物料，见表 3–7。

表 3–7　物料准备

类别	所需物料
教学车辆	智能座舱系统、实训车辆
设备、仪器、工具、资料	维修手册、电路图、车内三件套、翼子板防护布、安全手套、工具套装、抹布

（2）中控仪表故障诊断

请根据实训车辆的故障现象和系统特性，进行深入分析，执行故障诊断和排除计划，将相应的数据记录填入表 3–8 中。

表 3–8　故障排除记录表

序号	检测方法	检查结果	数据记录
1	确认供电熔丝供电正常	是□　否□	
2	确认供电针脚供电正常	是□　否□	
3	确认接地针脚接地正常	是□　否□	
4	确认各线的连接状态正常	是□　否□	
5	更换中控仪表主机	是□　否□	
6	检查新设备功能是否正常	是□　否□	

检查评估

对本任务的学习情况进行检查，并将相关内容填写在表 3–9 中。

表 3–9　检查表

检查项目	检查结果	结果点评
中控仪表拆装		
中控仪表拆卸流程是否正确	是□　否□	
中控仪表是否正确更换	是□　否□	
新更换的中控仪表是否正常工作	是□　否□	
中控仪表故障诊断		
检修后的中控仪表是否正常开机	是□　否□	
检修后的中控仪表是否能正常使用	是□　否□	
对线束、插头等部件的修复是否规范	是□　否□	
维修方案、检测流程是否合理	是□　否□	
整理及恢复		
工具、设备是否整理并放置在指定位置	是□　否□	
是否出现额外的人为故障	是□　否□	
是否充分地进行团队沟通与协作	是□　否□	

任务小结

本任务小结如图 3–16 所示。

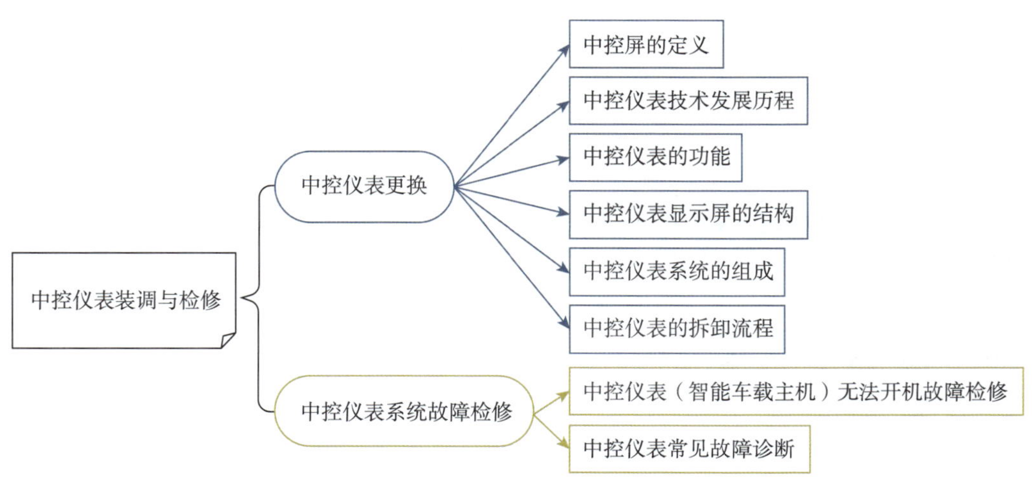

图 3–16　本任务小结

任务四
流媒体后视镜系统与后视摄像头检修

任务导入

场景：某品牌汽车售后服务中心

人物：维修技师陈师傅、客户张先生

情境：客户张先生拥有一台高配置新能源汽车，该车辆配备流媒体后视镜，在倒车时，流媒体后视镜显示的画面不全，影像中有带状线条。张先生驱车来到售后服务中心，陈师傅对车辆检查时发现问题确实存在，欲对流媒体后视镜系统进行线路和硬件检查，请问该如何进行？

任务目标

▸能够根据所学知识及技术资料的指引，选用合适的工具，规范进行流媒体后视镜模块的拆装和更换。

▸能够根据所学知识及技术资料的指引，选用合适的工具，规范进行后视摄像头的拆装和更换。

▸能够根据故障诊断思路，选用合适的标定工具、诊断设备和标定程式，对后视摄像头进行标定。

任务实施

（一）流媒体后视镜系统检修

1. 知识学习

（1）流媒体后视镜的定义、功能

流媒体后视镜通常是指汽车的智能后视镜，其具有独立的操作系统，独立的运行空间，可以由用户

自行安装软件、导航等第三方服务商提供的程序，并可以通过 Wi-Fi 或者移动通信网络实现无线网络的接入，如图 4-1 所示。

图 4-1　流媒体后视镜

汽车流媒体后视镜的主要功能如下。

1）行车记录

利用内置的摄像头或加装的摄像头，将行车途中车前、车后影像录制下来，并自动保存在流媒体后视镜的存储设备中。

2）超速提醒

流媒体后视镜操作系统中的导航软件一般内置固定电子测速提醒，部分流媒体后视镜带雷达探测头，可实时监测移动速度并发出警报声，避免汽车超速，确保安全驾驶。

3）倒车可视

流媒体后视镜在加装倒车摄像头后，倒车时就能显示车后的影像。

4）定位导航

GPS、北斗卫星或者网络实时定位后，可以通过预装的百度地图、高德地图等导航应用程序实现导航，并进行语音播报导航信息。连接网络后，还可播报实时路况，避开拥堵的道路。

5）查找汽车位置

流媒体后视镜利用 GPS、北斗卫星或网络定位获取到汽车的准确位置后，在经授权的智能手机或者平板计算机上，连接网络可用的专门的应用软件查找到汽车的位置。

6）语音功能

基于网络语音命令库的支撑，流媒体后视镜系统能够准确解析用户语音指令，并做出响应，实现人车智能语音对话，能够识别“拨打电话”“打开应用”“播放音乐”“语音聊天”等语音信息，如图 4-2 所示。

7）可安装应用程序

具有开放性的操作系统，拥有独立的核心处理器（CPU）和内存，可以安装更多的应用程序，使流媒体后视镜功能得到扩展，如图 4–3 所示。

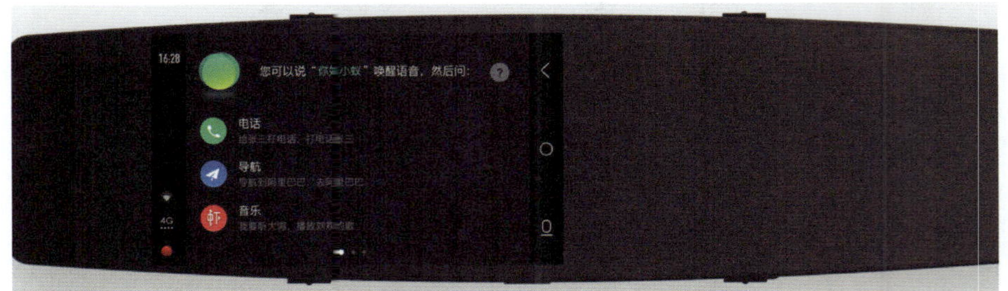

图 4–2　语音功能

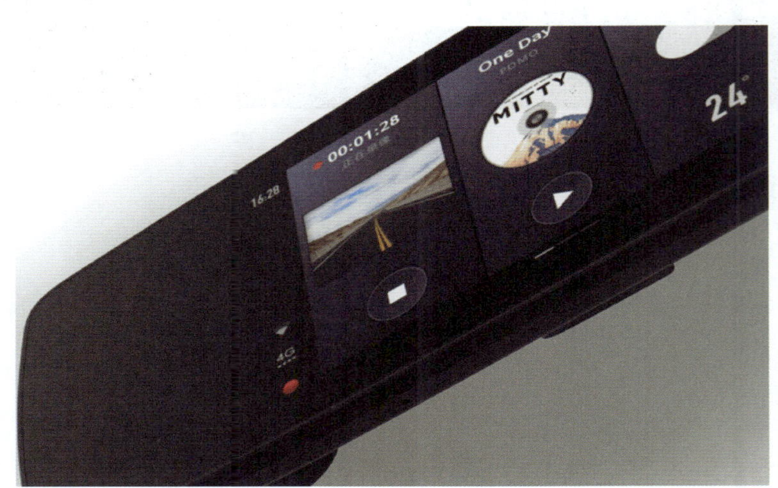

图 4–3　开放系统

8）防眩目

如图 4–4 所示，夜间行驶时，对面车辆的灯光经常会使驾驶员产生眩晕，在一定程度上会影响行车视野，而后面车辆的灯光也会影响正常驾驶（因为它会被后视镜反射），流媒体后视镜具有防眩目的功能，通过自动调光实现防眩目。

图 4–4　通过自动调光实现防眩目

具有防眩目功能的流媒体后视镜与传统后视镜的区别，如图 4–5 所示。

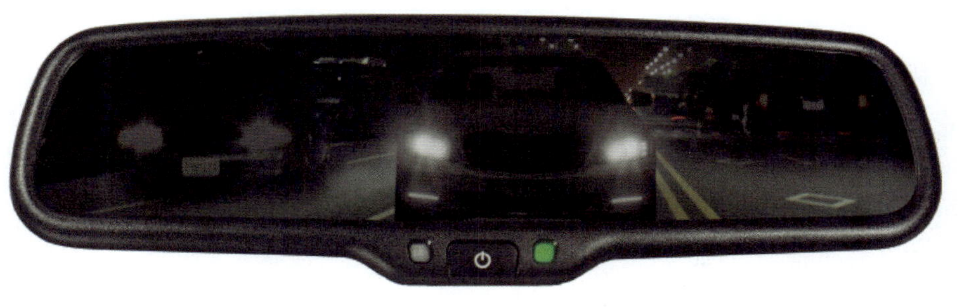

图 4-5　具有防眩目功能的流媒体后视镜与传统后视镜的区别

9）视角更广

如图 4-6 所示，因为图像完全是通过外置摄像头进行拍摄的，所以图像中不会出现车内后排以及头枕等无关的物体，完全呈现的是后方的实时路况，视角更为广泛。这使得其在光线不好或者后方视线受阻的情况下，同样能够给驾驶员带来更清晰的图像，对行车的安全性会有很大的帮助。

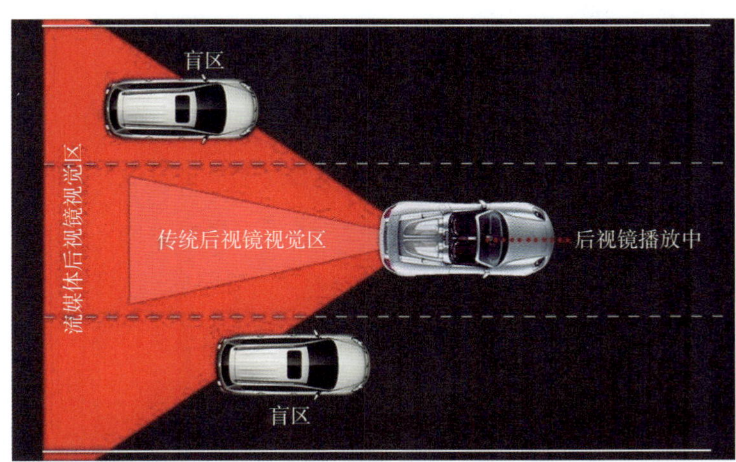

图 4-6　流媒体后视镜的视角更广

传统后视镜与流媒体后视镜的区别见表 4-1。

表 4-1　传统后视镜与流媒体后视镜的区别

对比项	传统后视镜	流媒体后视镜
后视原理	光学反应	后视镜头实时拍摄传输
后视角度	受限于后风窗玻璃，角度有限	不受车内空间限制
干扰因素	雨雾天气雨水或者雾气	后视摄像头成像质量

（2）流媒体后视镜系统的结构

如图 4-7 所示，流媒体后视镜与汽车其他智能传感器一起，为驾驶员提供驾驶辅助，共同完成智能辅助驾驶任务。

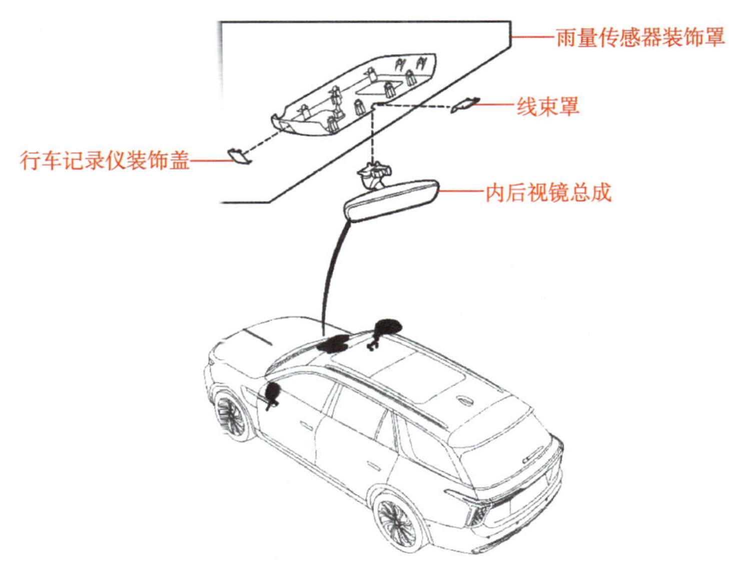

图 4-7　某车型流媒体后视镜系统的结构

（3）流媒体后视镜系统的故障检修流程

1）摄像头信号异常

故障代码：B14E000。

故障状态：流媒体摄像头信号异常。

可能的故障部位：线束及连接器，流媒体摄像头，流媒体后视镜。

故障原因及解决方法如下。

① 检查流媒体摄像头线束及连接器

检查流媒体摄像头连接器是否紧固，检查流媒体摄像头线束及连接器是否断裂老化，检查流媒体摄像头线束及连接器是否短路或断路。如异常，检修或更换线束及连接器。

② 检查流媒体摄像头

检查流媒体摄像头是否工作正常、是否脏污，检查流媒体摄像头是否正确安装。如异常，根据故障进行维修。

③ 检查流媒体后视镜，如异常，应进行更换。

2）背光电压异常，屏驱动 IC 异常

故障描述见表 4-2。

① 检查蓄电池电压

启动车辆，测量蓄电池电压，标准值为 11.4~13.5 V，如异常应检修充电系统。

表 4-2　故障描述

故障编码	故障描述	可能的故障部位
B14E100	背光电压异常	流媒体后视镜 熔丝 线束及连接器 充电系统
B14E400	屏驱动 IC 异常	流媒体后视镜 熔丝 线束及连接器 充电系统

② 检查流媒体后视镜熔丝

点火开关置于“OFF”，断开蓄电池负极端子，拆下流媒体后视镜熔丝，测量电阻值，检测仪连接检测条件规定状态，熔丝两端电阻小于 1 Ω。

③ 检查流媒体后视镜搭铁

断开流媒体后视镜连接器。检测仪连接检测条件规定状态，熔丝两端电阻小于 1 Ω；若异常，检修或更换线束及连接器。

④ 检查流媒体后视镜供电

安装熔丝，连接蓄电池负极端子，点火开关置于“ON”，测量电压，标准值为 11.4~13.5 V；若异常，检修或更换线束及连接器。

3）流媒体后视镜更换

拆卸方法如下。

断开蓄电池负极端子，拆卸后视镜总成，拆下线束罩，如图 4–8 所示。

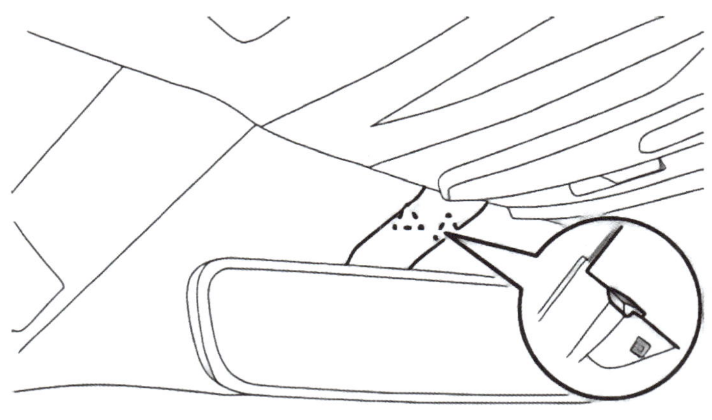

图 4–8　拆下线束罩

脱开 11 个卡爪，并拆下雨量传感器装饰罩，如图 4–9 所示。

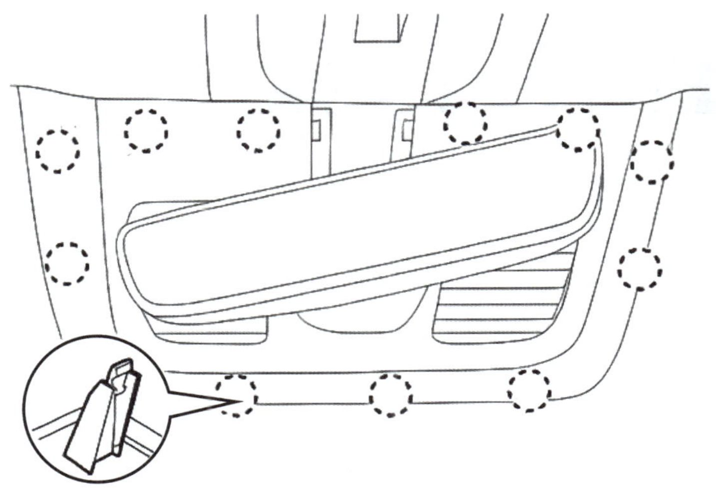

图 4-9　拆下雨量传感器装饰罩

断开后视镜总成线束连接器，如图 4-10 所示。

旋转并拆下后视镜总成，如图 4-11 所示。

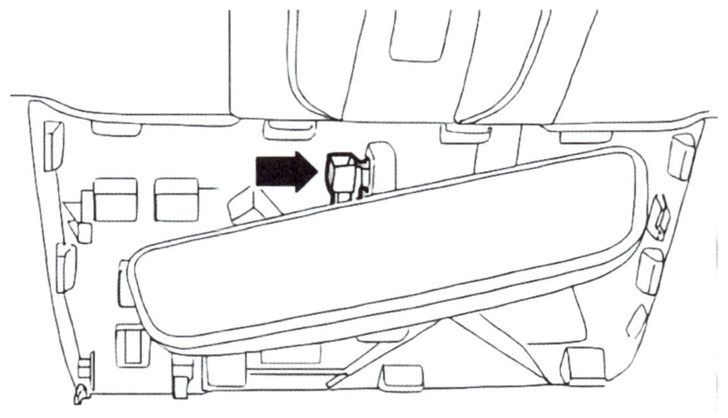

图 4-10　断开后视镜总成线束连接器

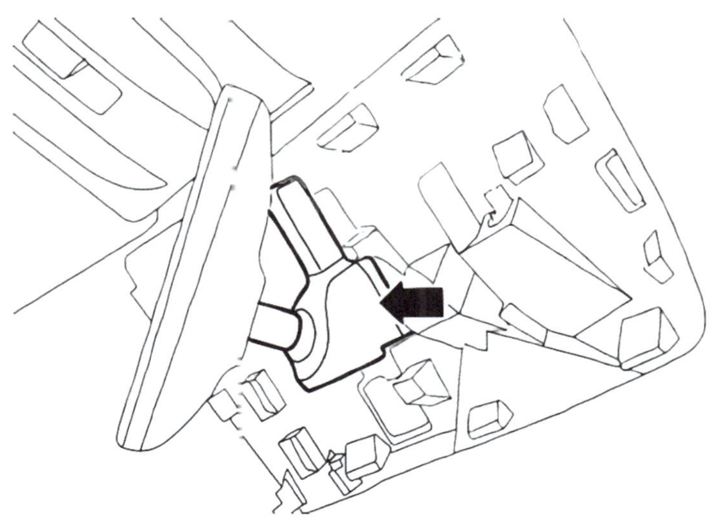

图 4-11　旋转并拆下后视镜总成

安装方法与拆卸方法相反，不再赘述。

2. 技能操作

（1）操作准备

准备技能操作所需的物料，见表 4-3。

表 4-3 物料准备

类别	所需物料
教学车辆	智能座舱系统、实训车辆
设备、仪器、工具、资料	用户手册、维修手册、电路图、车内三件套、安全手套、工具套装、抹布

（2）流媒体后视镜更换

进行流媒体后视镜的更换作业，并将相关内容填入表 4-4 中。

表 4-4 操作记录表

序号	步骤	工具设备	关键点 / 注意事项
1			
2			
3			
4			
5			
6			
7			
8			

（二）后视摄像头检修

1. 知识学习

（1）后视摄像头的功能

后视摄像头一般安装于车尾高位制动灯旁边，如图 4-12 所示，用于将车辆后方的画面实时传递至车内的流媒体后视镜。

（2）后视摄像头的工作原理与电路连接方式

后视摄像头的工作原理是通过镜头汇聚光线到图像传感器表面，图像传感器通过光电转换，产生电信号，再通过采样系统生成数字信号后，发送到流媒体后视镜。后视摄像头的电路连接方式如图 4-13 所示。

图 4-12　后视摄像头的外观与安装位置

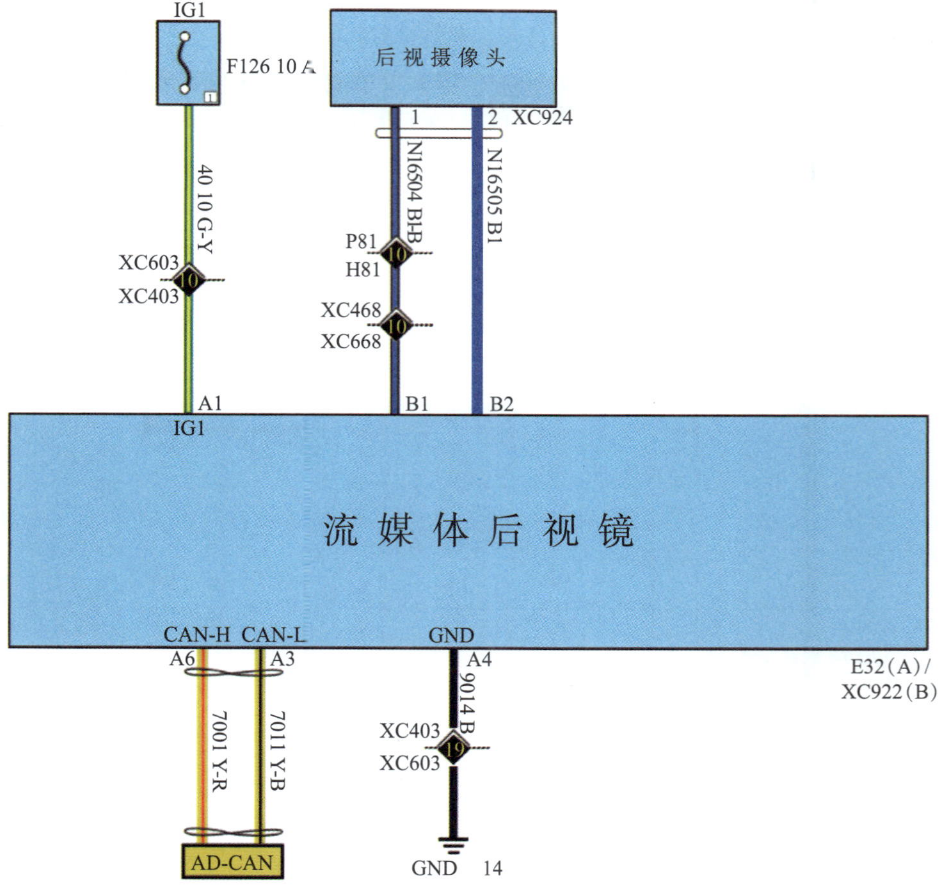

图 4-13　后视摄像头的电路连接方式

（3）后视摄像头的更换方法

打开前机舱盖，断开蓄电池负极电缆。拆卸行李舱门上护板 2 个螺栓、2 个螺钉（不同车型螺栓数量有所不同，以实训车辆为主），如图 4-14 所示。

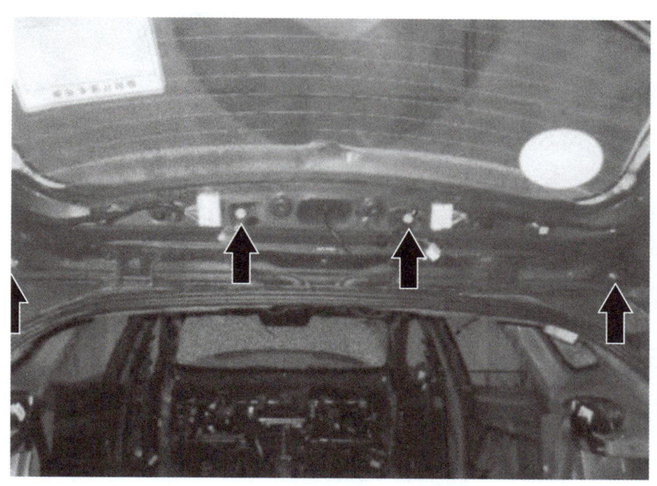

图 4-14　拆卸行李舱门上护板

断开线束插接件，拆下后视摄像头，如图 4-15 所示。

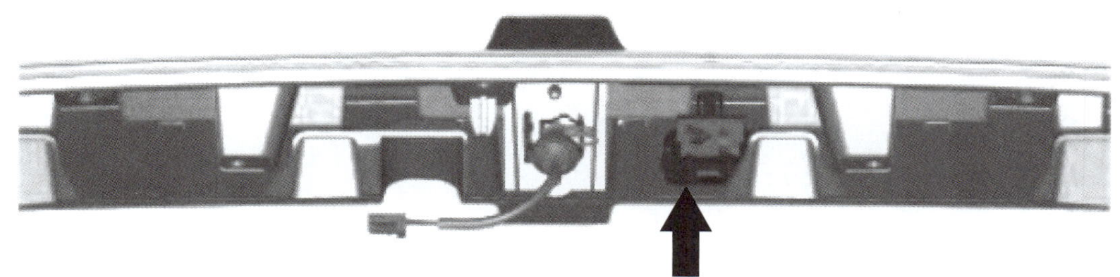

图 4-15　拆下后视摄像头

安装顺序与拆卸顺序相反，不再赘述。

（4）后视摄像头的标定条件

1）标定场地要求

标定场地推荐选在室内，标定场地中无其他障碍物；空间尺寸要求：长度为 2 车长 +4 m；宽度为 2 车宽；用于设置标定板安装架的地面区域，平整度误差为 5 mm（绝对误差）。

2）光照条件要求

在室内标定时，确保光照为 200~1 000 lx，不逆光；在室外标定时，不要在夜晚或恶劣天气进行售后标定，建议在白天无风、天气阴天或晴天的情况下，在不逆光的方向进行标定。

3）车辆状态要求

驾驶位上坐有驾驶员或等量载重（建议 60~80 kg）；全车上电，车辆静止，车速为零；胎压正常；车辆后备箱、刮水器等可能遮挡或影响摄像头的部件处于闭合状态；尾灯等影响光照的部件处于关闭状态。

4）标定板要求

标定板的颜色：白色色号 N9.5，黑色色号 N1.5；标定板的平整度：平整度误差≤ 3 mm；标定板表面应为哑光，反光能力差；标定板应具有一定的强度和韧性，不易变形折损。

5）标定板的摆放要求

标定板需固定于便于移动的支架上；支架应能长期使用，不易变形，并耐腐蚀；标定板的完整图案（黑白格子部分）不会被遮盖；标定板平面垂直于地面；标定板相对于支架位置不变；标定板不发生晃动。

标定板样式如图 4–16 所示。

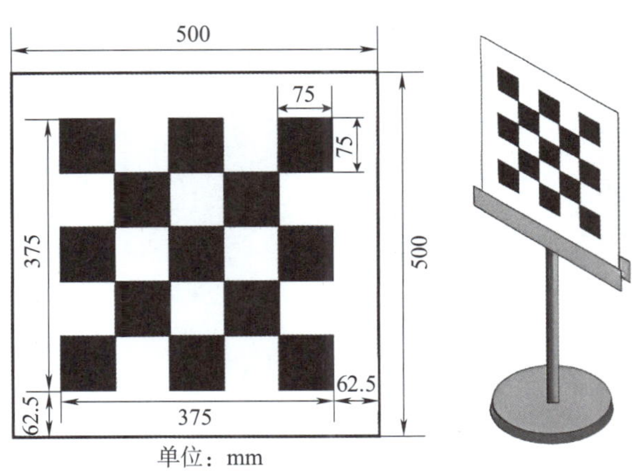

图 4–16　标定板样式

（5）标定作业

将需要标定的车辆停放在符合条件的区域，并连接好相关设备，场地内不存在其他类似标定板的图案，如图 4–17 所示。

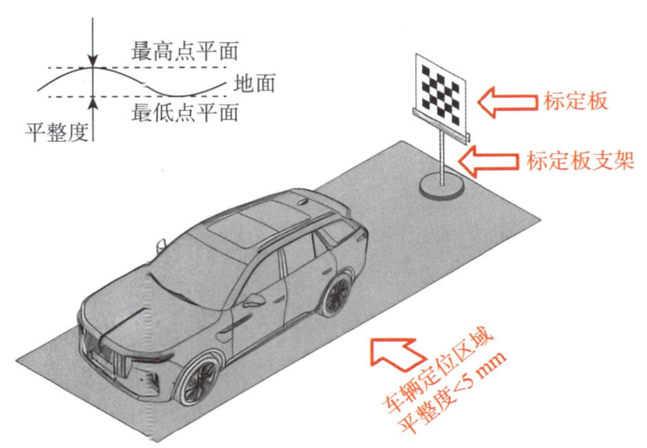

图 4–17　标定场地布置

开启诊断仪，并启动标定程序，进行标定操作。

将标定板摆放在后视摄像头正后方 2 m 处，如图 4–18 所示。

单击“图片 1 检测”按钮，等待返回检测结果“成功”，如图 4–19 所示。

将标定板摆放在后视摄像头正后方 2.5 m 处，如图 4–20 所示。

单击“图片 2 检测”按钮，等待返回检测结果“成功”，如图 4–21 所示。

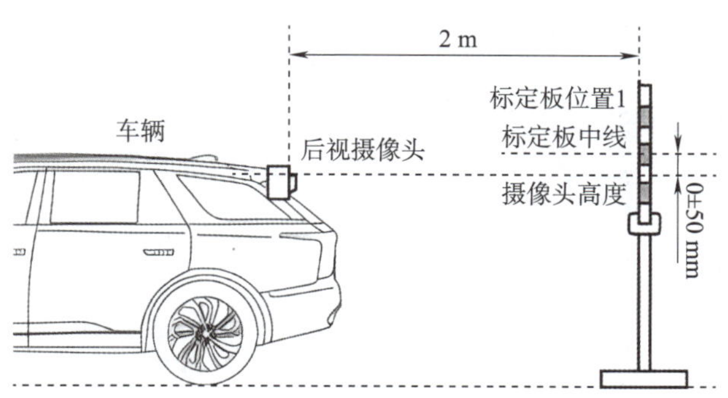

图 4-18　标定板与车辆位置（2 m）

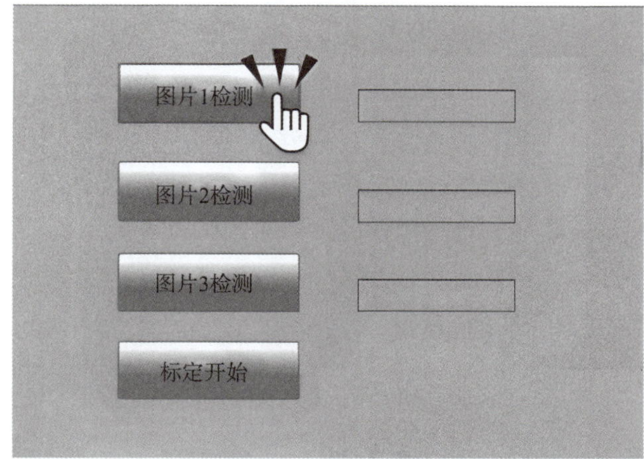

图 4-19　进行图片 1 检测

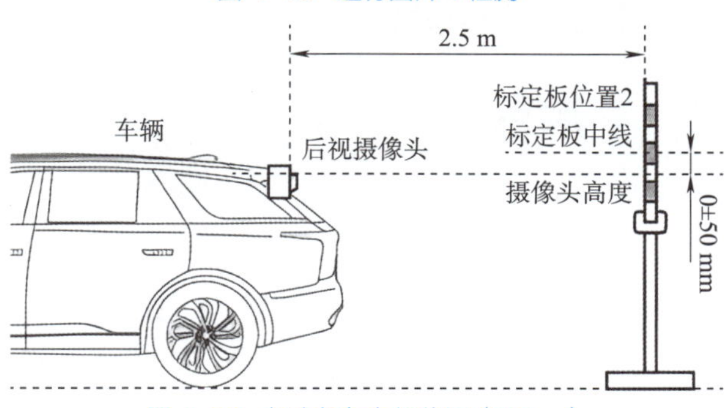

图 4-20　标定板与车辆位置（2.5 m）

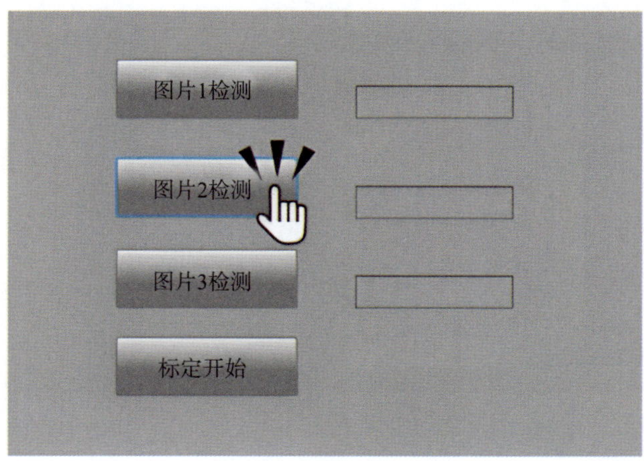

图 4-21　进行图片 2 检测

将标定板摆放在后视摄像头正后方 3.5 m 处，如图 4-22 所示。

单击“图片 3 检测”按钮，等待返回检测结果“成功”，如图 4-23 所示。

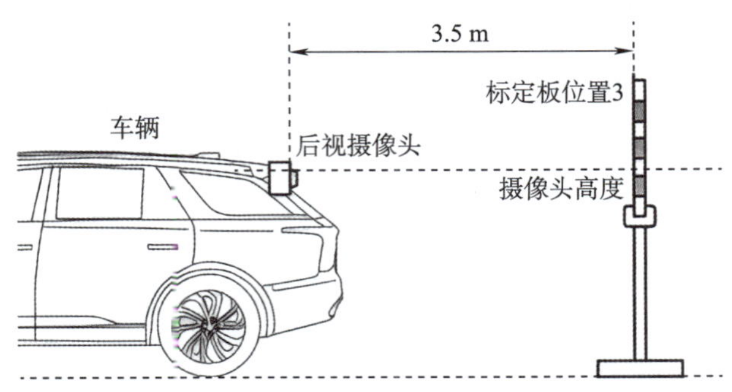

图 4-22　标定板与车辆位置（3.5 m）

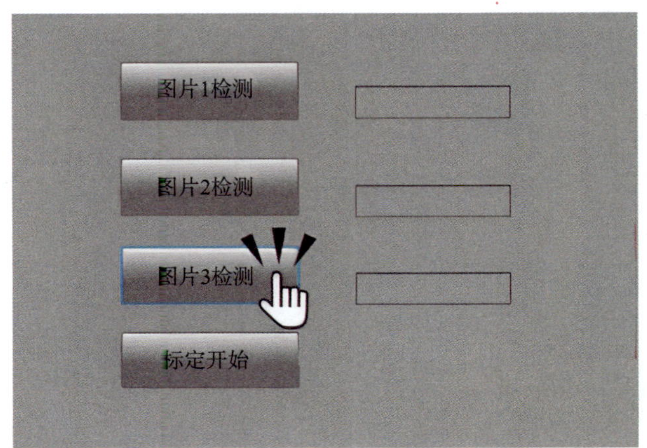

图 4-23　进行图片 3 检测

单击“标定开始”按钮执行标定，等待返回“标定成功”，如图 4-24 所示。

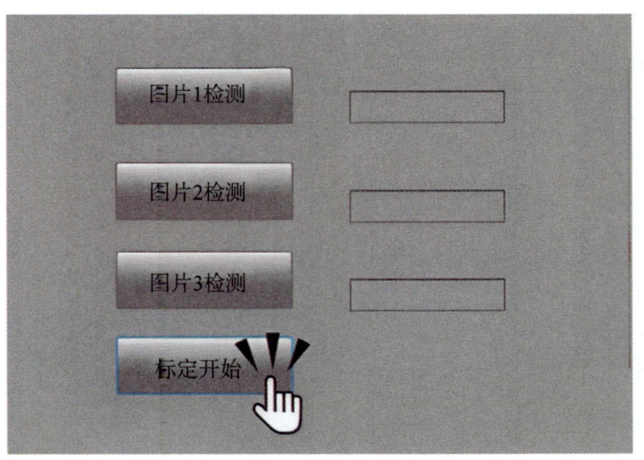

图 4-24　标定开始

关闭摄像头，断开相关设备，重启摄像头以更新数据，标定结束。

2. 技能操作

（1）操作准备

准备技能操作所需的物料，见表 4–5。

表 4–5　物料准备

类别	所需物料
教学车辆	智能座舱系统、实训车辆
设备、仪器、工具、资料	维修手册、电路图、车内三件套、安全手套、工具套装、抹布

（2）后视摄像头更换

进行后视摄像头更换作业，并将相关内容填入表 4–6 中。

表 4–6　后视摄像头更换记录表

序号	拆装过程	工具设备	关键点 / 注意事项
1			
2			
3			
4			
5			
6			
7			

进行后视摄像头标定作业，并将相关内容填入表 4–7 中。

表 4–7　后视摄像头标定记录表

序号	标定过程	工具设备	关键点 / 注意事项
1			
2			
3			
4			
5			
6			
7			
8			

检查评估

对本任务的学习情况进行检查，并将相关内容填写在表 4-8 中。

表 4-8　检查表

检查项目	检查结果	结果点评
流媒体后视镜控制系统检修		
流媒体后视镜拆装流程是否正确	是□　否□	
流媒体后视镜是否正确更换	是□　否□	
更换流媒体后视镜是否正常工作	是□　否□	
后视摄像头控制系统检修		
是否正确完成后视摄像头的更换	是□　否□	
是否使用标准的标定板进行后视摄像头标定	是□　否□	
是否选用正确的标定程序执行标定	是□　否□	
标定后的后视摄像头是否能正常使用	是□　否□	
整理及恢复		
工具、设备是否整理并放置在指定位置	是□　否□	
是否未出现额外的人为故障	是□　否□	
是否充分地进行团队沟通与协作	是□　否□	

任务小结

本任务小结如图 4-25 所示。

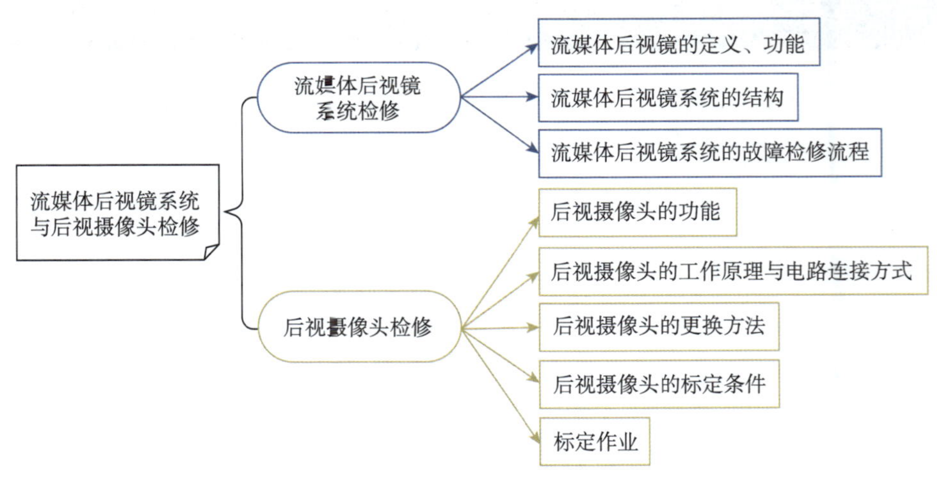

图 4-25　本任务小结

任务五
智能座舱影像系统标定与检修

任务导入

场景：某品牌汽车售后服务中心

人物：维修技师陈师傅、客户张先生

情境：客户张先生拥有一台高配置新能源汽车，该车辆配备智能座舱影像系统。最近，张先生在使用车辆时与其他车辆发生追尾事故，需要调取车辆碰撞前后的车载影像，张先生在调取影像时，无意中发现车内影像画面是黑屏状态。事故处理结束后，张先生驱车来到售后服务中心，陈师傅对车辆检查时发现问题确实存在，欲对智能座舱影像系统进行线路和硬件检查，请问该如何做？

任务目标

▸ 能够结合所学知识，使用专用设备，按照规范的流程，对智能座舱全景环视影像系统的相关传感器执行标定。

▸ 能够结合所学知识，使用合适的工具等，对损坏的影像传感器进行拆装更换。

▸ 能够结合所学知识，使用专用工具和诊断设备，进行影像记录系统控制模块更换，并确保更换后的系统完好。

任务实施

（一）全景环视影像系统标定

1. 知识学习

（1）全景环视影像系统的组成和功用

全景环视影像系统是一种汽车摄像系统，可提供多种视图，如俯视图、后视图和全景视图，在手动

或自动停车时为驾驶员提供协助。它为驾驶员提供了汽车外部的视野，以协助停车，并向驾驶员警告其路径中可能不会立即看到的障碍物，可以帮助驾驶员从容操控车辆泊车入位或通过复杂路面，可以有效减少剐蹭、碰撞、陷落等事故的发生。汽车内部控制面板上的显示屏显示全景视图，该视图通常由安装在汽车前后及后视镜中的 4 个广角摄像机组成，如图 5–1 所示。

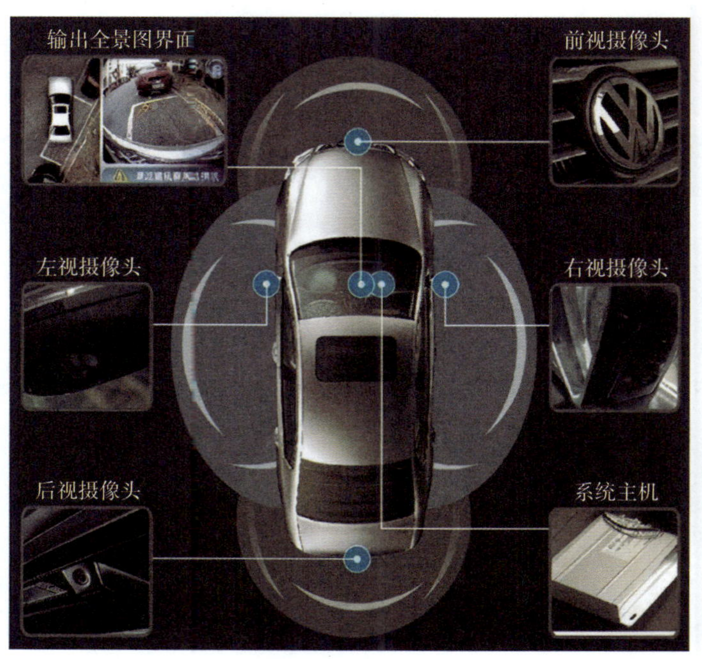

图 5–1　全景环视影像系统的组成

在更高级的功能中，全景环视影像系统将与自动停车的目标检测配对。在自动停车时，驾驶员在车内，汽车将协助驾驶员从车道移动至停车区域。

目前俯视图可在停车时协助驾驶员，且可通过附加信息来增强协助力度，例如利用 2D 叠加或仅使用后视摄像头的特定后视图。

通过具有任意视点的 3D 视图，可进一步改善俯视图提供的协助，如图 5–2 所示。这允许驾驶员选择汽车周围的任何视点，并获得汽车周围环境更详细的视觉呈现。

它使驾驶员在停车时能更好地判断与障碍物的距离。除视觉呈现之外，自动障碍物检测将提高安全性，因为它可以向驾驶员发出自动警告。如距离障碍物太近，汽车也可在停车时自动刹车。

（2）全景环视影像系统的电气架构

以某车型全景环视影像系统为例，该系统采用启扬 i.MX6 核心板，i.MX6 是一款基于 ARM Cortex–A9 架构的高性能处理器，主频可达 1.0 GHz。核心板集成处理器、内存、Flash、网卡芯片等器件，同时引出 Wi–Fi、蓝牙、MIPI、CAN、USB、多路串口等接口，其丰富接口可接入多路摄像头、雷达传感器、显示屏，满足环视系统外设搭载需求，如图 5–3 所示。

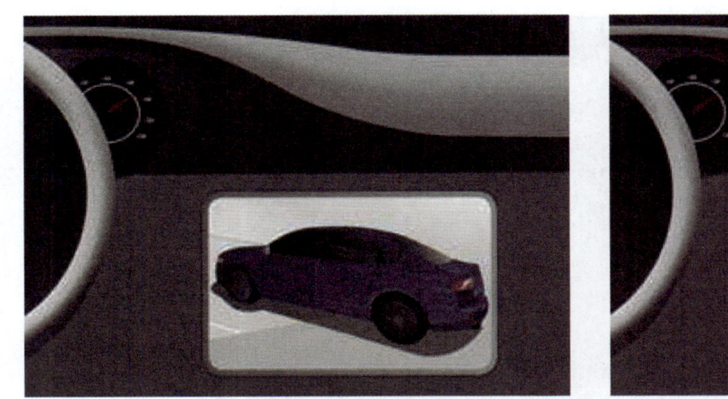

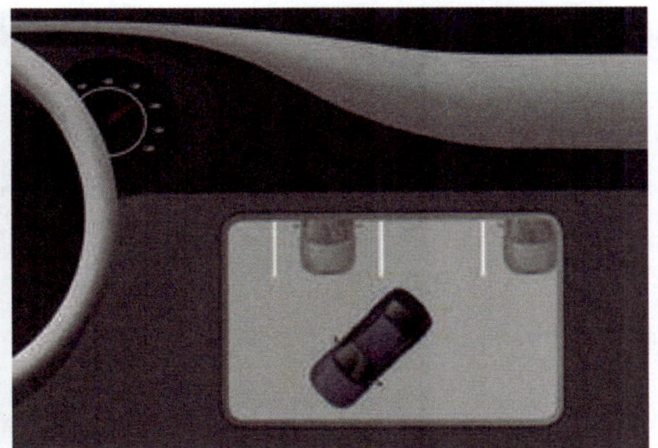

图 5-2　3D 视图

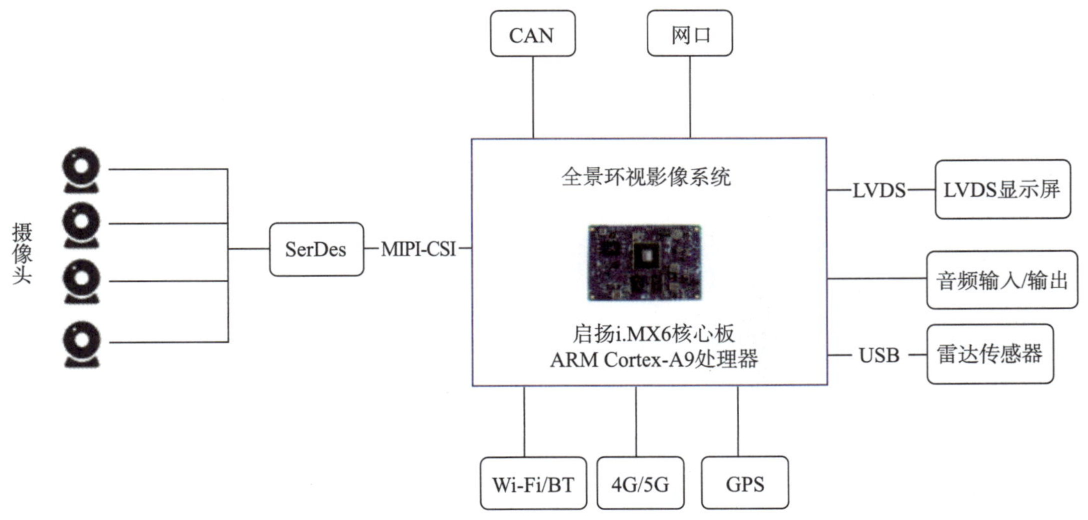

图 5-3　某车型全景环视影像系统的电气架构

该系统具有出色的多媒体功能，两路 LVDS、HDMI、MIPI-CSI 等显示接口，支持高分辨率高清显示，支持多尺寸触摸屏幕，支持多种异步显示方式，支持双屏异显分工协作；支持 Wi-Fi、蓝牙、4G/5G、GPS 等多种网络连接方式；支持远程系统平台管理、Android 操作系统，配合全车雷达、辅助驾驶系统、驾驶员行为分析系统，实现车辆定位、远程实时视频、车身数据管理、车辆预警等功能。

（3）全景环视影像系统的工作原理

全景环视影像系统基本原理如下。

1）车头、车侧和车尾的摄像头将拍摄到的图像转换为电子信号。

2）数模转换过程中，确定车身的画面尺寸原点位置，也就是将车身作为整个画面的中心点位置。

3）对拍摄到的图像信号进行数据分析，并通过程序算法开始优化图像。

4）根据既定程序，将图像进行拼接。

5）在数据模型中加入车型和拍摄到的图像信息，并在中控屏幕中呈现最终的 360° 立体成像效果，如图 5-4 所示。

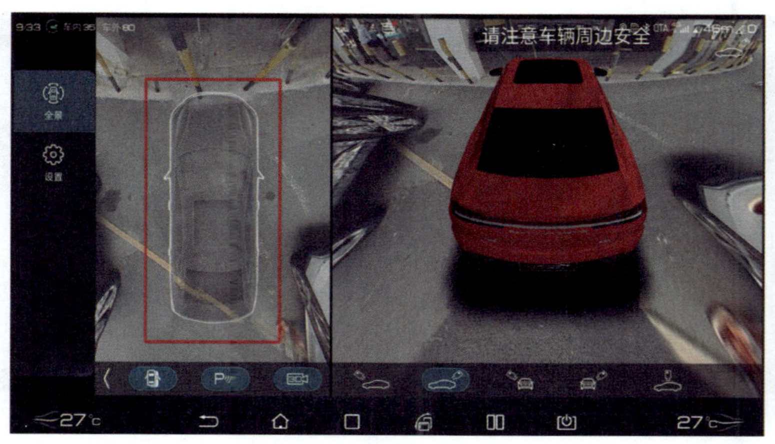

图 5-4　环视系统成像效果

全景环视影像这样的电子产品在使用中会不可避免地出现故障，稳定性差，可靠性不高，只能作为一种辅助手段拓展驾驶员的视野。要想提高行车的安全性，最终还是要依靠驾驶员自身过硬的技术才行。

（4）使用全景环视影像系统的注意事项

使用时，应注意全景环视影像系统有透明全景功能，即可看到车底影像，但由于受到车速波动或多次制动的影响，车底图像与车外图像会存在错位的现象。

全景环视影像系统仅作为辅助泊车及行车使用，仅靠该系统进行泊车或者行车是不安全的，因为车辆前后存在一定范围盲区，仍然需要通过其他方式观察车辆四周情况，以免发生事故。

本系统使用的是广角鱼眼摄像头，故显示画面中的物体与实际物体可能存在一定变形。

当车外后视镜没有展开到位时，请勿使用全景环视影像系统，并确保在使用全景环视影像系统操作车辆时，所有车门都关闭到位。

全景环视影像界面所显示的物体距离可能与主观感觉上有差异，尤其当物体靠近车辆时，驾驶员需根据多种途径判断车辆与物体的距离。

摄像头安装在前格栅、车外后视镜以及后牌照板上方，在使用时应务必保证摄像头无遮挡。

用高压水枪冲洗车身时，要尽量避免直接冲洗摄像头，以免影响摄像头的使用性能。若摄像头上有水或灰尘，应及时擦拭干净。

请勿以任何方式敲击摄像头，以免摄像头出现故障或损坏。

车辆启动后，若多媒体系统还未完全运行，此时操作全景环视影像系统启动按键或挂倒挡，全景环视影像显示界面输出会延时或出现“画面闪屏”，此为摄像头启动时的正常现象。

（5）全景环视影像系统的标定

1）标定前应注意（不同车型有所不同，以实训车辆为主）的事项

① 车辆使用过程中如果有更换控制器、更换摄像头或变更摄像头的安装位置，需要重新对全景环视影像系统进行标定。

② 在水泥地面进行标定，原则是地面颜色和黑色标定板有最大的颜色反差。标定工位地面水平度

精度要求为 ±5 mm。

③ 标定工位的空间不得小于 6.3 m × 12 m。除了标定板和边界线，标定工位中的其他地方都应是白色或接近白色。

④ 在标定工位内，必须保证光照均匀，且在标定板上没有阴影。为保证以上光照要求，照明设备建议安装于车体正上方，光束垂直向下照射。

⑤ 将车辆开至校正场地，位于四块标定板构成矩形的正中央，关好车门，打开外后视镜。

⑥ 准备边长为 1.2 m 的哑光黑色正方形标定板 4 块，长、宽分别为 100 mm、250 mm 红色箭头形状的小标定板 4 块。黑色标定板用以单边视图目标点的位置标定，红色标定板用于两侧边车轮与地面接地点的位置标定。

⑦ 为保护全景环视影像系统标定工位，需要在标定工位两侧建立防护栏且角落需做壁脚板保护措施。

⑧ 标定前需确认摄像头镜头清洁，无异物遮挡，新摄像头上无保护膜覆盖。

2）标定流程（不同车型有所不同，以实训车辆为主）

首先将标定板按照规定尺寸摆放，摆放完成后将待标定车辆驶入。车辆中轴线与标定场地中线重合，车辆前轴距离前标定板底边距离为 1.5 m，标定板侧边与中心线距离为 1.3 m，如图 5-5 所示。

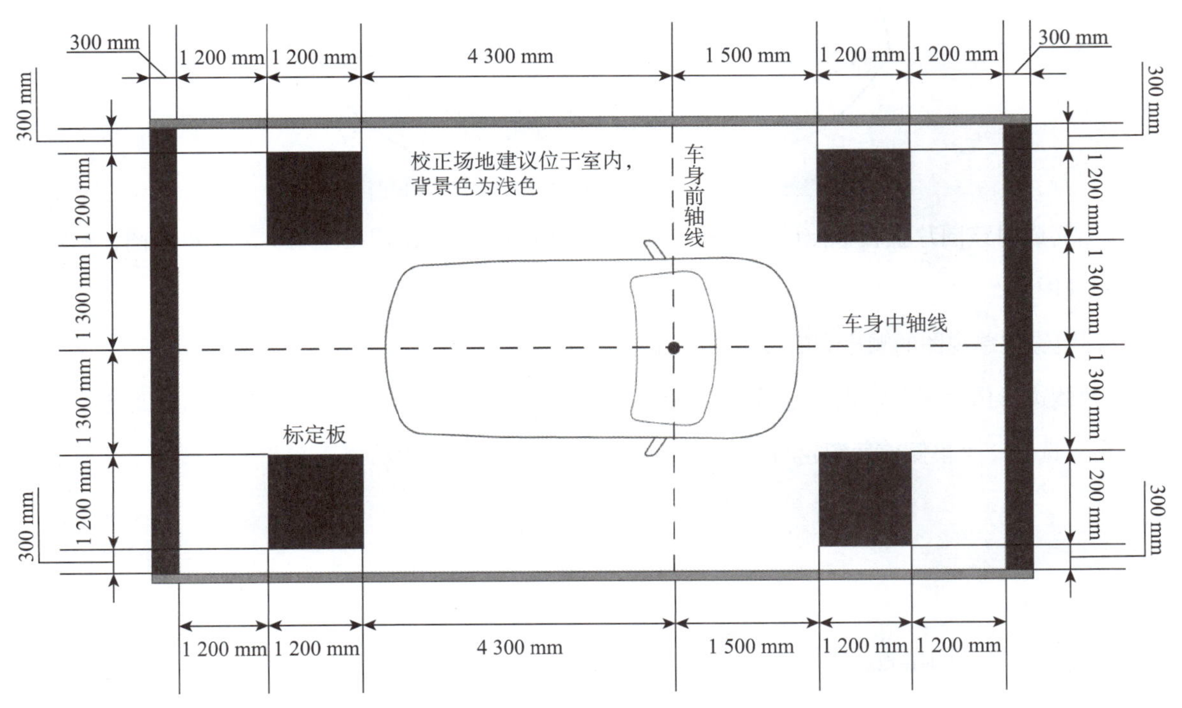

图 5-5　全景摄像头标定

3）手动标定流程

① 单击“手动标定”按钮进入标定模式，之后在显示屏幕上，会出现环视影像。单击诊断仪上“前边视图”后，屏幕上将显示车辆前景单视图，同时出现的还有一个黄色十字符号，如图 5-6 所示。

情境一

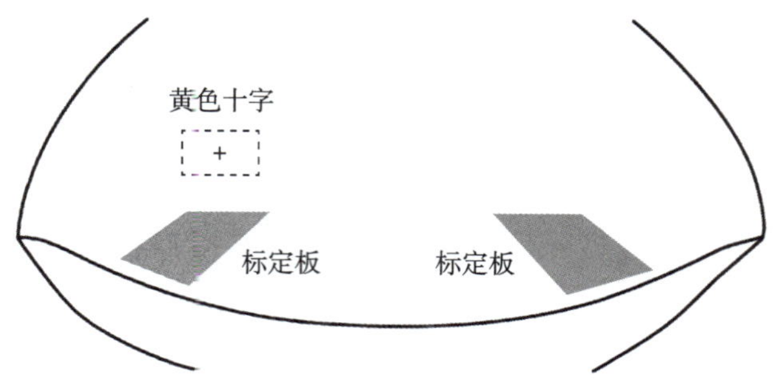

图 5-6　标定设备显示图像（前景单视图）

② 通过单击“上移”“下移”“左移”“右移”4 个箭头来对十字光标进行控制移动。将光标移动至所需目标点时（黑色标定布的一角），通过单击“选点（Point confirmed）”来选定目标点。“设置步进”按钮用于调节光标每次移动的间隔。

③ 再次单击“选点（point confirmed）”按钮后，将会在选定点显示出一个红色十字符号，之后选择下一个目标点。如果在选定中出错，可以将光标移回选定点位置并单击“选点（Point Canceled）”按钮取消选择。前后影像单视图各需选择黑色标定布的 4 个角点为目标点，共 8 个目标点，如图 5-7 所示。

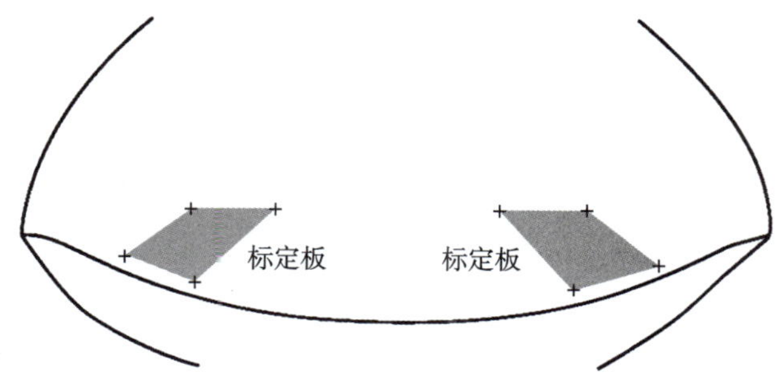

图 5-7　标定设备显示图像（前后影像单视图）

④ 当完成对该图片上目标点的选定后，单击“后边视图”按钮切换至车辆后景单视图，标定方法同前景单视图。

⑤ 标定影像单视图的顺序为前边视图、后边视图、左边视图、右边视图。

⑥ 两侧边影像单视图定点选定需要各选择 10 个目标点。除去与前后影像相同的 8 个标定目标点以外，还需要选出 2 个单侧前后车轮与地面接地点的位置，如图 5-8 所示。

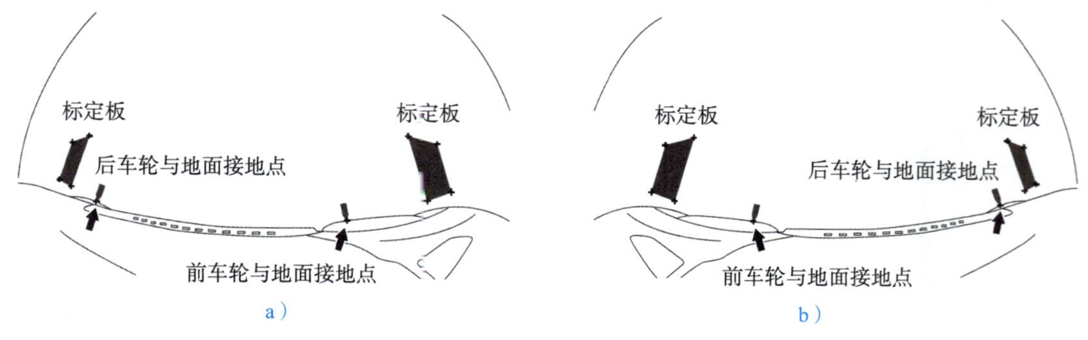

图 5-8　标定设备显示界面

a）标定设备显示的左边视图　b）标定设备显示的右边视图

⑦ 在选定所有 36 个目标点后，标定结束。单击“标定”按钮，等待约 10 s 的时间，显示屏幕会显示标定好的影像。

⑧ 标定结束后，将车辆驶离标定工位。

2. 技能操作

（1）操作准备

准备技能操作所需的物料，见表 5-1。

表 5-1　物料准备

类别	所需物料
教学车辆	智能座舱系统、实训车辆
设备、仪器、工具、资料	维修手册、电路图、诊断设备、标定板、卷尺、地标贴纸、车内三件套、安全手套、工具套装、抹布

（2）全景环视影像标定

进行全景环视影像标定作业，并将相关内容填入表 5-2 中。

表 5-2　操作记录表

序号	标定步骤	工具设备	关键点 / 注意事项
1			
2			
3			
4			
5			
6			
7			
8			
9			
10			

（二）影像记录系统检修

1. 知识学习

（1）影像记录系统的功用

1）行车记录

如图 5-9 所示，影像记录系统是记录车辆行驶途中影像及声音等相关信息的仪器。安装影像记录系统后，能够记录汽车行驶全过程的视频图像和声音，可为交通事故提供依据，还可以用它来记录驾车时的精彩瞬间。

情境一

图 5-9　影像记录系统

2）碰撞记录

影像记录系统的核心功能是记录，大部分时候，影像记录系统都是在循环录制视频和音频，而设备的存储空间是有限的，因此录制机制一般是采用循环覆盖录制，这样一些重要的记录（如发生碰撞时的记录）就可能会被覆盖，为了避免这种情况的发生，影像记录系统设备就需要感知这些情况并做特殊处理，如备份相应时刻的视频数据。

影像记录系统不仅要能拍摄和保存行车视频，而且还有一个重要的功能就是关键视频数据的保存。对驾驶员来讲，发生交通事故，特别是碰撞、剐蹭时的视频最为关键。影像记录系统既要录制关键视频又要保证关键视频能被保存，不被循环覆盖，为解决这问题，应用了重力感应（G-sensor）系统。

影像记录系统使用重力感应系统后，就能够感知车辆的状态，具体来讲就是能感知车辆的 X、Y、Z 轴的情况，X 轴代表加速时的左右变化，Y 轴代表加速时的前后变化，Z 轴代表加速时的上下变化。

有了重力感应系统后，车辆的震动、颠簸、爬坡、下坡等各种变化，都会被重力感应传感器转化为数据信号，当超过重力感应传感器设定的阈值时，影像记录系统就会判断车辆可能发生了碰撞，会自动把碰撞前后 30 s 左右的视频记录进行整合，另存为一份单独的碰撞视频文件保存下来，并设定锁定保护状态，保证不会被循环覆盖。

3）驻车监控

驻车监控功能就是在车辆停止后，可以 24 h 持续监测车辆状态，如果有突发状况，如车辆被剐蹭或者玻璃被砸到，会自动进行视频录制，确保意外可追溯。

（2）影像记录系统的工作原理

影像记录系统类似于应用于飞机上的“黑匣子”，其工作原理是通过数字视频记录并循环更新车前、车内、周围的路面情况，信息数据包括记录车内录音、汽车的加速度、转向和制动等，如图 5-10 所示。

智能影像记录系统的计算机内部分警告功能模块、记忆功能模块、视频 D/A 转换功能模块、切换功能能模块，每一模块均有专用处理芯片，MRN 导航、IVDR 计算机、360° 全景泊车系统均互联在 CAN

网络上，通过 CAN 网络上彼此交互数据，360° 全景泊车系统各摄像头的视频信号线经过 CVBS 专用输入线硬线输入 IVDR 计算机后，和 IVDR 智能影像记录系统摄像头（CAM_AV）的视频信号一起经过切换功能模块芯片处理后，再经过 CVBS 专用输出线硬线输出到 MRN 导航显示屏。MRN 导航显示屏为 IDVR 智能影像记录系统提供人机对话操作和显示功能。

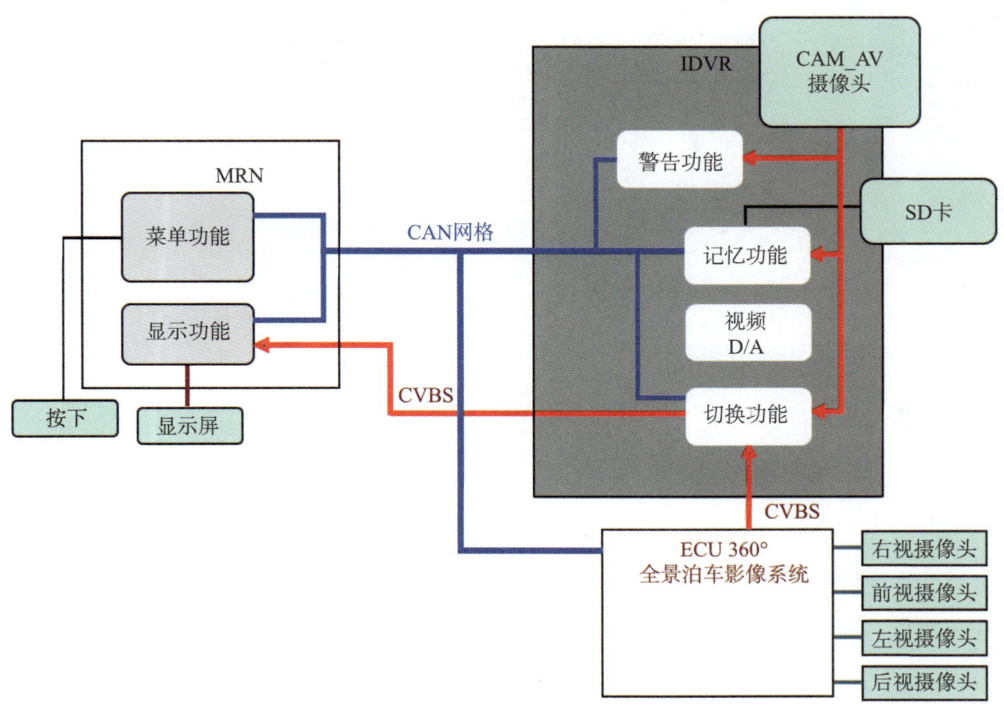

图 5-10　影像记录系统工作

（3）车外摄像头的拆装方法

1）前环视摄像头总成拆卸

断开蓄电池负极，拆卸前保险杠总成，拆卸前环视摄像头总成。

断开前环视摄像头接插件，如图 5-11 所示。

拆下 3 个螺钉，取下前环视视摄像头总成，如图 5-12 所示。

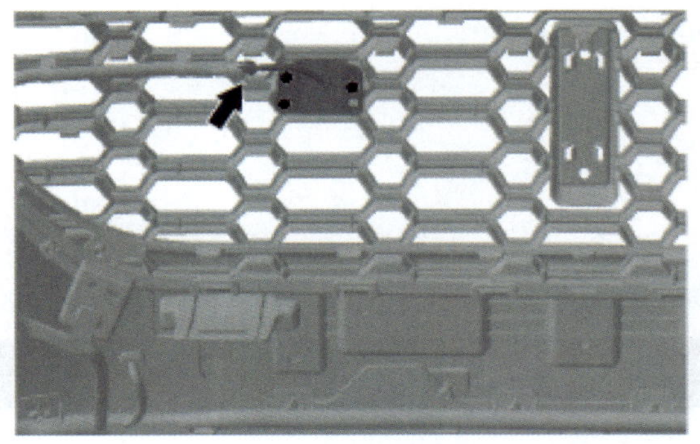

图 5-11　断开前环视摄像头接插件

图 5-12　取下前环视摄像头总成

2）后环视摄像头总成拆卸

断开蓄电池负极，拆卸行李舱门内饰板总成，拆卸牌照灯装饰板总成，拆卸后环视摄像头总成。

断开线束接插件，如图 5-13 所示。

拆下螺钉，如图 5-14 所示。

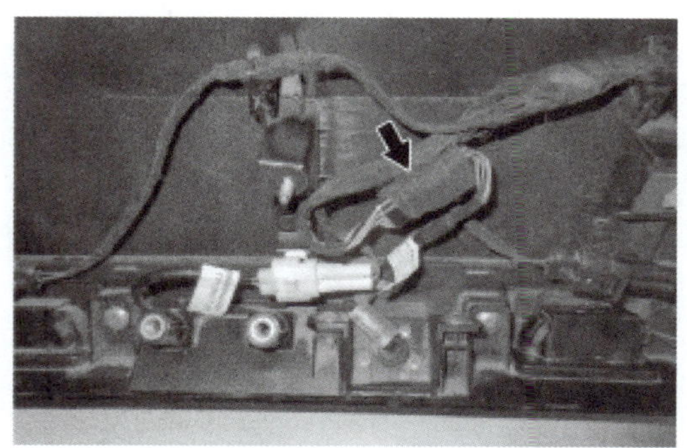

图 5-13　断开线束接插件

图 5-14　拆下螺钉

取下后环视摄像头总成。

3）全景环视影像控制模块拆卸

断开蓄电池负极，拆卸左 C 柱下护板维修盖板，拆卸全景环视影像控制模块。

断开全景环视影像控制模块接插件。

拆下 3 个螺母，取下全景环视影像控制模块，如图 5-15 所示。

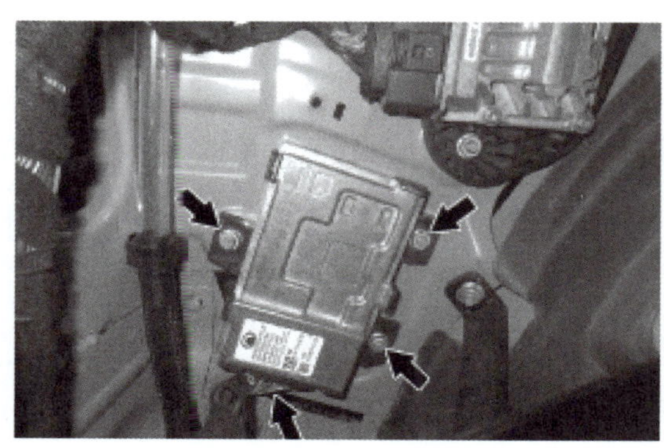

图 5-15　取下全景环视影像控制模块

2. 技能操作

（1）操作准备

准备技能操作所需的物料，见表 5-3。

表 5-3　物料准备

类别	所需物料
教学车辆	智能座舱系统、实训车辆
设备、仪器、工具、资料	维修手册、电路图、车内三件套、安全手套、工具套装、抹布

（2）前环视摄像头拆装

进行前环视摄像头拆装作业，并将相关内容填入表 5–4 中。

表 5–4　前环视摄像头拆装记录表

序号	步骤	工具设备	关键点/ 注意事项
1			
2			
3			
4			
5			
6			

（3）后环视摄像头拆装

进行后环视摄像头拆装作业，并将相关内容填入表 5–5 中。

表 5–5　后环视摄像头拆装记录表

序号	步骤	工具设备	关键点 / 注意事项
1			
2			
3			
4			
5			
6			

（3）全景环视影像控制系统模块拆装

进行全景环视影像控制系统模块拆装作业，并将相关内容填入表 5–6 中。

表 5–6　全景环视影像控制系统模块拆装记录表

序号	步骤	工具设备	关键点 / 注意事项
1			
2			
3			

续表

序号	步骤	工具设备	关键点 / 注意事项
4			
5			
6			
7			
8			

检查评估

对本任务的学习情况进行检查，并将相关内容填写在表 5-7 中。

表 5-7　检查表

检查项目	检查结果	结果点评
全景环视影像系统标定		
是否正确布置全景环视影像系统标定环境	是□　否□	
是否正确执行全景环视影像系统标定程序	是□　否□	
是否完成全景环视影像系统标定（功能正常）	是□　否□	
影像记录系统检修		
是否正确完成全景环视影像控制系统模块拆装	是□　否□	
是否正确完成前环视摄像头总成更换	是□　否□	
是否正确完成后环视摄像头总成更换	是□　否□	
更换模块或配件后的系统是否能正常使用	是□　否□	
操作完成是否有故障码	是□　否□	
整理及恢复		
工具、设备是否整理并放置指定位置	是□　否□	
是否出现额外的人为故障	是□　否□	
是否充分地进行团队沟通与协作	是□　否□	

任务小结

本任务小结如图 5-16 所示。

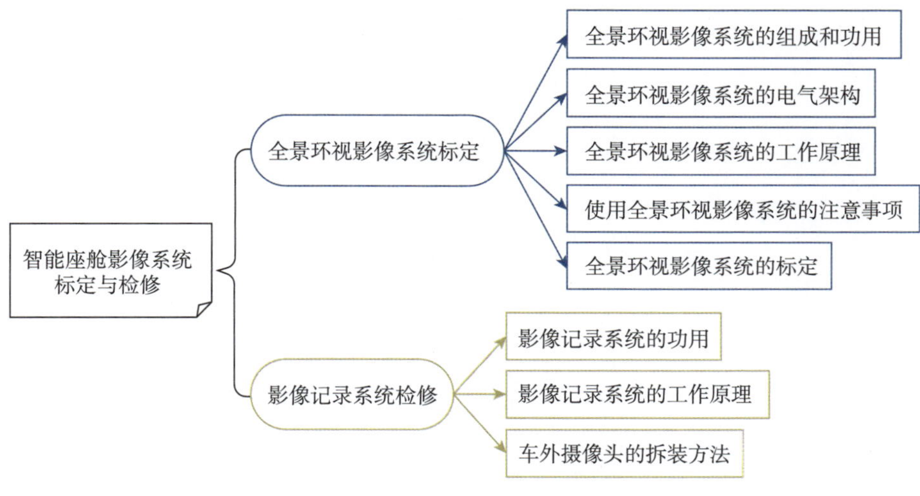

图 5-16　本任务小结

情境二
智能信息娱乐和舒适系统装调与检修

情境介绍

智能座舱是智能网联汽车的核心模块之一，是直接为用户提供智能化、网联化集成功能的终端，是营造安全、高效、先进驾乘环境的终端体系。

智能信息娱乐和舒适系统装调与检修是智能网联汽车智能座舱系统装调与检修的重要组成部分，深刻影响着车辆的运行效率和驾乘性能。本情境包括数字信息娱乐控制系统检修、智能座椅装调与检修、智能空调系统检修、车内灯光系统检查与部件安装、智能座舱音响系统检修 5 个任务。

本情境的主要学习内容有信息娱乐控制系统工作原理，信息娱乐控制器更换方法，信息娱乐控制器系统诊断思流程，智能座椅故障诊断流程，智能座椅相关部件更换方法，智能座椅控制逻辑，智能空调系统工作原理，智能空调系统检修流程，热泵空调系统检修方法，车内灯光系统控制电路，车内灯光系统部件更换方法，座舱音响系统组成、功用、工作原理，座舱音响系统故障诊断流程，座舱音响系统部件更换方法等。

情境目标

▸ 能够参照技术规范，按照正确的操作流程和检修要求，规范完成智能信息娱乐控制系统检修。

▸ 能够依据智能座椅工作原理和控制逻辑，选用合适的工具、设备，完成智能座椅故障检修及部件更换。

▸ 能够根据空调组成及工作原理，选用合适的工具、设备，完成空调系统的检修。

▸ 能够根据车内灯光系统的结构和工作原理，选用合适的工具、设备，完成灯光的功能操作和部件更换。

▸ 能够根据座舱音响系统的组成、原理，选用合适的工具、设备，完成音响系统的检修和部件更换。

任务六
信息娱乐控制系统检修

任务导入

场景： 某品牌汽车售后服务中心

人物： 维修技师陈师傅、客户张先生

情境： 客户张先生最近购买一台高配置新能源汽车，该车具备语音识别、抬头显示、氛围灯、手势识别、智能空调等多项智能化功能；但是张先生对车辆不熟悉、对使用说明不理解，导致很多功能不会使用，他希望售后服务中心帮助自己检查车辆各项功能是否正常，并教会他如何设置，陈师傅接到任务，开始了一系列操作。

任务目标

▸ 能够根据所学知识及技术资料的指引，选用合适的工具、设备，规范进行信息娱乐系统控制器的拆装。

▸ 能够根据诊断设备的指引，正确执行信息娱乐系统控制器更换前后的相关配置。

▸ 能够根据所学知识及结合技术资料的指引，对信息娱乐系统电路进行拆画。

任务实施

（一）信息娱乐控制器的更换

1. 知识学习

（1）信息娱乐控制系统概述

信息娱乐控制系统是采用车载专用中央处理器，基于车身总线系统和互联网服务形成的车载综合信息处理系统，即车载信息娱乐系统（IVI，in-vehicle infotainment），它能够实现包括三维导航、实时路

况、交互式网络电视、辅助驾驶、故障检测、车辆信息、车身控制、移动办公、无线通信、基于在线的娱乐功能等一系列应用。

先进的导航系统需要整合实时交通信息、个人兴趣点以及常用位置等，甚至将汽车扩展到新兴网络环境，为用户带来全新的驾乘体验。

IVI 的人机交互形式有声音、图像、文字，其人机交互媒介包括中控屏幕（显示、触控）、仪表显示、语音、转向盘，如图 6-1 所示。

图 6-1　某车型的信息娱乐控制系统

（2）常见的信息娱乐控制系统

1）Windows CE 操作系统

Windows CE（简称 WinCE）操作系统是在计算机 Windows 操作系统基础上研发而来的车载系统，对硬件要求不高，在传统车载导航领域应用广泛，但是随着需求的增多，用户需求的改变，其他操作系统的成熟，WinCE 操作系统的应用越来越匮乏，逐渐退出了车载系统的舞台。

2）QNX 系统

QNX 系统可实现媒体播放、网页浏览、语音集成、智能手机连接、无线（OTA）软件升级、手持蓝牙和免费电话。QNX 系统支持第三方应用程序和第三方，如导航、语音识别软件。该平台支持所有主要的汽车级硬件，并采用模块化和可扩展的架构构建，应用较为广泛，如起亚新 K3、K5，吉利博瑞，BMW-X 系列，现代 GENESIS 等车型。

3）Linux 系统

Linux 系统广泛应用于服务器、云计算、超级计算机、银行等领域，作基于 Linux 成熟版本开发的定制化系统，既可以用作驱动安全件的 ADAS、仪表显示系统，又可以用作信息娱乐系统，采用 Linux 系统的车型有福特和 BMW X 新款系列等。

4）Android 系统

虽然 QNX 系统在车载系统应用较为广泛，但是由于定制化难度高、开发费高昂等因素，制约了其在普通汽车部件供应商行业的推广。与此同时，更具灵活性和易用性的 Android 系统获得了市场机遇，很

多车企开始采用 Android 系统，例如吉利、长城等大部分车型。

5）华为鸿蒙系统

2019 年 8 月 9 日，华为正式发布鸿蒙系统，它是一款基于微内核的面向全场景的分布式操作系统，适配手机、平板、电视、智能汽车、可穿戴设备等多终端设备。

6）阿里系统

它是基于 Linux-Kernel 研发的驱动万物智能的操作系统，适用于多种设备类型，如物联网设备、手机、平板计算机、电视、智能汽车等，其在感知、交互、应用、平台、安全五个领域实现了突破。目前上汽荣威系列车型采用的是阿里系统。

（3）信息娱乐控制系统的功能（见图 6-2）

图 6-2　信息娱乐控制系统的功能

1）多媒体播放功能，包括音频播放、视频播放，在线电台、在线音乐、在线视频等多媒体资源的应用。

2）导航功能，如地图显示、路径规划等基本导航功能，以及车队行驶、路书等新型功能，可分为本地离线导航应用和在线导航应用。

3）蓝牙、Wi-Fi 连接功能，通过蓝牙、Wi-Fi 等使手机、平板计算机、蓝牙耳机与汽车主机相连等。

4）映射功能，可以将手机屏幕直接映射到车机屏幕上，并实现双向的控制。

5）人机交互功能，可以通过触屏、按键、语音、手势、人脸识别等方式进行人机交互。

6）车身信息显示和控制功能。如车门、车窗、空调、座椅、空气净化器等状态显示以及通过 HMI 进行控制。

7）ADAS 等辅助驾驶功能如倒车影像、自动泊车等。

8）社交应用功能，如微信、抖音等第三方车载 App 实现车内社交。

（4）信息娱乐控制器的更换方法

下面以某车型为例，对信息娱乐控制器进行拆解，不同车型拆卸方法不同，但操作逻辑相通，具体应以实训车辆技术资料为准。

1）确认车辆网络正常以及换件过程中车辆不能启动。

2）检查换件前的整车软件版本，卸载软件证书和密钥。

3）配置车辆编码，写入密钥和软件证书，刷新整个 ECU。

4）关闭所有用电设备，全车断电，断开蓄电池负极。

5）拆卸右 A 柱下侧饰板总成，拆下右下静音板总成。

6）脱开固定卡扣（箭头），掀开副驾驶侧前端地毯总成（①），如图 6–3 所示。

7）旋出主机防护罩组件①固定螺栓（箭头 A）、螺母（箭头 B），螺栓、螺母拧紧力矩为 8 N·m，取出主机防护罩组件，如图 6–4 所示。

8）断开线束连接线（箭头 A），旋出固定螺栓（箭头 B、拧紧力矩为 9 N·m），取出信息娱乐控制器①，如图 6–5 所示。

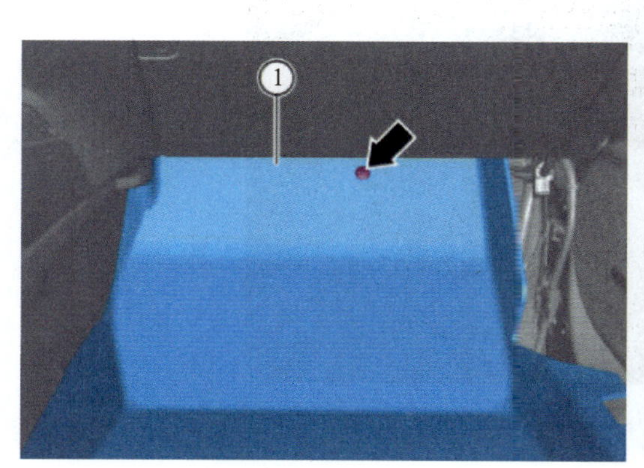

图 6–3 拆装步骤（副驾驶脚窝处）

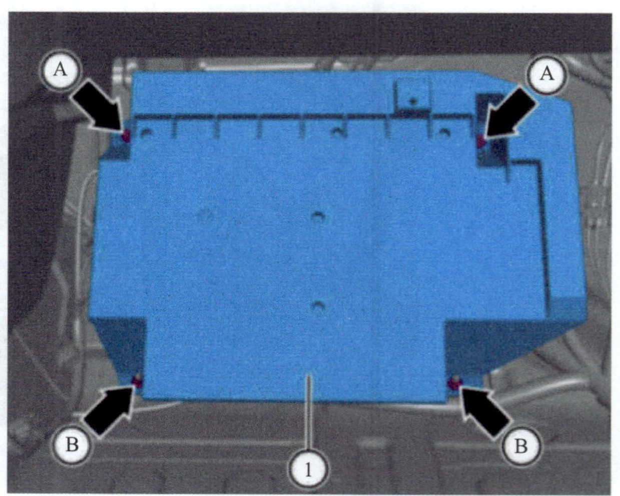

图 6–4 拆装步骤（主机防护罩组件）

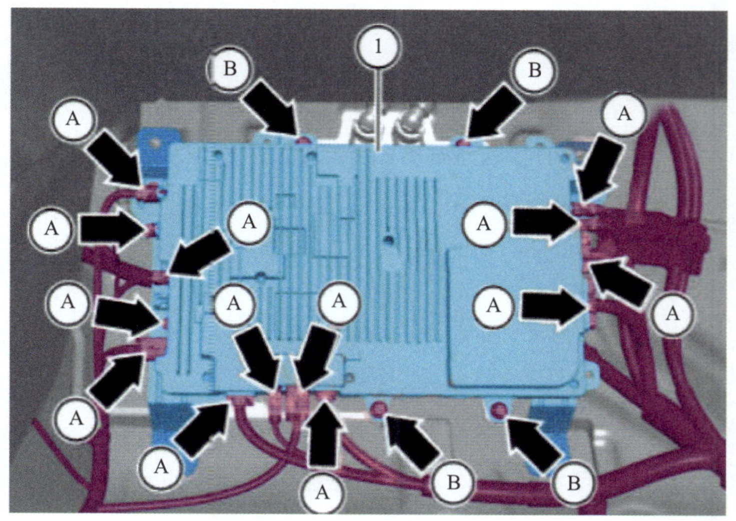

图 6–5 拆装步骤（控制器组件）

9）车辆深度睡眠后将其唤醒。

10）执行“诊断程序—特殊功能—信息娱乐控制器（主机）—360° 摄像头标定”。

11）清除故障码。

安装顺序与拆卸顺序相反。

2. 技能操作

（1）操作准备

准备技能操作所需的物料，见表 6–1。

表 6–1　物料准备

类别	所需物料
教学车辆	智能座舱系统、实训车辆
设备、仪器、工具、资料	维修手册、电路图、诊断仪、车内三件套、安全手套、工具套装、抹布

（2）信息娱乐控制器更换

执行实训车辆信息娱乐控制器的更换作业，并将相关内容填入表 6–2 中。

表 6–2　操作记录表

序号	步骤	工具设备	关键点 / 注意事项
1			
2			
3			
4			
5			
6			
7			
8			
9			
10			

（二）信息娱乐控制系统测量诊断

1. 知识学习

（1）信息娱乐控制系统电路

信息娱乐控制系统电路如图 6–6 所示。

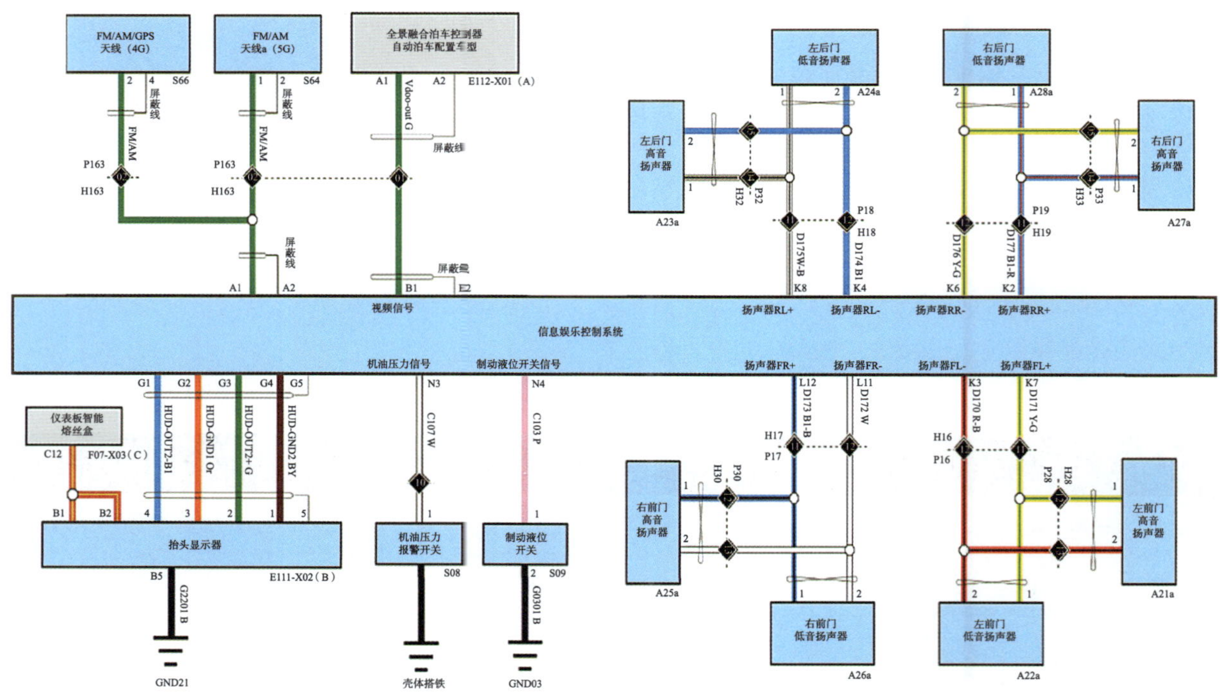

图 6-6 信息娱乐控制系统电路

信息娱乐控制系统连接端子如图 6-7 所示。

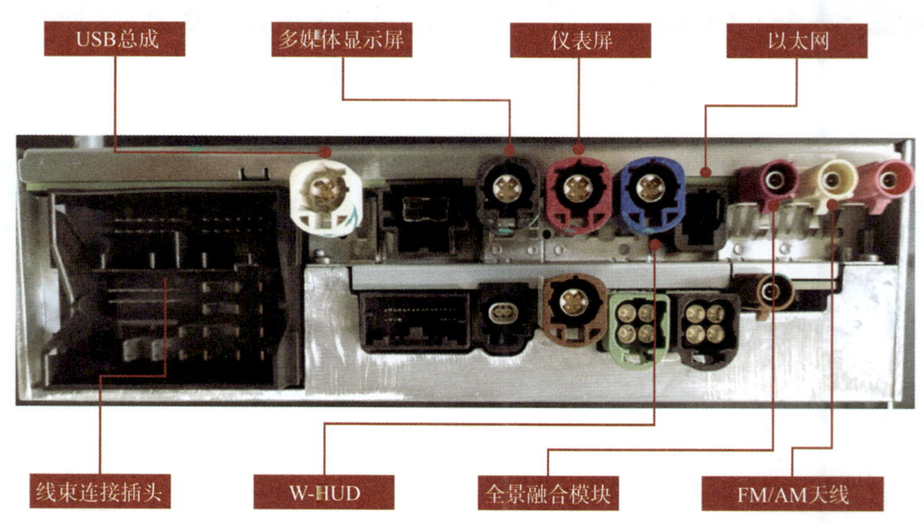

图 6-7 信息娱乐控制系统连接端子

（2）信息娱乐控制系统的故障现象和诊断流程

信息娱乐控制系统主要故障表现为系统无声音、无相关视频显示（如倒车影像）、操作按键部分失效、显示屏黑屏所有操作无效、导航数据一直显示初始化、部分功能菜单没有或是呈灰色等。如图 6-8 所示为某车型信息娱乐控制系统电路。

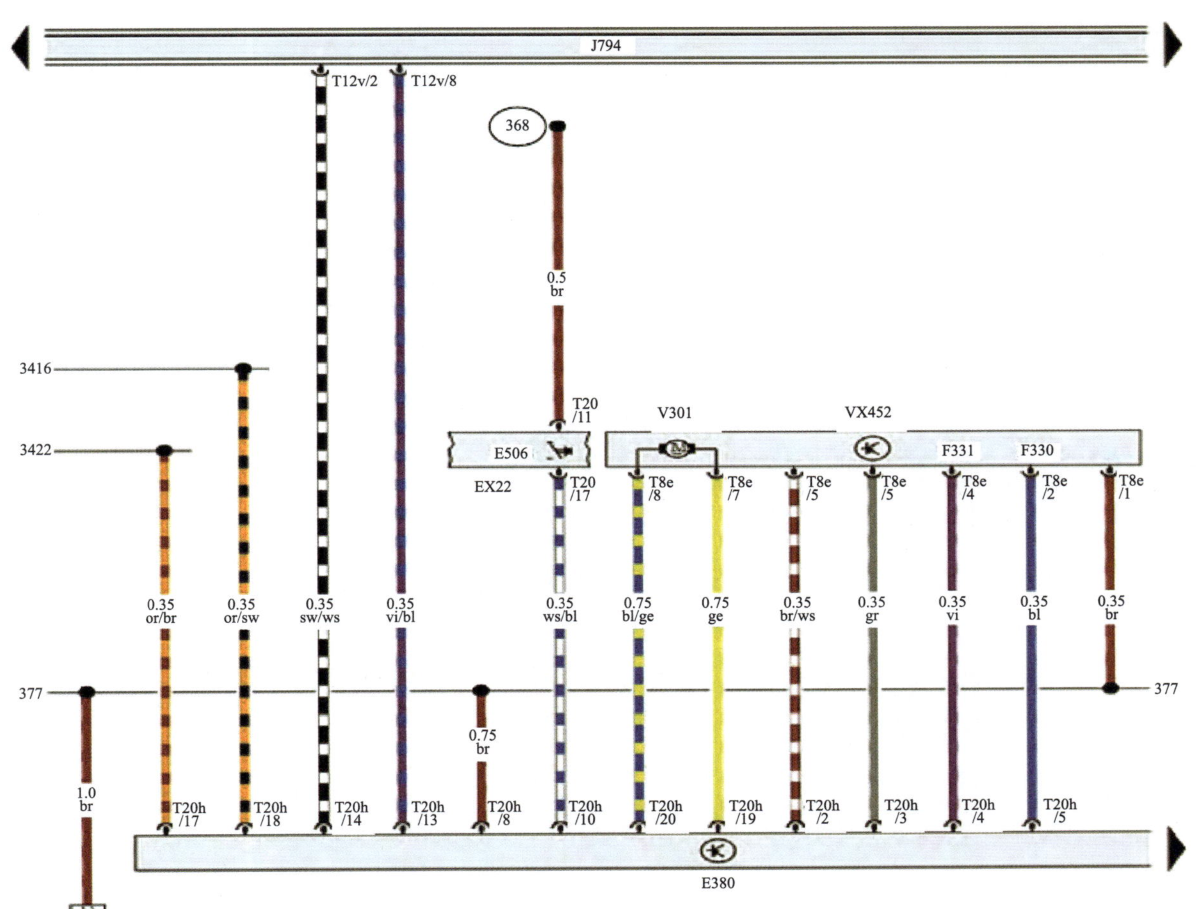

图 6–8　某车型信息娱乐控制系统电路

1）系统无声音

此类故障大部分是功放损坏。某些车型功放位于后备箱左侧或右侧，大部分功放是因为事故或其他原因导致功放进水损坏。

2）无相关视频显示

此类故障主要由视频传输线、视频信号采集源（如摄像头、天线）、相关视频主控单元故障（如电视控制单元 R78、倒车影像控制单元 J772）引起。在排查此类故障时，除了使用诊断仪进行检查外，还可以通过常规检查视频传输线和天线，必要时采用替换可疑单元法进行故障排除。

下面以一台奥迪汽车只有声音没有图像的故障为例，讲解故障排除流程。故障诊断步骤如下。

① 首先重启信息娱乐控制系统，观察故障现象没有发生变化。

② 用诊断仪检查发现数字电视调谐器（模块）中存储有“02283：与终端单元的视频连接断路 / 对正极短路”的故障码。

③ 根据故障码初步分析可能是电视控制单元到 J794 信息娱乐控制系统的主控单元之间的视频传输线有故障。

④ 执行引导型测试计划，检查 DVD 换碟机和电视调谐器之间的视频传输线是否存在断路。经检查

视频传输线不存在断路现象。

⑤ 使用专用工具功率检测放大器检测转换接头（VAG1598/43）和控制单元测试连接盒（VAG1598/42），得出的诊断结果是 TV 电视调谐器发生故障，更换中控控制单元后故障排除。

3）显示屏黑屏

此类故障是信息娱乐控制系统最常见的故障，因为采用 MOST 光纤环路传输，当 MOST 环路中的任何一个控制损坏（或供电不良）和光纤损坏都会导致整个信息娱乐控制系统无法工作。此时用诊断仪检查提示信息娱乐控制系统相关控制单元无法到达，对此类故障首先通过光纤断环诊断测试计划进行检查，可以很快得到哪个控制单元电器或是光路是否正常。此测试计划在 MIB 之前且在网关 J533 的功能里可以执行。

下面以一台奥迪汽车显示屏黑屏的故障为例，讲解故障排除流程。

在点火开关打开的前提下，显示屏黑屏，按任意操作按键均无反应。用诊断仪检查显示娱乐控制系统下的多子模块均无法检测。

因信息娱乐控制系统采用的是 MOST 光纤环路通信，当环路中任一个控制单元损坏或光纤环路中断，整个信息娱乐系统就无法启动，同时也不能进行通信。为提高 MOST 系统的诊断效率，在诊断仪的网关 J533（地址码 19）设有 MOST 回路诊断测试模式，在此模式下可快速诊断光纤断环所在位置或是某个环路的故障。执行回路诊断系统测试计划，结果如下。

“已检测到下列光学状态：

J533- 数据总线诊断接口，光学信号的设备，正常

J794- 信息电子设备控制单元，光学信号的设备，正常

CD 换盘机 -R41 安装在媒体播放器中，光学信号的设备，正常

R78-TV 调谐器，光学信号的设备，未安装

R- 收音机，光学信号的设备，未安装

J525- 数码音响组件，光学信号的设备，故障”

诊断结果提示所有 MOST 中控制单元电路正常，光学故障存在 R 收音机和 J525 数码音响组件之间。诊断结果提示连续两个控制单元有光学故障，可能是 R 收音机上光纤插头有故障，其光纤环路如图 6-9 所示。经检查发现该车收音机控制单元光纤插头中的光纤装反，导致从 R41CD 换碟机到收音机 R 的输入光路变成了 R 收音机的输出光路，使整个 MOST 光纤环路中断无法正常运行。

将收音机 R 的光纤线路装复后故障顺利排除。

4）导航数据一直显示初始化

此类故障一般首先通过重启来观察有无效果，如无效果则在设置中有复位所有信息的功能菜单，执行此功能后查看能否排除。需要注意执行此功能会将所有存储数据，如原电话簿、已存歌曲和其他设置都恢复到出厂设置状态。如果以上措施仍无法排除，一般是信息娱乐控制系统主控单元 J794

的内置硬盘出现坏道。此时可更换损坏的硬盘，同时要重装信息娱乐控制系统主控单位 J794 的驱动系统。

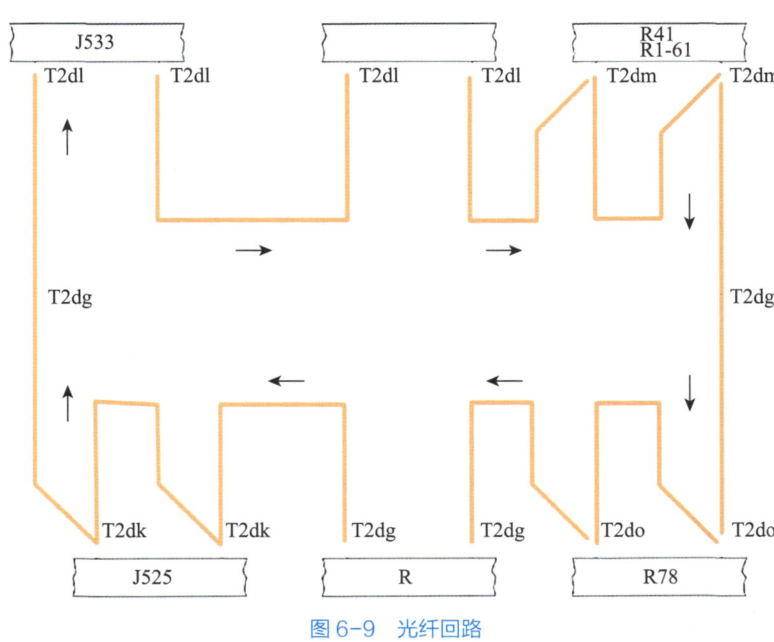

图 6-9 光纤回路

5）部分功能菜单没有或是呈灰色

此类故障分为两种情况：一种是信息娱乐控制系统主控单元 J794 编码错误，导致相应菜单隐藏。此类故障可以通过读取同等配置车辆 J794 的编码，然后对故障车的 J794 在自诊断内执行人工编码就可以解决。另一种是软件丢失，有可能是在控制单元软件或数据升级后，导致软件数据信息不完整所致。此类故障需重新进行升级，直到所有数据都正常，如多次不能正常升级，可通过断开蓄电池负极 10 min 以上再重新尝试。

2. 技能操作

（1）操作准备

准备技能操作所需的物料，见表 6-3。

表 6-3 物料准备

类别	所需物料
教学车辆	智能座舱系统、实训车辆
设备、仪器、工具、资料	维修手册、电路图、车内三件套、安全手套、工具套装、抹布

（2）拆画信息娱乐控制系统电路图

将信息娱乐控制系统拆画至图 6-10 中。

图 6-10　信息娱乐控制系统电路

检查评估

对本任务的学习情况进行检查，并将相关内容填写在表 6-4 中。

表 6-4　检查表

检查项目	检查结果	结果点评
信息娱乐控制系统更换		
是否能使用合适的诊断程序完成更换前的准备	是□　否□	
是否能使用合适的工具和流程拆卸和安装信息娱乐控制系统	是□　否□	
是否能使用合适的诊断程序完成更换后的配置	是□　否□	
更换后的部件在系统中是否使用正常	是□　否□	
信息娱乐控制系统测量诊断		
是否能准确找到信息娱乐控制系统电路	是□　否□	
是否正确拆画信息娱乐控制系统电路	是□　否□	
整理及恢复		
工具、设备是否整理并放置在指定位置	是□　否□	
是否出现额外的人为故障	是□　否□	
是否充分地进行团队沟通与协作	是□　否□	

任务小结

本任务小结如图 6-11 所示。

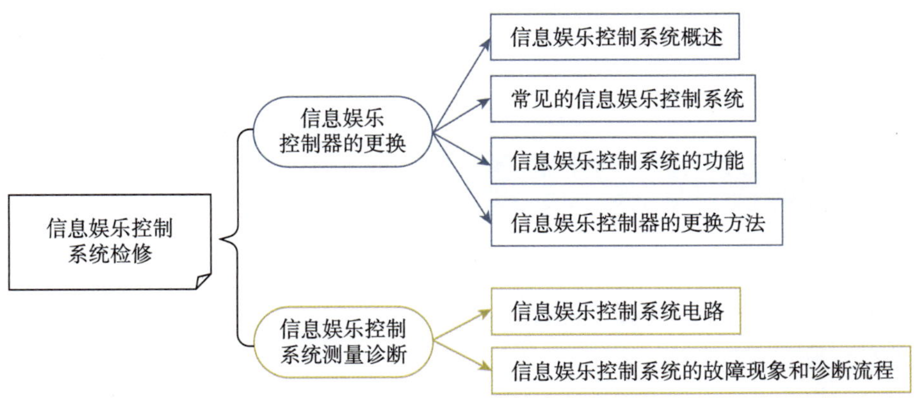

图 6-11　本任务小结

任务七
智能座椅装调与检修

任务导入

场景： 某品牌汽车售后服务中心

人物： 维修技师陈师傅、客户张先生

情境： 客户张先生在驾驶车辆时，经常会使用座椅舒适性功能，最近，张先生驾驶汽车时，欲调节座椅位置，发现座椅在动作过程中发生“哒哒”的异响，有时这种现象会消失。张先生驱车来到汽车售后服务中心，陈师傅接到车辆，多次尝试后，发现故障现象存在，于是决定对座椅模块进行测量和检修。

任务目标

- 能够根据智能座椅的工作原理电路图，正确完成智能座椅控制模块的针脚测量。
- 能够根据维修手册的指引，选用合适的工具、设备，规范完成智能座椅的电动机更换。

任务实施

（一）智能座椅故障诊断

1. 知识学习

（1）智能座椅功能及应用

汽车内部空间区域主要分为固定的驾驶员座位和固定的乘客座位，由于近几年自动驾驶、人工智能、5G 等技术的兴起，汽车上集成了辅助自动驾驶和智能助手等功能，让驾驶变得更加轻松快捷，但用户对座舱座椅的需求也在随着科技的发展而日益增加。

汽车座椅是车辆在驾驶中与驾驶员、乘客接触最久的汽车内饰部件。自 1885 年世界第一辆汽车诞

生至今，汽车座椅已经历了一百多年的发展历史，它从简单的部件发展为提供舒适性、安全性、实用性的工具。

如图 7–1 所示，为了追求驾驶和乘坐的舒适感，智能座椅可以支持更多的座椅姿态调节，除了水平、高度、靠背常规调节，还支持旋转、腿托、肩部、侧翼等方向调节来实现舒适坐姿，智能座椅同时支持加热、通风、按摩、记忆、迎宾等功能。为了满足用户对不同应用场景的要求，智能座椅识别到相应的场景后，会快速调整到相应合适的姿态。

图 7–1　智能座椅

智能座椅与传统座椅的重要区别是，智能座椅可以实时监测驾驶员、乘客的生理指标，包括体温、心率及呼吸频率，并分析他们的健康状态，当识别到生理指标异常时，智能座椅可以主动提供按摩、降温或加热来帮助驾驶员、乘客恢复到健康舒适的状态。采集到的生理特征数据也可以传送到云端，用于进行更多的健康管理。

常见的座椅功能有座椅记忆、座椅加热、座椅通风和座椅按摩。

1）座椅记忆

座椅记忆可储存座椅位置，在车辆拥有多位常用驾驶员时，更换驾驶员时座椅记忆可使座椅位置一键恢复，免去重复调节的过程，如图 7–2 所示。

图 7–2　座椅记忆

2）座椅加热

如图 7–3 所示，座椅加热主要是指座椅内的电加热装置。早期多出现在选用真皮材料座椅的车辆上，由于真皮座椅表面材料在冬季温度较低，有了座椅加热后，会给驾驶员、乘客提供足够的温热感。大多数电加热装置都具备温度调节的功能。

3）座椅通风

如图 7–3 所示，座椅通风是汽车座椅的“避暑装置”。夏季虽然有自动空调能够保持车内恒定温度，但由于驾驶员、乘客的身体与座椅紧密接触，接触部分空气不流通，不利于汗液排除，会使人感觉不舒服。座椅通风独有的通风循环系统，源源不断地将新鲜空气从座椅坐垫与靠背上的小孔流出，防止臀部与后背产生积汗，有效改善了人体与椅面接触部分的空气流通环境，即使长时间乘坐，身体与座椅的接触面也会干爽舒适。

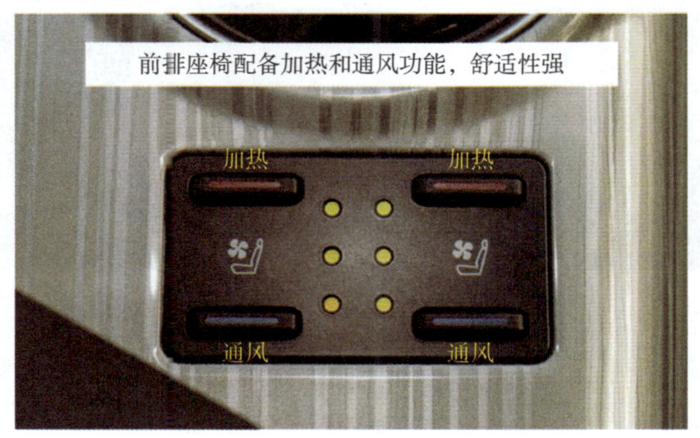

图 7–3　座椅通风及加热

4）座椅按摩

设计者在座椅内加入气动装置，气压由车载气泵提供，座椅靠背内分别有多个气压腔，实现对腰部、椎部的保护。同时，这些气压腔曰一个电子振荡器控制，其安装在座椅靠背内，根据事先编写的程序改变气压腔内的压力，使座椅椅面随之运动，从而实现按摩的功能，如图 7–4 所示。

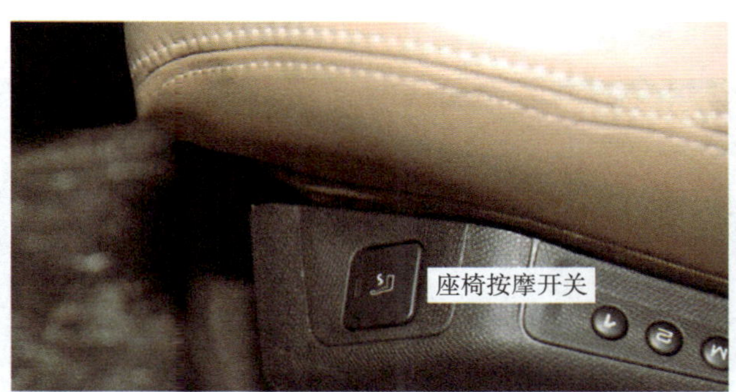

图 7–4　座椅按摩

（2）座椅通风和加热原理

1）座椅通风原理

座椅通风是通过在座椅坐垫和靠背内部增加风扇装置，利用风扇将空气吸入后导入通风层，气流再从通风层表面向上渗透经过加热垫流向座椅表面，使驾驶员、乘客在炎热天气情况下可以使用通风功能来散去臀部和背部的汗液，给驾驶员、乘客带来舒适感，如图 7–5 所示。

图 7–5　某车型座椅通风原理

座椅通风有吸风形式和吹风形式两种，其送风形式的差别在于气流形式的不同。

如图 7–6 所示，吹风时产生的是紊流，属于主动散热，风压大但容易受到阻力损失，但可以明显感受到座椅真皮孔洞的吹风。

图 7–6　某车型座椅通风原理（吹风）

如图 7–7 所示，吸风时产生的是层流，属于被动散热，风压小但气流稳定，散热功能较好，但相对于吹风形式不易感知到通风功能，靠层流负压带动表面气体流动。

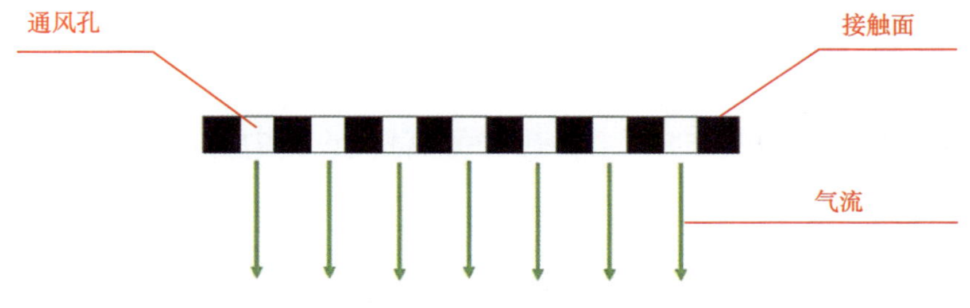

图 7–7　某车型座椅通风原理（吸风）

情境二

按照通风结构，一般分为 A 面通风式和 B 面通风式两种。A 面通风式一般适用于通风区域结构简单，A 面造型没有太多沟槽或者其他特殊造型，如图 7–8 所示，工作原理为风扇工作产生气流通过通风风道吹入 3D 织物层，然后依次通过 3D 织物层、加热垫、真皮面套，达到通风的目的。如果为吸风式，那么气流方向相反。

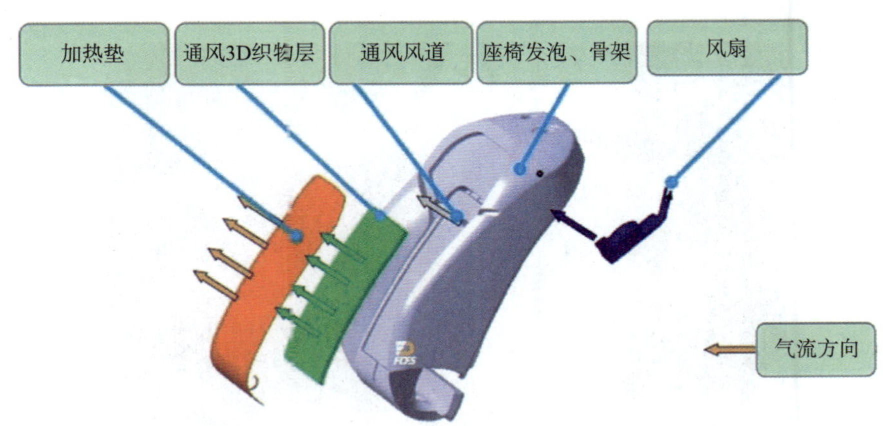

图 7–8　某车型座椅通风结构原理（A 面通风式）

B 面通风式一般适用于通风结构相对复杂，有过多的沟槽或者其他特殊真皮的造型，如图 7–9 所示，工作原理为风扇工作产生气流吹入 3D 织物层，然后通过发泡上设计的通风风道将气流吹向加热垫及面套。

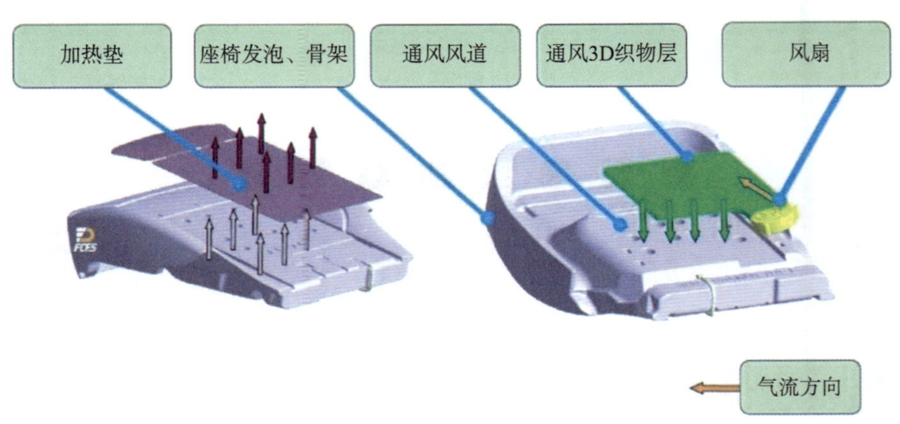

图 7–9　某车型座椅通风结构原理（B 面通风式）

2）座椅加热原理

座椅加热原理较为简单，座椅中布满了电阻加热丝，并缝合在座椅罩内，通过对加热电阻丝通电来进行加热，使座椅在短时间内逐渐升温；而通过在加热垫内设置温度传感器，则可监控座椅温度的变化，从而控制加热丝的通电和断电，保持座椅加热的温度处于合适的范围。不难看出，座椅加热的原理和电热毯类似，由于加热丝本身是柔软的，并且也不会占据座椅内部过多的空间，因此不用对座椅的内部构造进行改变，成本也自然不会太高，如图 7–10 所示。

图 7-10　某车型座椅加热原理

座椅加热在使用中安全隐患极小，内部材料即使是在恶劣的情况下也不会轻易发生短路、断路或老化。

（3）座椅调节和记忆原理

1）座椅调节原理

按调节方式可分为手动调节和动力调节。其中动力调节按照动力源的不同又分为真空式、液压式和电动式三种。

按照座椅电动机的数目和调节方向数目的不同，电动座椅一般有四向、六向、八向和多向调节等。

电动座椅最普通的形式是使用三个电动机实现座椅六个不同方向的位置调整：上、下、前、后、前倾、后倾。三个电动机分别称为前高度调整电动机、后高度调整电动机与前后移动电动机。用这三个电动机控制座椅前部的高度、后部高度及座椅的前后移动来实现座椅位置的调整。座椅控制开关（简称控制开关）通过控制电动机的搭铁与电源的连接，使三个电动机按所需的方向进行旋转，如图 7-11 所示。

图 7-11　座椅调节方向

当控制开关置于上或下的位置时，前与后高度调整电动机同时旋转；当开关位于前倾或后倾位置时，只有一个高度电动机旋转；如果控制开关位于前移或后退的位置时，前后移动电动机旋转。

电动座椅一般由控制开关、直流双向电动机、传动和执行机构等组成。

① 控制开关

如图 7-12 所示，控制开关接受驾驶员或乘客输入的命令，控制执行机构完成电动座椅的调整。电动座椅组合开关包括前倾开关、后倾开关和四向开关（即上下和前后）。电动座椅组合控制开关有的安装在车门上，有的安装在座椅旁边，使驾驶员或乘客操纵方便。

图 7-12 控制开关

② 直流双向电动机

直流双向电动机的作用是为电动座椅的调节机构提供动力，电枢的旋转方向随电流的方向改变而改变，使电动机按不同的电流方向进行正转或反转，以达到座椅调节的目的。

电动座椅多采用永磁式双向直流电动机，为防止电动机过载，电动机内一般都装有断路器。由于座椅的类型不同，一般一个座椅可装 2~5 个电动机，如图 7-13 所示。

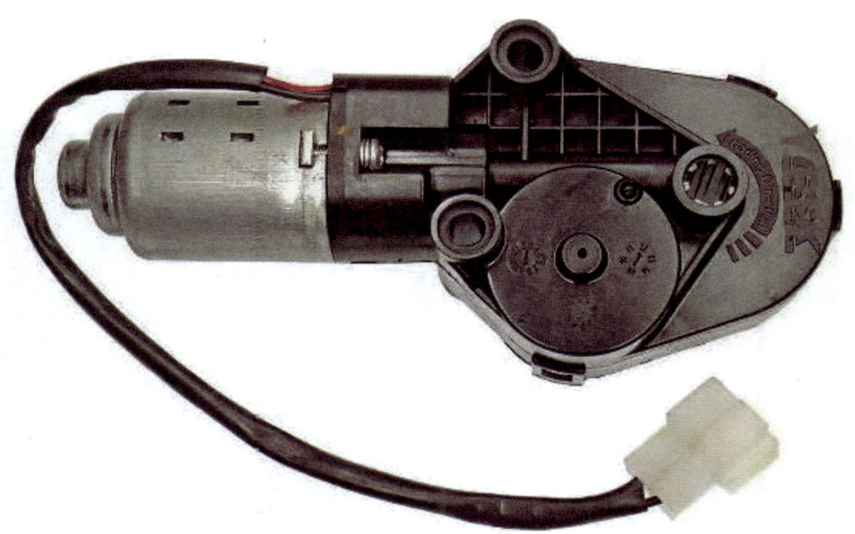

图 7-13 座椅调节示意

③ 传动和执行机构

传动和执行机构的作用是将电动机的动力传给座椅调节装置，使其完成座椅的调整，其将电动机的旋转运动转变成座椅的上下、前后移动或靠背的倾斜摆动，蜗轮蜗杆机构是其核心部件。高度调整机构由蜗杆轴、蜗轮、心轴等组成，调整时蜗杆轴在电动机的驱动下，带动蜗轮转动，从而保证心轴旋进或旋出，实现座椅的上升与下降。纵向调整机构由蜗杆、蜗轮、齿条、导轨等组成，齿条装在导轨上，电动机转矩经蜗杆传至蜗轮上，经导轨上的齿条，带动座椅前后移动。

座椅调节电路如图 7–14 所示，如需调节座椅位置，驾驶员应按动座椅控制开关的相应按钮，在控制开关中，有不同的电阻区分调节的方向和功能，当按动某一个开关时，相应电阻所产生的电信号会被传送到驾驶员侧座椅控制模块，驾驶员侧座椅控制模块识别信号后会驱动相应的电动机执行动作，与此同时，相应电动机也配有霍尔位置传感器来监测电动机的位置，当驾驶员需要按照预设的位置调节电动机时，相应的霍尔传感器会将位置信号反馈给电动机，使电动机在目标的位置停止，实现座椅的定向调节；霍尔传感器和座椅位置调节电动机都采用共用搭铁的方式，所有霍尔位置传感器有一条共用搭铁线，座椅位置调节电动机也是这样。

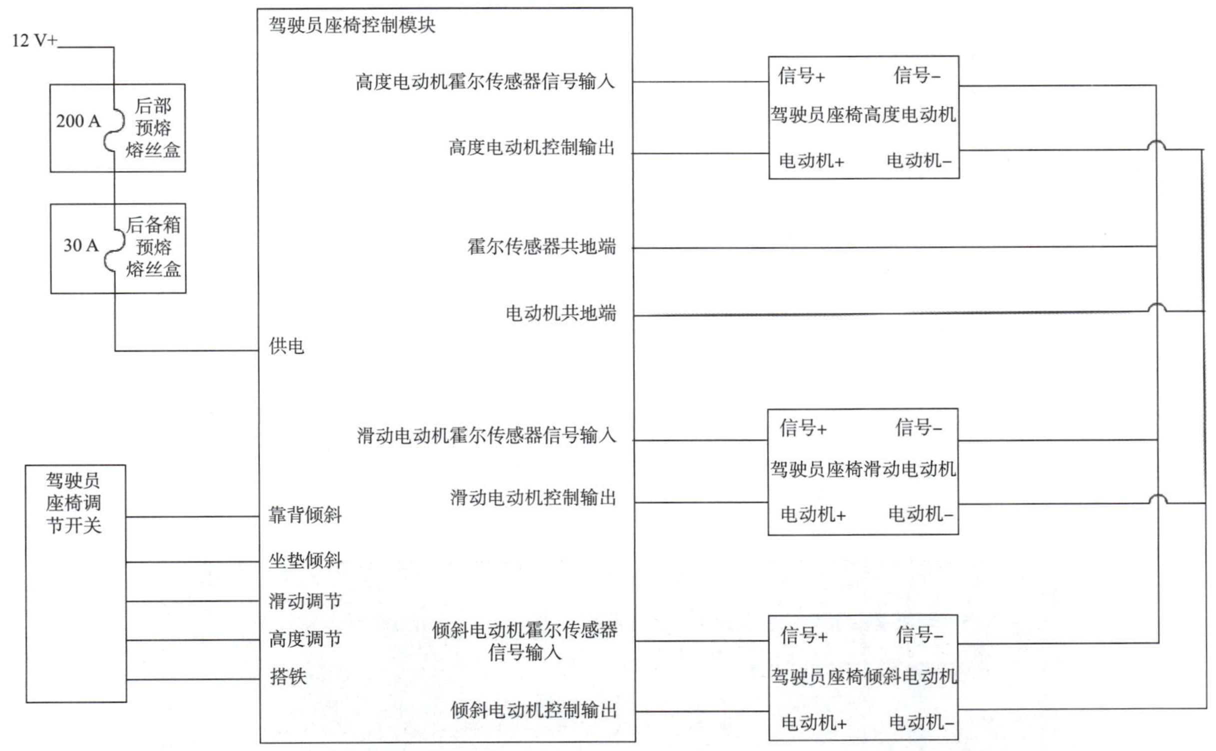

图 7–14　座椅调节电路

2）座椅记忆原理

如图 7–15 所示，座椅记忆功能是指将电动座椅与车载计算机结合在一起，把座椅调整到适合的舒适位置以后，可通过操纵控制按键，自动记录当前座椅位置，车载计算机会将调节参数记录下来，这样下次上车时，上一位驾驶员把座椅调整在任意位置，只需要按动一个键钮，座椅就能根据记录的数据，轻松调整至最初设定的固定位置，避免了每次上车时都要重新调整座椅位置的麻烦。

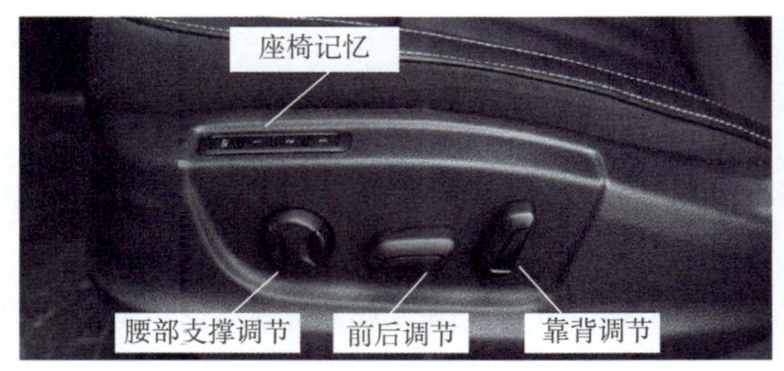

图 7-15 座椅调节开关

具备记忆功能的电动座椅一般具有 2 个位置键和 1 个设置键，分别标注“1”“2”“set”。设置时首先将座椅调到适合的位置，接着按下 set 键保持 3~4 s，set 灯亮起，然后按 1 或 2 键，听到声音信号后，表示座椅的位置记忆完成。使用时则短按 1 或 2 键可使用相应的记忆位置，座椅开始自动调节，听到声音信号后，就表示座椅已按记忆位置调整完毕。

很多电动座椅记忆功能不是独立存在的，往往会和电动外后视镜位置记忆、转向盘位置记忆集成在一起，统称为“记忆联动系统”。

座椅记忆为驾驶员提供便利，座椅控制模块记录驾驶员驾驶时的座椅位置，驾驶员下车后座椅自动回到初始位置。当驾驶员重新回到驾驶位置，钥匙开到“ON”位置时座椅又自动回到记忆时的位置。

智能座椅记忆功能是在座椅中内置了记忆芯片，可以存储用户设定的信息，在需要调取不同用户的信息时，座椅会通过电动调节的方式还原用户的座椅位置、角度等，从而实现智能化管理。

（4）座椅按摩原理

汽车座椅按摩是在原有的汽车坐垫上嵌入保健功能，模拟人工按摩手法，进行不同部位的按摩，在汽车座椅的内部加装气动装置，利用气压原理，给驾驶员各个部位进行按摩。气动器的气压是由汽车发动机的气泵提供的，气泵不断充气，再不断压缩空气，产生源源不断的气压，输送给座椅上的气动器，利用捶打挤压等方式进行按摩，从而缓解驾驶员的疲劳感，如图 7-16 所示。

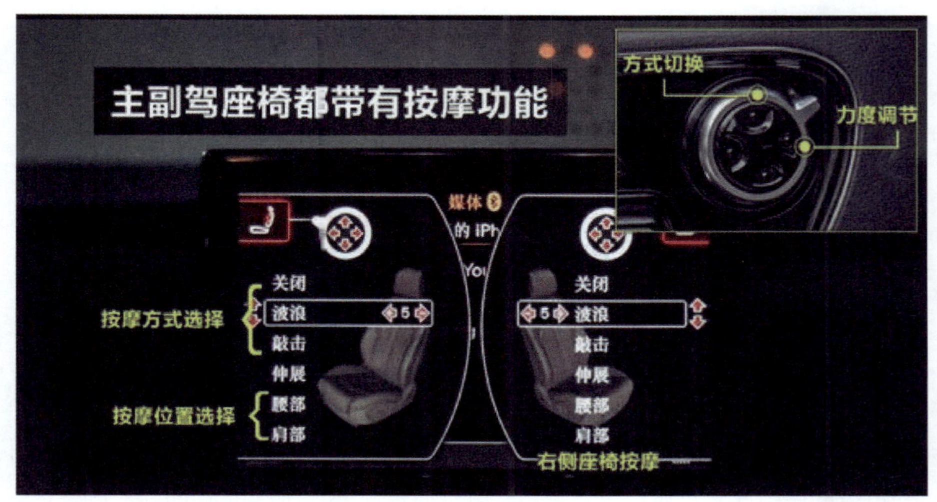

图 7-16 座椅按摩控制界面

（5）智能座椅的结构、电路及检测

1）智能座椅的结构，如图 7–17 所示，其部件名称见表 7–1。

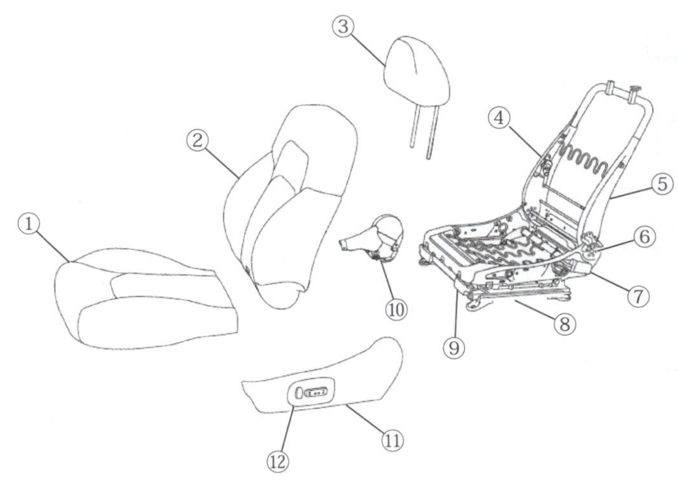

图 7–17　智能座椅的结构

表 7–1　智能座椅部件名称

图例	名称	图例	名称
①	电动座椅坐垫	⑦	电动座椅高度调节电动机
②	电动座椅靠背	⑧	电动座椅下滑轨总成
③	头枕	⑨	电动座椅前后调节电动机
④	电动座椅腰部支撑旋钮	⑩	电动座椅右侧饰板
⑤	电动座椅支架	⑪	电动座椅左侧饰板
⑥	电动座椅靠背调节电动机	⑫	电动座椅调节开关

2）电动座椅的电路

电动座椅的电路如图 7–18 所示，其工作原理正是利用电动机的正转及反转来实现的，如背靠调节电动机，当电流由 1 流向 2 时，电动机感受的电流方向为从上到下（以图位置为主说明），当电流由 2 流向 1 时，电动机感受的电流方向为从下到上，这样电动机感受到的电路方向相反，电动机旋转也相反，则电动机的调节起到作用，分别为上升或下降，如图 7–18 所示。

3）电动座椅的检测

①电压检测法

根据图 7–18，当检测某一调节电动机线路时，可将该电动机上的 2 芯插头拔下，用万用表的电压挡测量 1、2 端子间的电压。当该电动机的开关未操作时，电压值应为零；当将开关置于“向上”位置时，1、2 端子间的电压应为 +12 V，即 1 端子为正，2 端子为零；当将开关置于“向下”位置时，1、2 端子间的电压应为 –12 V，即 2 端子为正，1 端子为零。其他电动机线路的检测方法与此相同。

情境二

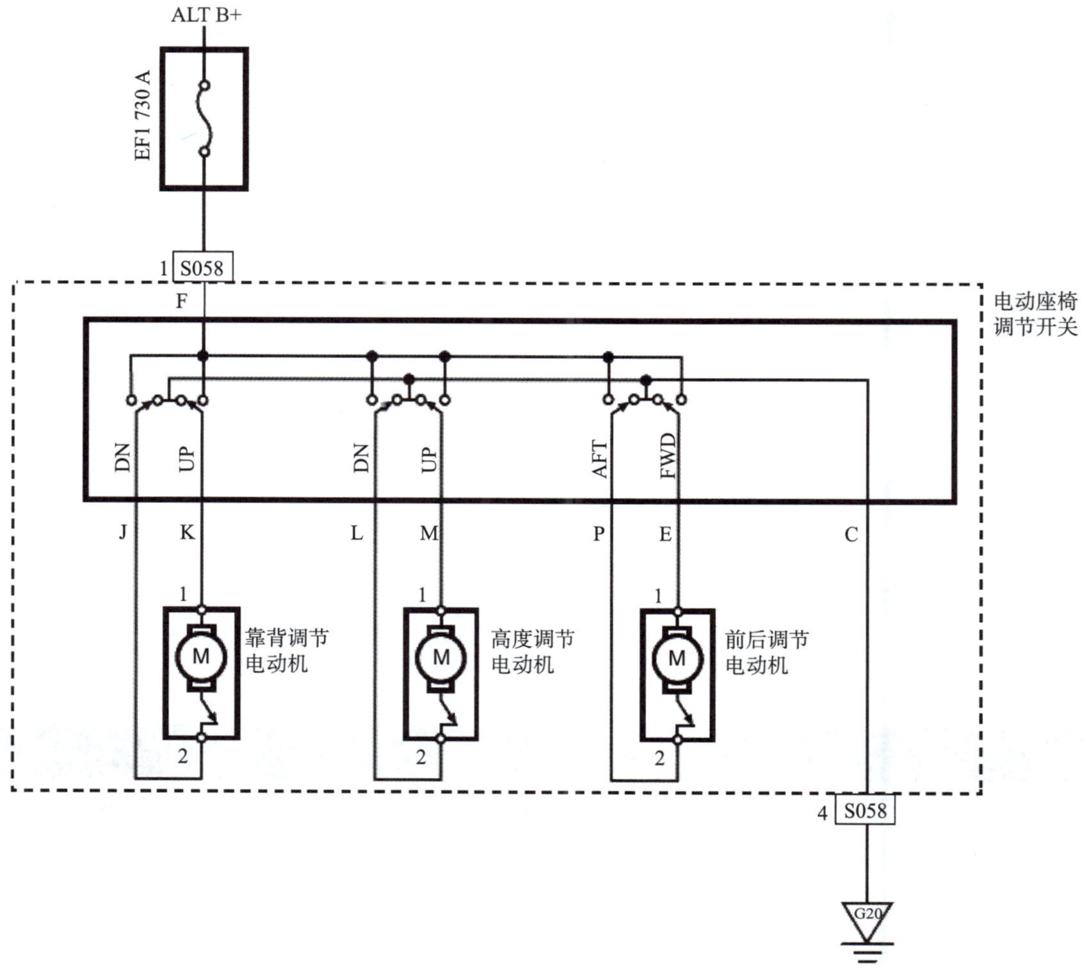

图 7–18　电动的座椅电路

② 电阻检测法

根据图 7–19，当检测某一调节电动机线路时，可将该电动机上的 2 芯插头拔下，用万用表的电阻挡测量相关处的电阻值。

当该电动机的开关未操作时，1、2 端子间的阻值应为零；当将开关置于“向上”位置时，1 端子与电源正极间的阻值应为零，2 端子与搭铁线（电源负极）间的阻值也应为零，1、2 端子间的阻值为无穷大；当将开关置于“向下”位置时，2 端子与电源正极间的阻值应为零，1 端子与搭铁线（电源负极）间的阻值也应为零，1、2 端子间的阻值为无穷大。其他电动机线路的检测方法与此相同。

（6）座椅系统故障现象及排除流程

1）操纵系统不工作或出现噪声

① 检查开关与车身搭铁情况，如搭铁情况不良，操纵系统不可能工作。

② 使用测试灯在熔丝板上检查断路器，指示灯点亮，如果座椅继电器有吸合声，故障可能出现在电动机上。

③ 在检测继电器和电动机之前，还应检测控制开关上的电压，故障也可能出现在控制开关上。

2）座椅电动机运转但座椅不能移动

遇到这种故障时，可检查电动机和变速器之间的橡胶联轴节是否磨损或损坏。

3）座椅继电器有接合响声但电动机不工作

遇到这种故障时，应该检查电动机与继电器之间的线路。双磁场绕组型电动机搭铁不良也容易引起这类故障。需要进行电动座椅维修时，如果空间有限，不便在车内进行时，可将电动座椅的某一部分卸下进行检修。若使用电控单元控制的电动座椅，还应检查电控单元是否有故障，若有故障则应进行排除。

2. 技能操作

（1）操作准备

准备技能操作所需的物料，见表 7-2。

表 7-2 物料准备

类别	所需物料
教学车辆	智能座舱系统、实训车辆
设备、仪器、工具、资料	维修手册、电路图、车内三件套、安全手套、工具套装、万用表、验电笔、手电筒

（2）座椅模块的针脚测量

请结合电路图，测量座椅控制模块针脚参数，并将相关内容填入表 7-3 中。

表 7-3 测量数据记录表

序号	针脚标号	测量项	测量条件	测量值	标准值
示例	C1011-28	电阻值	断电，按动座椅滑动开关	1.48 kΩ	1.5 kΩ
1					
2					
3					
4					
5					
6					
7					
8					
9					
10					
11					
12					

（二）智能座椅电动机更换

1. 知识学习

（1）智能座椅的更换方法

智能座椅的拆卸方法如下。

1）打开前机舱盖。

2）操作启动开关使电源模式至 ON 状态，调节电动座椅开关使电动座椅向后滑到极限。

3）拆卸电动座椅前部 2 个固定螺栓（不同车型螺栓数不同，以实际车型为主），如图 7–19 所示。

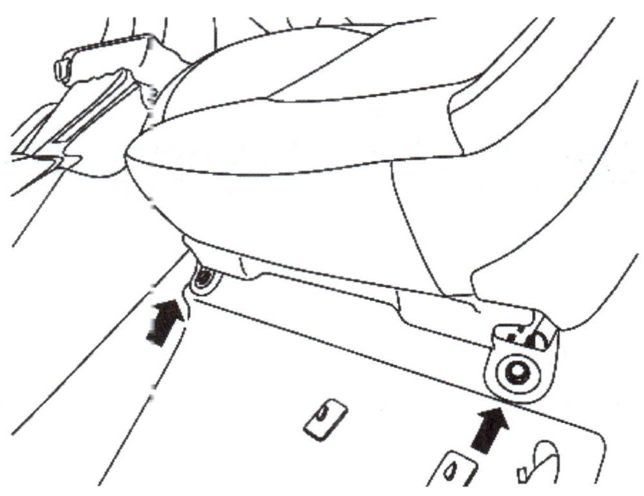

图 7–19　拆卸电动座椅前部 2 个固定螺栓

4）操作电动座椅调节开关使电动座椅向前滑到底。

5）拆卸电动座椅后部 2 个固定螺栓（不同车型螺栓数不同，以实际车型为主），如图 7–20 所示。

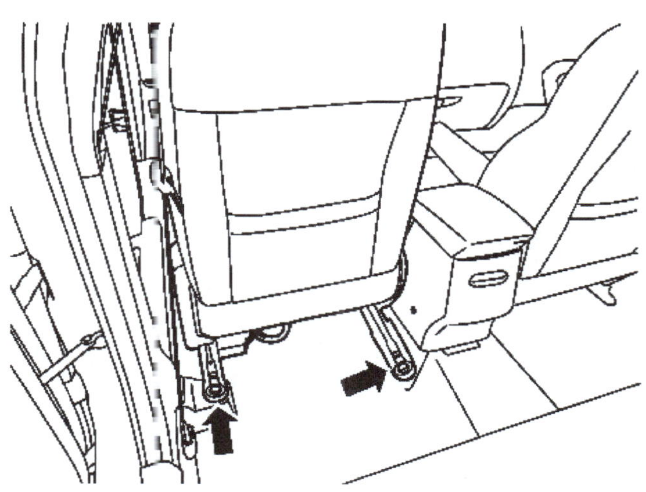

图 7–20　拆卸电动座椅后部 2 个固定螺栓

6）操作电源开关至 OFF 状态，断开蓄电池负极电缆。

7）断开电动座椅底部 3 个线束连接器，取出前电动座椅总成，如图 7–21 所示。

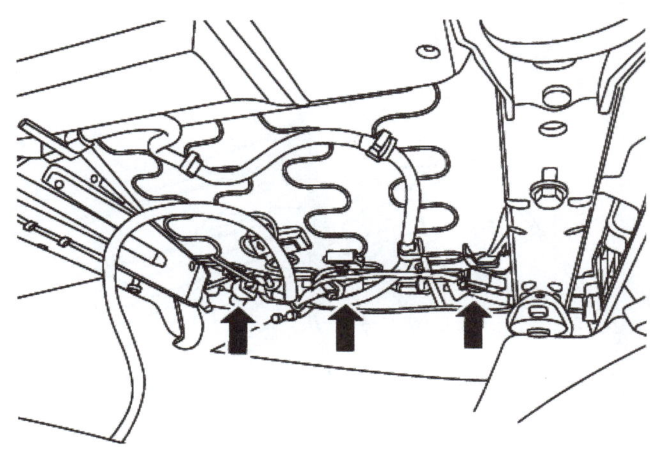

图 7–21　断开电动座椅 3 个线束连接器

注意，应小心取放座椅，防止座椅磕碰车身造成漆面损伤。

安装方法与拆卸方法相反，不再赘述。

（2）智能座椅调节电动机的更换

以左前电动座椅前后调节电动机的更换步骤为例，其他电动机更换方法不做赘述，步骤如下。

1）打开前机舱盖。

2）拆卸前电动座椅总成（步骤在上文已经提到，在此不做赘述）。

3）拆卸前电动座椅左侧饰板。

4）用手将前电动座椅左侧装饰板轻轻地向外拉，使得其卡扣脱离前电动座椅支架，如图 7–22 所示。

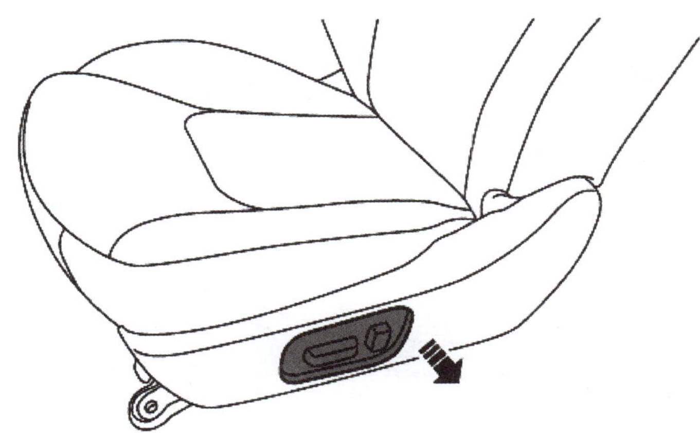

图 7–22　拆卸前电动座椅左侧饰板

5）拆卸前电动座椅左侧装饰板的卡扣，如图 7–23 所示。

6）断开前电动座椅控制开关的线束连接器，取下前电动座椅左侧装饰板，如图 7–24 所示。

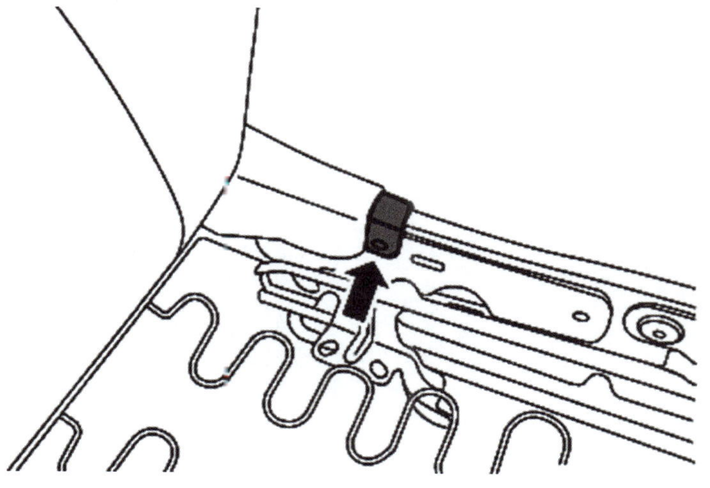

图 7-23　拆卸前电动座椅左侧饰板的卡扣

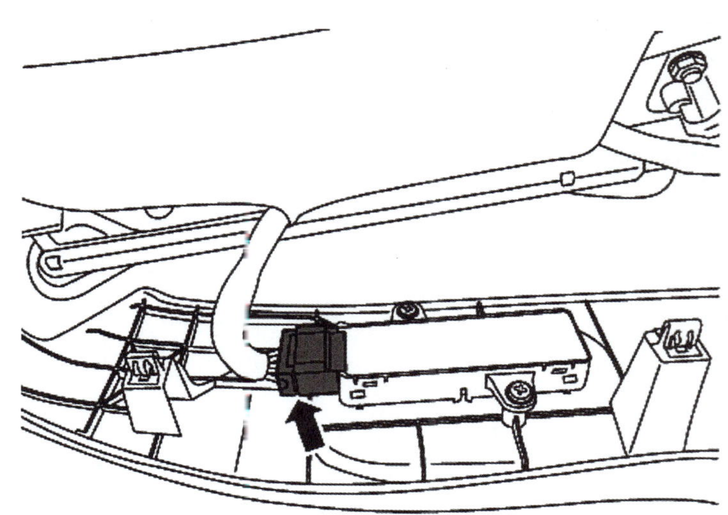

图 7-24　断开前电动座椅控制开关的线束连接器

7）用螺丝刀轻轻地将前电动座椅调节开关的按钮往外敲，使其脱离调节开关，将前电动座椅调节开关的按钮拆下，如图 7-25 所示。

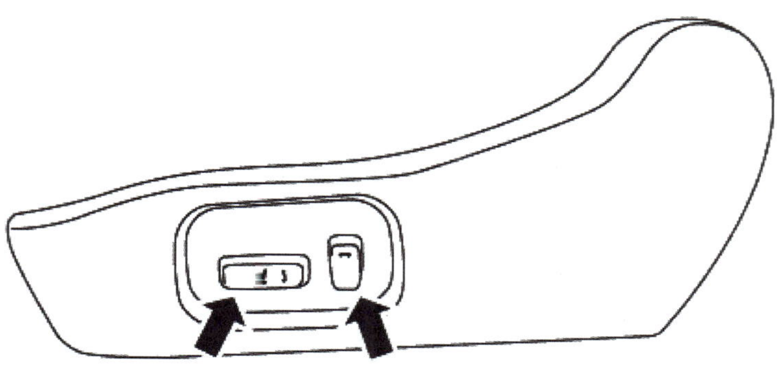

图 7-25　将前电动座椅调节开关的按钮拆下

8）拆卸前电动座椅调节开关的 2 个固定螺钉，取下电动座椅调节开关，如图 7–26 所示。

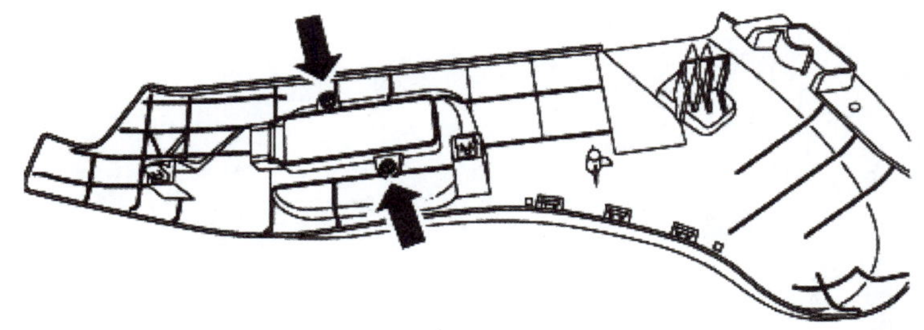

图 7–26　拆卸前电动座椅调节开关的 2 个固定螺钉

9）断开前电动座椅前后调节电动机的线束连接器，如图 7–27 所示。

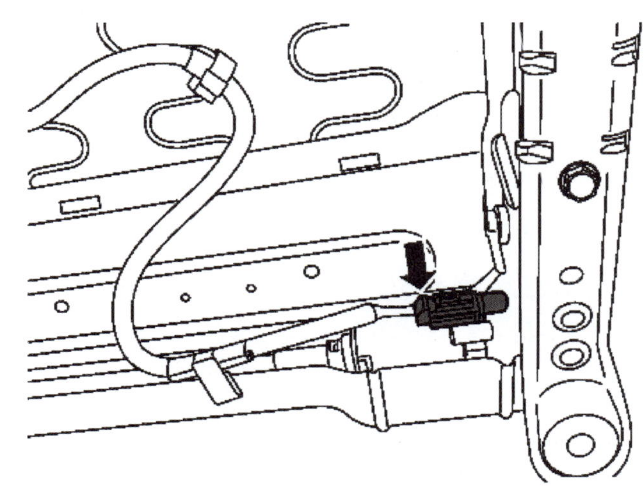

图 7–27　断开前电动座椅前后调节电动机的线束连接器

10）拆卸前电动座椅支架左下侧底板的 4 个螺母和 1 个螺栓，如图 7–28 所示。

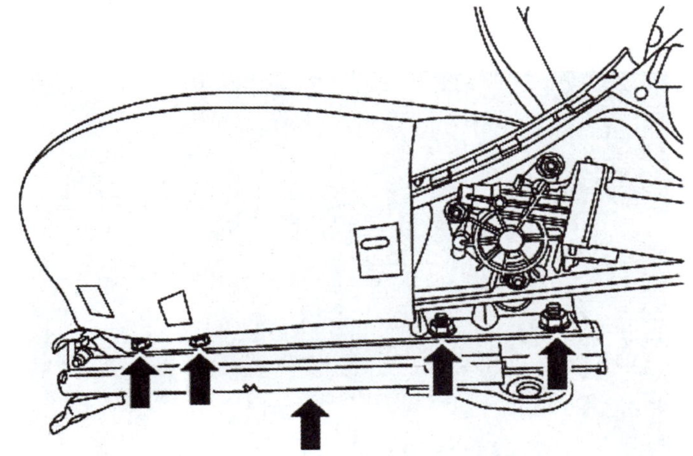

图 7–28　拆卸前电动座椅支架下侧底板的 4 个螺母和 1 个螺栓

11）拆卸前电动座椅前后调节电动机的 4 个固定螺钉，取下前电动座椅前后调节电动机，如图 7–29 所示。

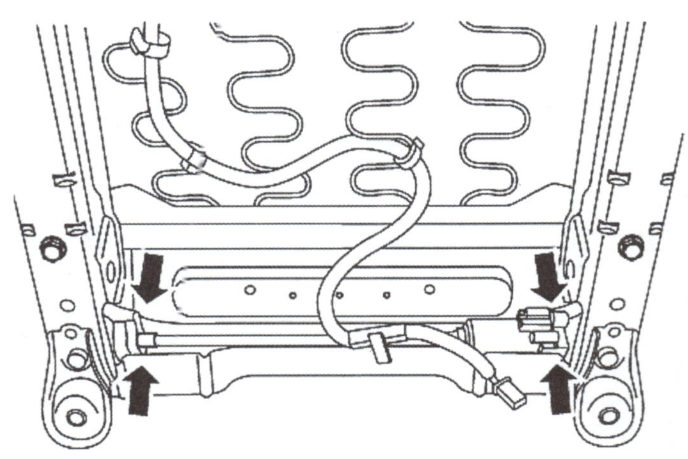

图 7-29　拆卸前电动座椅前后调节电动机的 4 个螺钉

（3）智能座椅的功能测试

调整座椅时务必谨慎，确保座椅移动时不会伤及其他乘员。切勿将手指或身体其他部位放在座椅下，否则可能会被座椅夹伤。切勿在前排座椅下放置物品，放在前排座椅下的物品可能会夹在座椅与导轨之间，妨碍座椅锁定，从而引发事故。

车辆行驶时，切勿调整前排座椅。因调整座椅时会偏离正确坐姿，极易引发严重交通事故。车辆必须在静止状态时，才能调整前排座椅。

对座椅模块初始化时，长按座椅靠背调节按钮，将靠背调节至最前位置，停止时手松开。3 s 内，再次长按座椅靠背调节按钮，靠背会再向前微动，到尽头听到“滴答”声，手放开。3 s 内，再次长按座椅靠背调节按钮，靠背不动，但会听到“滴答”声，手放开，此时座椅会向所有方向（上下前后）自动调节，自动调节后即初始化完成，如图 7-30 所示。单击按钮进入控制界面，单击“车辆控制”按钮进入车辆控制界面。单击“智能调节”按钮，系统进入智能调节界面。单击对应的按钮，调整靠背、座椅高度、向前 / 向后移动座椅。

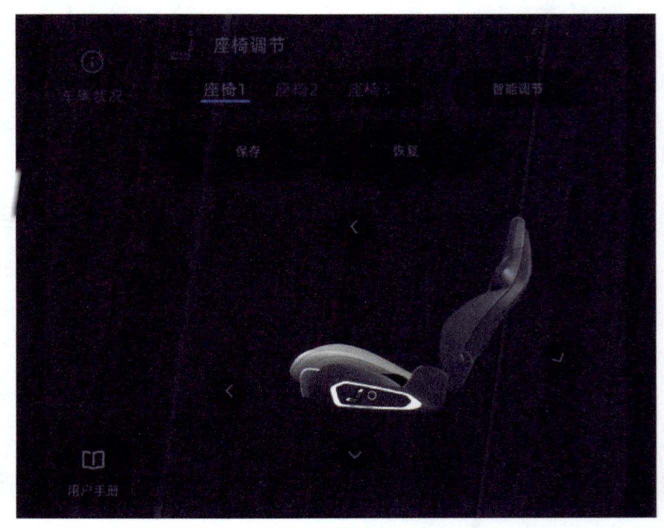

图 7-30　座椅调节开关

2. 技能操作

（1）操作准备

准备技能操作所需的物料，见表 7–4。

表 7–4　物料准备

类别	所需物料
教学车辆	智能座舱系统、实训车辆
设备、仪器、工具、资料	维修手册、电路图、车内三件套、安全手套、工具套装、抹布

（2）座椅调节电动机更换

执行实训车辆座椅调节电动机的更换作业，并将相关内容填入表 7–5 中。

表 7–5　操作记录表

序号	步骤	工具设备	关键点 / 注意事项
1			
2			
3			
4			
5			
6			
7			
8			
9			
10			

检查评估

对本任务的学习情况进行检查，并将相关内容填写在表 7–6 中。

表 7–6　检查表

检查项目	检查结果	结果点评
智能座椅故障诊断		
是否正确查找到座椅模块电路图	是□　否□	
是否正确指出座椅模块端子规格	是□　否□	

续表

检查项目	检查结果	结果点评
是否正确测量座椅模块主要端子的电信号	是□　否□	
智能座椅电动机更换		
是否正确选用工具进行座椅电动机更换	是□　否□	
座椅电动机更换后功能是否正常	是□　否□	
座椅电动机更换后是否存在相关故障码	是□　否□	
整理及恢复		
工具、设备是否整理并放置在指定位置	是□　否□	
是否出现额外的人为故障	是□　否□	
是否采取了必要的安全措施	是□　否□	
是否充分地进行团队沟通与协作	是□　否□	

任务小结

本任务小结如图 7–31 所示。

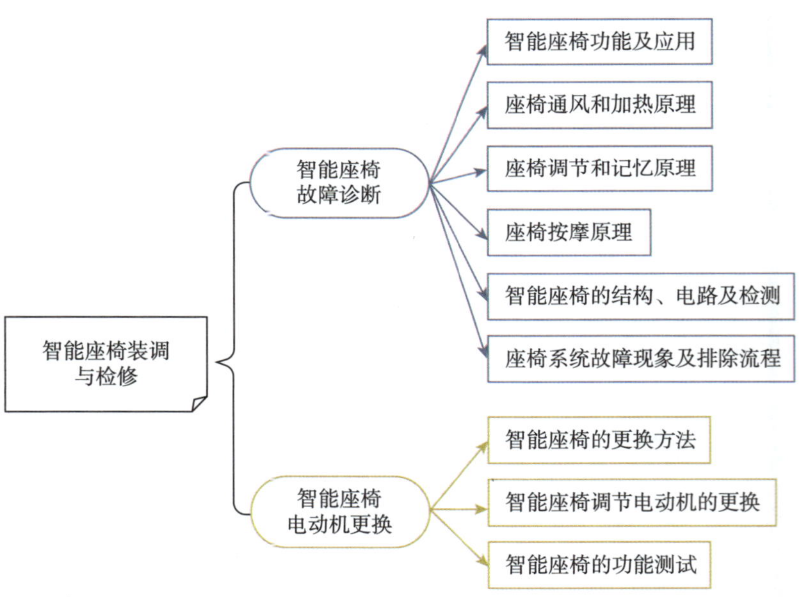

图 7–31　本任务小结

任务八
智能空调系统检修

任务导入

场景：某国产新能源汽车售后维修中心

人物：客户张先生、维修技师赵师傅

情境：客户张先生的新能源汽车，最近在使用空调时感觉空调出风口温度始终不凉，有时甚至出现吹热风的现象，赵师傅准备对车辆空调系统进行检测和维修，此车空调系统采用智能控制。如果你是赵师傅，你会从哪些方面着手对该空调系统进行检查和维修呢？

任务目标

▸ 能够根据车型配置信息，在车辆上识别智能空调系统的组成和功能，准确完成空调系统的设置和操作。

▸ 能够按照标准流程，选用合适的工具，完成智能空调系统状态检查、压力测量。

▸ 能够结合所学知识，读懂智能空调系统原理图，拆画热泵空调系统原理图。

任务实施

（一）智能空调检测

1. 知识学习

（1）汽车空调系统基础知识

智能空调系统的设计不论车辆外部天气状况如何都可以给驾驶舱提供舒适的环境，其主要包括制冷系统，制热系统，空气分配系统，模式、温度控制系统，空气净化系统。

制冷系统主要由压缩机、冷凝器、蒸发器、膨胀阀、储液干燥器、高低压管路、鼓风机、控制装置

等部分组成，如图 8–1 所示，各部分之间采用铜管（或铝管）与高压橡胶管连接成一个密闭系统。

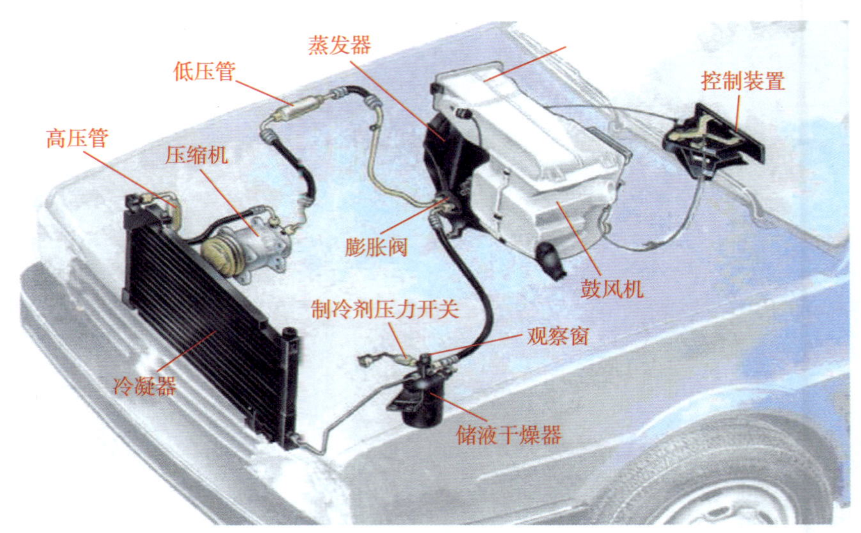

图 8–1 空调制冷系统基本组成

制热系统按照热源的不同，可分为电暖式和水暖式两种类型。电暖式利用动力电池的高压电能加热 PTC 正温度系数热敏电阻，加热后的空气顺着空调管路被鼓风机吹入驾驶室。PTC 暖风加热器安装在仪表台内部空调管路中。水暖式利用动力电池的高压电能加热 PTC 正温度系数热敏电阻，然后通过热敏电阻加热冷却液，加热后的冷却液通过水泵驱动，在暖风管路中循环。PTC 暖风加热器的控制器和加热器集成在一起，安装在副驾驶座椅下方。

空气分配系统一般由新鲜空气入口、新鲜空气 / 室内空气风门、室内空气入口、鼓风机、中央出风口、除霜出风口、足部出风口等组成。汽车室内或室外未经调节的空气，经鼓风机作用送至蒸发器或热交换器（暖风加热器芯）处，被调节成冷空气或暖空气的空气流，根据风门模式伺服电动机开启角度而流向相应的出风口，如图 8–2 所示。

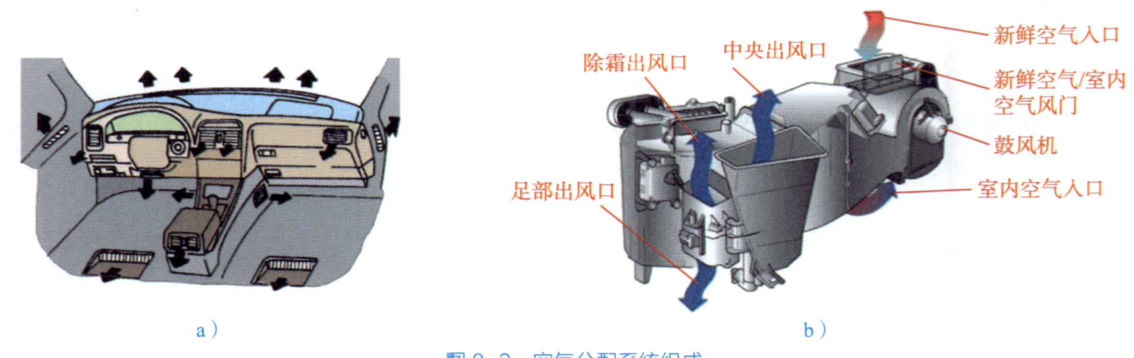

图 8–2 空气分配系统组成

a）出风口的布置 b）系统的组成

模式、温度控制系统的作用是对制冷系统、加热系统及空气分配系统的工作进行控制，同时对车内空气的温度、湿度、流量等进行调节，保证空调系统工作正常，控制界面如图 8–3 所示。

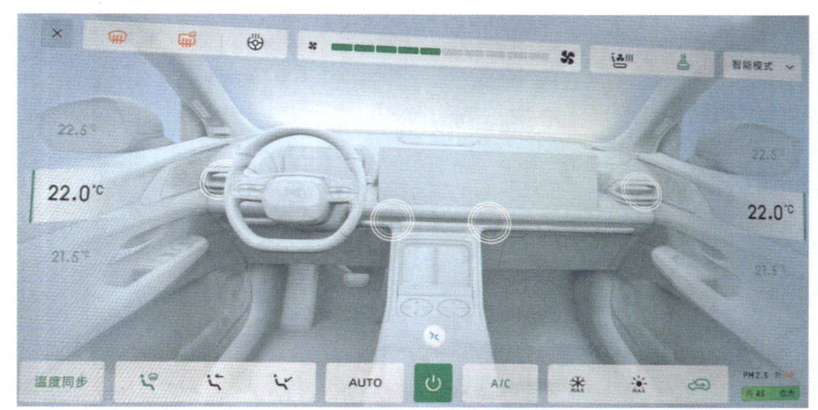

图 8-3　模式、温度控制按钮

空气净化系统的作用是对车内空气中的尘埃、臭味、烟气等进行过滤，保证车内空气清洁。高级轿车装备有碳罐、空气滤清器和静电除尘式净化器等一套较完整的空气净化装置，但在普通型轿车中，空气净化的任务一般由蒸发器直接完成。

（2）智能空调系统结构组成

智能空调系统的核心部件包括压缩机、冷凝器、储液干燥器、膨胀阀、蒸发器、加热器、空调管路等。

压缩机的主要功能是把低温低压的气态制冷剂压缩成高温高压的气态制冷剂，进入冷凝器散热后利于制冷剂的液化，如图 8–4 所示。

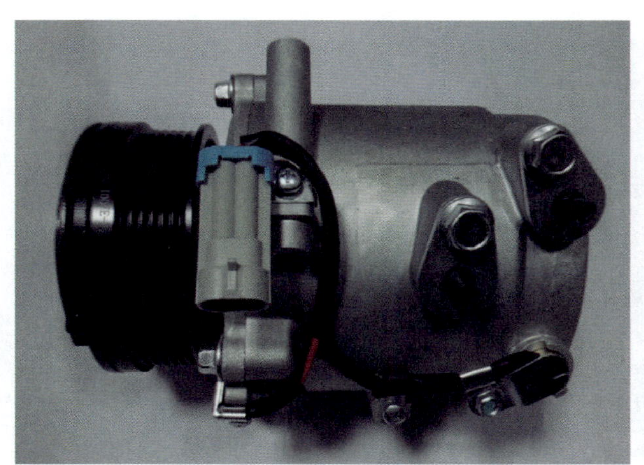

图 8–4　压缩机

压缩机排出的高温高压制冷剂气体，通过冷凝器将热量散发到车外空气中，从而使高温高压的制冷剂气体冷凝成较高温度的高压液体。冷凝器由能进行快速热传递的铝管和冷却翅片制成，冷却翅片通过散热把高温高压的制冷剂蒸汽凝结成中温高压的液体，如图 8–5 所示。

冷凝器一般安装在发动机散热器的前面，其散热面积越大，冷却效果越好，为了保证更好的散热效果，提高制冷能力，常在冷凝器前装有风扇，风扇有高速与低速挡位。

图 8-5 冷凝器

储液干燥器简称储液器，其作用是存储制冷剂，吸收制冷剂中的水分及过滤制冷剂中的杂质，其主要由瓶体、接口、内部管路、干燥剂等组成，如图 8-6 所示。储液干燥器内部有吸附制冷系统水分的干燥剂，干燥剂不能重复使用。出现泄漏时，储液干燥器芯不能维修只能更换。

膨胀阀也称节流阀，是组成汽车空调制冷装置的主要部件，安装在蒸发器入口处，如图 8-7 所示，也是汽车空调制冷系统高压与低压的分界点。其作用是把来自储液干燥器的高压液态制冷剂节流减压，调节和控制进入蒸发器中的液态制冷剂量，使之适应制冷负荷的变化，同时可防止压缩机发生液击现象和蒸发器出口蒸气异常过热现象。

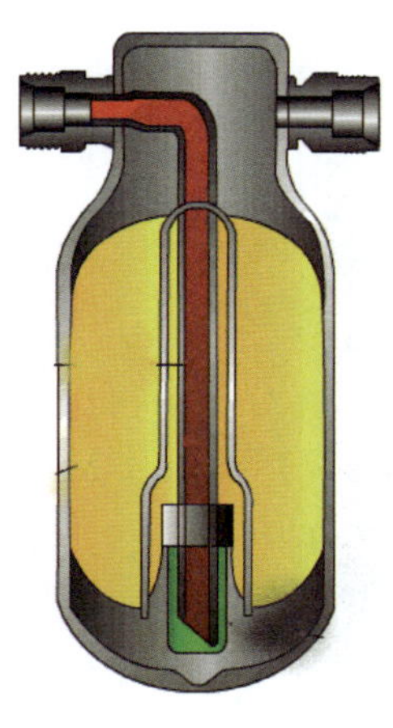

图 8-6 储液干燥器

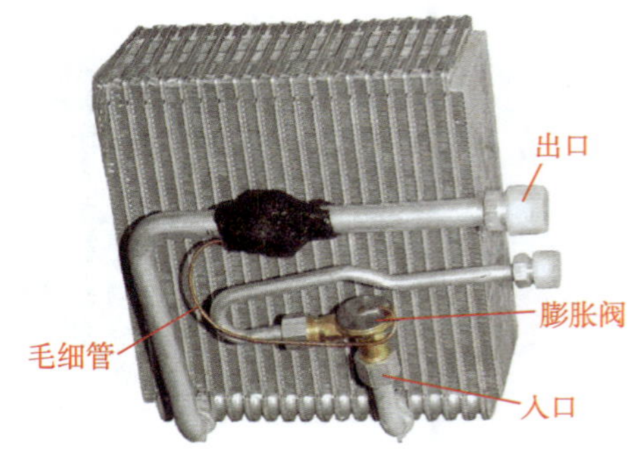

图 8-7 膨胀阀

蒸发器和冷凝器一样，也是一种热交换器，也称冷却器，一般安装在前排乘客座位一侧杂物箱下方，其主要功用是将经过节流降压后的液态制冷剂在蒸发器内沸腾气化，吸收蒸发器表面周围空气的热量而降温，风机再将冷风吹到车厢内，达到降温的目的，如图 8-8 所示。

为了提高汽车空调蒸发器的性能，常对其表面进行亲水膜处理。由于汽车空调蒸发器表面温度低于环境空气的露点温度，通过蒸发器表面的空气就会在蒸发器表面冷凝而析出水。

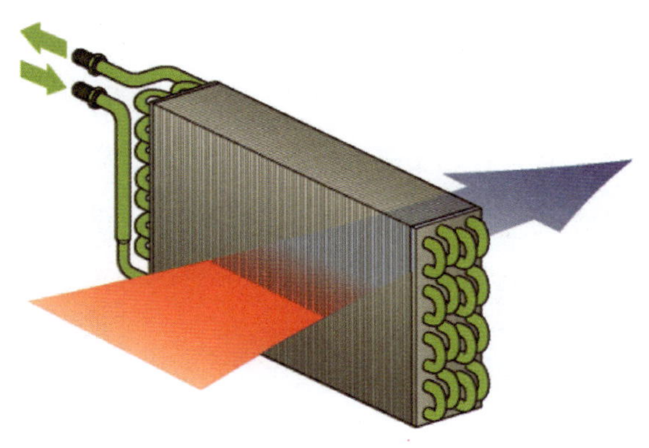

图 8-8　蒸发器

加热器是制热系统的主要部件，如图 8-9 所示，其位于空调主机内，每当加热器开始工作时，加热器水泵将高温的冷却液泵入加热器芯体，加热器芯体将冷却液的热量传输给流经加热器芯体的空气，加热器芯体有特有的进口和出口暖风水管。拆卸时，加热器芯体的暖风水管路必须完全泄放。维修时，配备独立暖风水管道的加热器芯体必须是安装好的。加热器芯体上装有温度传感器，此传感器将加热器芯体的表面温度信号传递给空调控制模块，为自动空调控制提供更多的补偿参数。

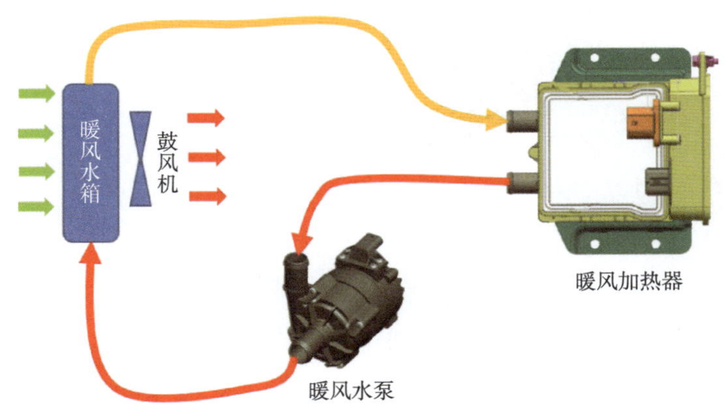

图 8-9　加热器

空调的各部件连接起来，组成一套完整的汽车空调系统。如果说压缩机为空调心脏，管路则为空调系统的血管。汽车空调管路一般由铝管、空调胶管以及其他管路附件组成，如图 8-10 所示。

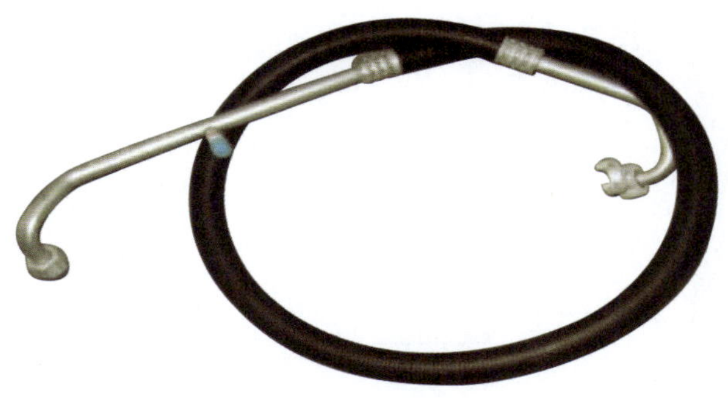

图 8-10　汽车空调管路

如图 8-11 所示为制冷剂的循环过程，当压缩机对处于气态的制冷剂进行压缩时，气态制冷剂压力升高、温度升高，变成高温高压的气体，再进入冷凝器。通过冷凝器向外散出热量，使高温高压气体变为高压中温的液体。高压中温的液体通过膨胀阀，变为低温低压的雾状液体。低温低压的雾状液体或气体进入蒸发器，从外界吸收热量变为低温低压的气体。低温低压的气体被压缩机吸入又进行压缩变为高温高压的气体。

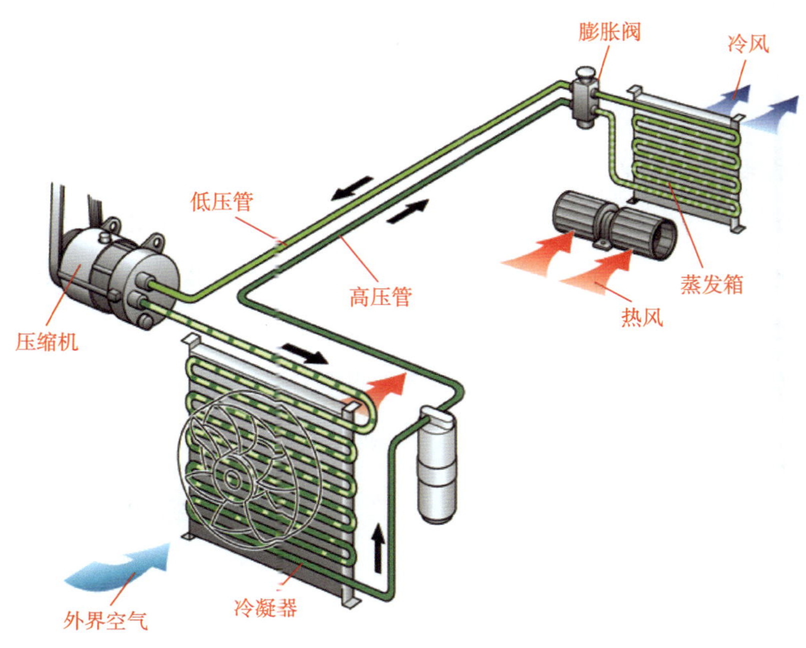

图 8-11　制冷剂循环过程

（3）汽车空调系统工作模式

1）空调控制面板如图 8-12 所示，其各按键的功能见表 8-1。

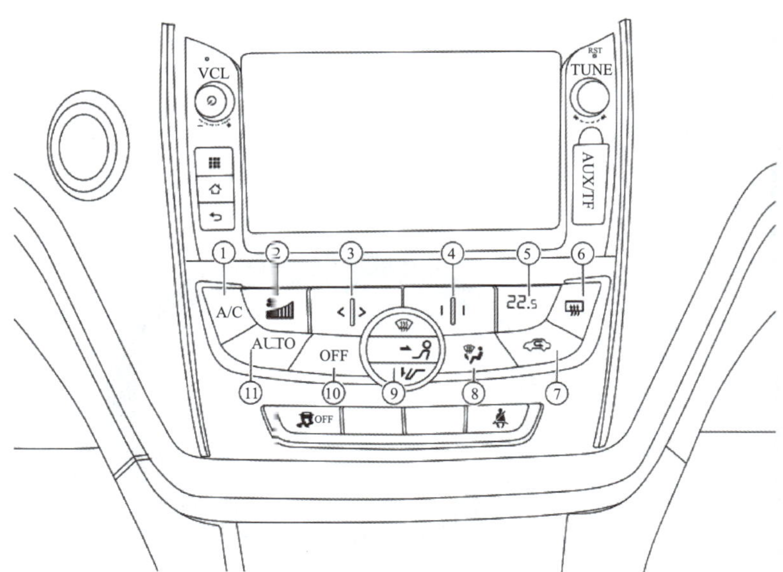

图 8-12　空调控制面板

表 8-1　空调控制面板各按键的功能

序号	名称	序号	名称
①	A/C 按键	⑦	内外循环切换按键
②	风量挡位显示	⑧	除霜吹足部按键
③	风量调节按键	⑨	风向调节按键
④	温度调节按键	⑩	OFF 按键
⑤	温度显示	⑪	AUTO 按键
⑥	后除霜按键		

2）温度设定

温度设置旋钮用来设定车内温度，温度设置范围为 16~32 ℃，当设定温度低于 16 ℃时，屏幕会显示 LO 符号，当温度高于 32 ℃时会显示 HI 符号。温度设置不会改变空调系统运行模式。在自动模式下，当进入 LO/HI 时，系统将保持最大风量送风状态持续运行。测量冷暖调节电动机角度及电压见表 8-2。

表 8-2　测量冷暖调节电动机角度及电压

冷暖调节电动机	角度 /°	电压 /V
低（LO）	302	5.62
高（HI）	84	1.07

3）风量设定

风量调节旋钮用来手动设定鼓风机速度。在自动状态下，鼓风机速度将由系统自动控制，对风量调节旋钮的操作会使系统状态由自动模式转为手动模式。AUTO 标识消失，MANU 标识显示。空调系统采用 4.4~13.1 V 电压线性调节方式控制风机转速的各挡位（1~7 挡），风机转速控制见表 8-3。

表 8-3　风机转速控制

风量条显示	鼓风机挡位	风量比例	鼓风机端电压 /V
0	0	0	0
1	1	15	4.4
2	2	30	5.1
3	3	45	6.7
4	4	50	8.2
5	5	60	9.9
6	6	75	11.7
7	7	100	13.1

在手动状态下，可以通过操作风量调节旋钮对风量进行设定，风量在 1~7 级变化。在自动状态下，

鼓风机速度作为自动控制逻辑的一部分。鼓风机速度不限于手动状态下的 7 级调节，但是屏幕显示只有 7 条，所以指示条数量显示的是最接近的鼓风机速度。

4）手动调节、自动调节出风模式

自动空调控制器提供了手动和自动两种出风模式供用户选择。通过调节头部、足部、风窗玻璃的风门可以控制出风模式。吹头部和吹足部的温度分配不同，是为了给足部提供较温暖的空气，给头部提供较凉爽的空气，保证驾驶员始终处于舒适的环境中。温度分配的范围受汽车空间大小的影响。

自动空调控制器使用加热器和蒸发器温度传感器来确定混合气体的温度。

手动状态下，可以选择吹头部、双向（吹头部和吹足部）、吹足部、混合（吹足部和除霜）、除霜 5 种出风模式。各出风模式下，屏幕显示相应标识。当空调系统使用两个直流电动机控制出风模式时，空调控制器可以影响风量分配。各出风模式对应的角度及电压见表 8–4。

表 8–4　各出风模式对应的角度及电压

手动设定位置	风门角度 /°	风向电动机电压 /V
吹头部	21	0.3
双向（吹头部和吹足部）	112	1.6
吹足部	180	2.5
混合（吹足部和除霜）	285	4
除霜	341	4.75

在自动状态下，出风模式是自动控制逻辑的一部分，出风模式由控制器自动选择。为达到舒适程度，空调控制模块选择一个当时最接近的模式显示在屏幕上。当对出风模式按键进行操作时，系统将从自动模式转为手动模式。

5）内外循环控制

用户可以选择外循环模式或内循环模式。

在外循环模式下，外循环风门打开，内循环风门关闭。在内循环模式下，内循环风门打开，外循环风门关闭。

在自动状态下，该风门由系统自动控制，根据车内温度，自动控制逻辑会自动控制该风门的工作。当内循环持续 20 min，系统将自动换气到外循环 2 min，再次回到内循环。手动切换到外循环时，系统不会干预此操作。

内外循环控制按键用来手动调节内外循环。若对内外循环控制按键进行操作，内外循环控制模式将变成手动模式。在高温降温效果较差条件下，原则上保持内循环降温，为了更换新鲜空气，也会进行换气操作，需要用户进行手动切换实现换气。

6）除霜控制

在汽车空调系统任意工作状态下（自动、手动、关机），按下除霜按钮，系统即在除霜状态下工作。

除霜状态解除后，系统即回到除霜前的状态（自动、手动、关机）。

在除霜模式下，鼓风机自动调整到合适的风量，风门位置调节到吹玻璃，出风温度通过常数补偿提高。压缩机开机，循环风门打开到外循环（因为内循环有可能影响除霜效果）。在除霜状态下按动风速调节按钮会使风速相应提高或降低。工作状态保持除霜，压缩机继续工作，出风模式保持吹玻璃。

在除霜过程中，除风速调节、温度调节和后除霜按钮以外，对其他按钮的操作都会使系统离开除霜模式而回到除霜前的模式（新选择的功能除外）。

后除霜按钮用来启动后风窗玻璃除霜功能。在后风窗玻璃除霜期间，屏幕显示相应标识，得到反馈后标识消失。用户可以再次按下后除霜按键取消后除霜功能。

7）自动与手动工作状态

汽车空调系统有自动（AUTO）、手动（MANU）和停止（OFF）三种工作状态。

在手动状态下，实现手动风速调节，手动出风模式控制，根据设定温度自动控制温度。

在自动状态下，实现自动风速调节，自动出风模式控制，自动温度控制。

8）绿净系统

绿净系统具备净化空气 PM2.5 颗粒物的功能，通过单击车辆多媒体操作界面的“绿净”按键，多媒体进入 PM2.5 操作界面，如图 8-13 所示，图中序号对应的含义见表 8-5。

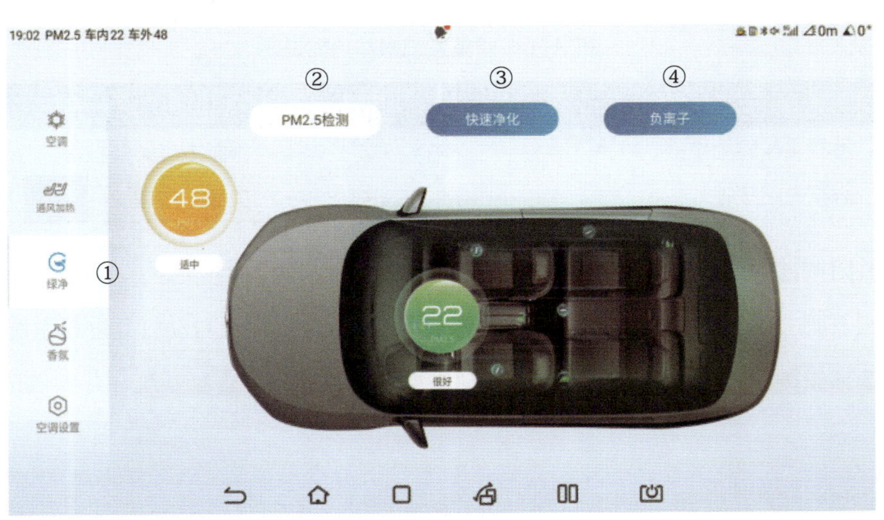

图 8-13　PM2.5 操作界面

表 8-5　PM2.5 操作功能说明

序号	名称	序号	名称
①	绿净系统操作按键	③	快速净化按键
②	PM2.5 检测按键	④	负离子按键

单击“PM2.5 检测”按键，按键点亮时，实时检测车内外 PM2.5 浓度，屏幕实时显示车内外 PM2.5 值；按键熄灭，车内外 PM2.5 检测停止。

单击“快速净化”按键，开启快速净化功能。再次按下此按键，可以退出快速净化。

在空调或绿净界面单击“负离子”按键，可关闭或开启负离子功能。

9）香氛系统

香氛系统操作界面如图 8-14 所示，图中序号对应的含义见表 8-6 中。

图 8-14　香氛系统操作界面

表 8-6　香氛系统操作功能说明

序号	名称	序号	名称
①	香氛操作界面按键	③	香氛浓度调节按键
②	香氛关闭按键	④	负离子按键

按下香氛关闭按键香氛功能关闭。

香氛浓度调节有“淡、中、浓”三种选项可供选择，选择浓度后会自动打开香氛系统。

通过香型选择按键，可选择对应的香型。选择香型后会自动打开香氛系统，并默认选择上次退出时的香氛浓度。

（4）空调压力检测目的、方法、步骤

1）空调压力检测目的

制冷系统压力检查是检查制冷系统中制冷剂运行状态的一种方法，通过对制冷系统进行压力检查，可以分析判断制冷系统中膨胀阀和压缩机的工作情况、制冷剂的含量以及是否可能存在空气和水分。

2）空调压力检测方法

将歧管压力表上的高压管与低压管分别连接在制冷系统高压管路、低压管路的快速检测接口上。

启动汽车，打开空调开关，将温度调至最低、风量调至最大。观察歧管压力表上的指针变化，读取歧管压力表上的压力值。

高低压力范围与环境温度有关系，例如在 33 ℃环境温度下，发动机保持在 1 500 rpm 时，低压管路合理压力范围为 0.18~0.27 MPa（低压管道内制冷剂温度范围是 -2~7 ℃）。高压管路合理压力范围是 1.5~1.9 MPa（高压管道内膨胀阀前制冷剂温度范围是 55~65 ℃），如果实际测量到的温度与之相差过大，说明散热器散热不良。

2. 技能操作

（1）操作准备

准备技能操作所需的物料，见表 8-7。

表 8-7　物料准备

类别	所需物料
教学车辆	智能座舱系统、实训车辆
设备、仪器、工具、资料	维修手册、电路图、车内三件套、翼子板防护布、安全手套、工具套装、抹布、空调压力表

（2）空调压力检测流程

进行空调管路压力检测，并将相关内容填写在表 8-8 中。

表 8-8　空调压力检测实施项目单

序号	步骤	工具设备	关键点 / 注意事项
1			
2			
3			
4			
5			
6			
7			
8			

将空调压力检测值记录在表 8-9 中。

表 8-9　空调压力检测值

检测条件	检测项	压力值 /bar
静态（车辆熄火）	高压值	
	低压值	
怠速（空调器启动），预设温度为 16 ℃	高压值	
	低压值	

续表

检测条件	检测项	压力值 /bar
发动机 1 500 r/min（空调器启动），预设温度为 16 ℃	高压值	
	低压值	
怠速（空调器启动），预设温度为 24 ℃	高压值	
	低压值	
发动机 1 500 r/min（空调器启动），预设温度为 24 ℃	高压值	
	低压值	

（二）智能空调系统故障诊断与排除

1. 知识学习

（1）智能空调电控系统组成

智能空调电控系统主要由传感器、控制单元及执行器三大部分组成（见图 8-15）。空调控制单元接收来自电气部件（信息转换器）的信息，并按其特征加以修正，控制单元输出信号控制电气部件（执行控制）。

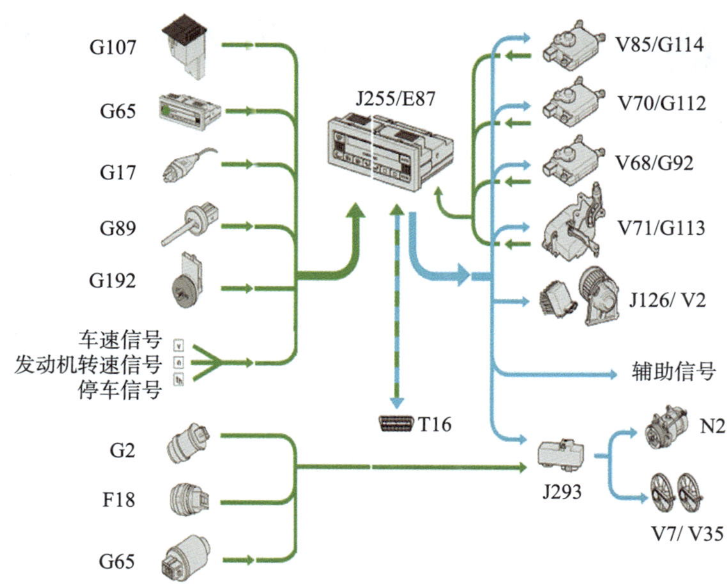

图 8-15　智能空调控制系统组成

G107—阳光温度传感器　G65—室内温度传感器　G17—室外温度传感器　G89—新鲜空气进气温度传感器
G192—脚部出风口温度传感器　G2—发动机水温传感器　F18—双温开关　G65—制冷系统压力传感器
V85/G114—足部 / 除霜伺服电动机及电位计　V70/G112—中央风门伺服电动机及电位计
V68/G92—温度翻板伺服电动机及电位计　V71/G113—循环风门伺服电动机及电位计
J126/V2—新鲜空气鼓风机控制单元　N2—压缩机电磁离合器　V7/V35—冷却风扇
J293—空调控制器　J255/E87—自动空调控制单元及显示单元　T16—自诊断接口

（2）主要部件工作原理

1）温度传感器

智能空调系统中温度传感器最多，主要有室外温度传感器、室内温度传感器、蒸发器温度传感器、出风口温度传感器等。无论温度传感器安装在什么位置，其基本工作原理相似，都是采用负温度系数的热敏电阻，利用电阻值的变化来计算温度，如图 8–16 所示。

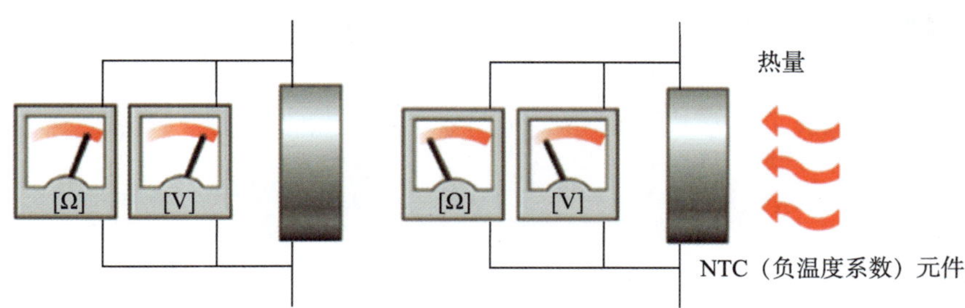

图 8–16　温度传感器工作原理

2）高压压力传感器

高压压力传感器安装在空调制冷管路的高压侧，用来检测从压缩机出口流出的制冷剂压力，控制单元依据此信号测定制冷系统内部的压力，从而控制压缩机调节电磁阀改变压缩机的负荷，以达到调节系统压力的目的，其工作原理如图 8–17 所示。若高压压力传感器损坏，则制冷功能将关闭。

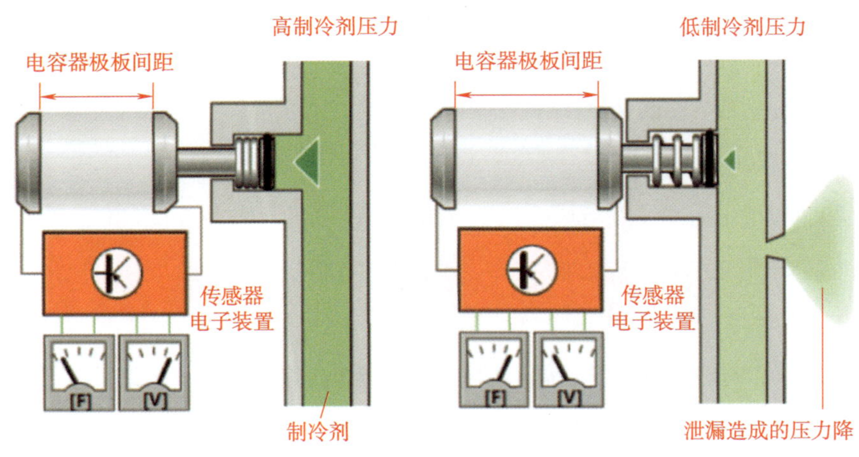

图 8–17　高压压力传感器工作原理

3）阳光照射传感器

阳光照射传感器安装在仪表板除霜通风口中间位置，它的外壳上部是一个黑色塑料滤光器，在滤光器下方有一个或两个感光二极管，利用感光二极管来检测阳光的照射强度，从而对通风系统进行控制，调节出风口和室内温度，其工作原理如图 8–18 所示。若阳光照射传感器中有两个二极管，当其中一个损坏时，将采用另一个提供的信号，若两个都损坏，则采用固定值代替。若只有一个感光二极管，则损坏后直接采用固定值代替。

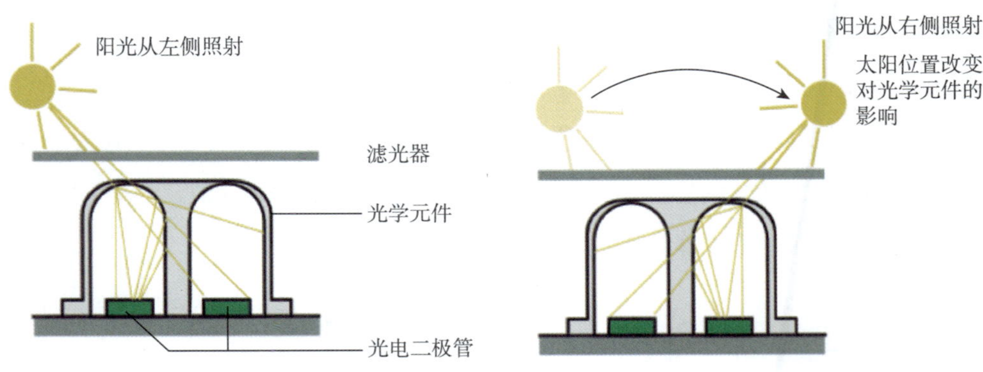

图 8-18 阳光照射传感器工作原理

4）空气质量传感器

空气质量传感器安装在车辆右前方流水槽的进气格栅上，其主要作用是识别外部环境中的有害物质（主要是汽油或柴油的废气）。自动空调根据这一信号和外界环境温度对车辆通风系统进行自动车内外循环控制。

（3）电路分析

1）空调压缩机电磁离合器控制电路

驾驶员在驾驶过程中若需要打开空调制冷功能，则应打开组合开关上的空调开关（A/C 开关）和鼓风机开关。组合开关收到鼓风机开关和空调开关的打开信号后，经过外界环境温度开关向发动机控制单元发送空调请求信号。当发动机控制单元在接收到空调请求信号后，根据此时发动机的水温、节气门开度和空调系统压力等条件，确定满足空调开启条件后，发动机控制单元控制冷却风扇控制单元接地，冷却风扇控制单元控制压缩机电磁离合器接合。

2）鼓风机控制电路

鼓风机开关和鼓风机电阻串联在鼓风机控制电路中，鼓风机开关不同的挡位接通鼓风机电阻的不同电阻连接点，从而控制流向鼓风机电流的大小，以此来控制鼓风机的转速。

3）冷却风扇控制电路

空调系统不工作时，冷却风扇的运转和转速主要由散热水箱上的水温开关来控制。当散热水箱中水温达到 90 ℃以上时，水温低温开关闭合，散热风扇开始低速运转；当发动机水温达到 107 ℃以上时，水温高温开关闭合，向发动机控制单元提供 12 V 电压，发动机控制单元通过控制散热风扇控制单元接地，散热风扇控制单元通过给散热风扇供电，散热风扇高速运转。当打开空调开关，电磁离合器接合的同时，冷却风扇控制单元向冷却风扇插接器供电，冷却风扇开始低速运转；在运转过程中，若空调系统压力达到 1.6 MPa（16 bar）以上，空调压力传感器将信号传递给发动机控制单元，发动机控制单元也会将散热风扇控制单元接地，使散热风扇高速运转。

（4）常见故障检修思路

空调鼓风机电路如图 8-19 所示，空调鼓风机不工作的诊断步骤（以吉利 EV 为例）如下。

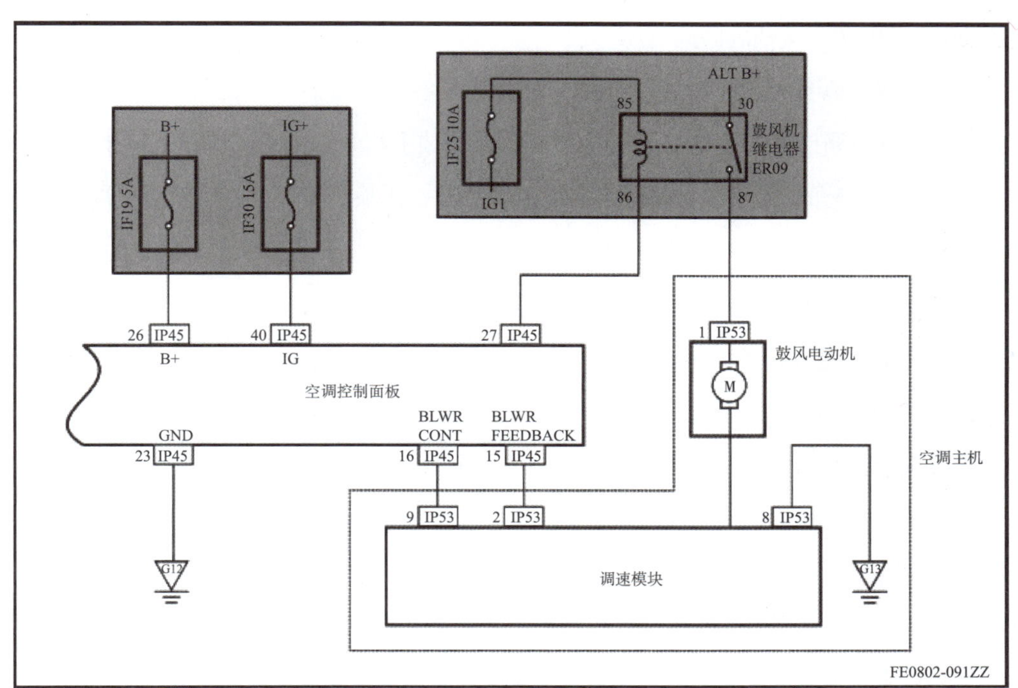

图 8-19　空调鼓风机电路

1）检查空调控制面板熔丝 IF30、IF19 是否熔断

操作启动开关使电源模式至 OFF 状态，拔下熔丝 IF30 检查熔丝是否熔断；熔丝额定容量为 15 A，拔下熔丝 IF19 检查熔丝是否熔断；熔丝额定容量为 5 A。若熔丝熔断，检修熔丝线路，更换额定容量熔丝；若熔丝未熔断则进行下一步。

2）检查鼓风机熔丝 IF25 是否熔断

操作启动开关使电源模式至 OFF 状态。拔下熔丝 IF25 检查熔丝是否熔断；熔丝额定容量为 10 A。若熔丝熔断，检修熔丝线路，更换额定容量熔丝；若熔丝未熔断则进行下一步。

3）检查鼓风机

操作启动开关使电源模式至 OFF 状态。拆卸鼓风机，检查鼓风机叶轮是否有损坏、异物、卡滞等现象。若鼓风机损坏，则更换鼓风机；若鼓风机未损坏则进行下一步。

4）检查鼓风机继电器

操作启动开关使电源模式至 OFF 状态。拔下继电器，使用相同型号的继电器替换鼓风机继电器。确认故障是否排除，若故障未排除则进行下一步。

5）检查空调控制面板电源、接地之间的电压

操作启动开关使电源模式至 OFF 状态。断开空调控制面板线束连接器 IP45。操作启动开关使电源至 ON 状态。用万用表测量空调控制面板线束连接器 IP45 的 40 号端子和 23 号端子之间的电压，电压标准值为 11~14 V。用万用表测量空调控制面板线束连接器 IP45 的 26 号端子和 23 号端子之间的电压，电压标准值为 11~14 V。若电压值不符合标准，则更换相应线束；若符合标准则进行下一步。

6）检查鼓风机电源、接地之间的电压

操作启动开关使电源模式至 OFF 状态。断开空调主机线束连接器 IP53。操作启动开关使电源至 ON 状态。用万用表测量空调控制面板线束连接器 IP53 的 1 号端子和 IP53 的 8 号端子之间的电压值，电压标准值为 11~14 V。确定测量值是否符合标准。若不符合标准，更换相应线束；若符合标准则进行下一步。

7）检查空调主机与空调控制面板之间的线束

操作启动开关使电源模式至 OFF 状态。断开空调主机线束连接器 IP53。断开空调控制面板线束连接器 IP45。用万用表测量空调控制面板线束连接器 IP53 的 2 号端子和空调控制面板线束连接器 IP45 中的 15 号之间的电阻值，标准电阻小于 1 Ω。用万用表测量空调控制面板线束连接器 IP53 的 9 号端子和空调控制面板线束连接器 IP45 的 16 号之间的电阻值，标准电阻小于 1 Ω。若不符合标准，更换相应线束；若符合标准则进行下一步。

8）检查空调控制面板鼓风机控制输出

操作启动开关使电源模式至 OFF 状态。断开空调主机线束连接器 IP53。操作启动开关使电源至 ON 状态。操作空调控制面板上的风量按钮，测量空调主机线束连接器 IP53 的 2 号端口与车身接地之间的电压。确定测量值是否符合标准。若不符合标准，更换空调控制面板；若符合标准则进行下一步。

9）更换鼓风机调速模块

操作启动开关使电源模式至 OFF 状态。断开蓄电池负极电缆，更换鼓风机调速模块。故障排除后，应检查空调系统的各项功能。

2. 技能操作

（1）操作准备

准备技能操作所需的物料，见表 8–10。

表 8–10　物料准备

类别	所需物料
教学车辆	智能座舱系统、实训车辆
设备、仪器、工具、资料	维修手册、电路图、诊断设备、车内三件套、翼子板防护布、安全手套、工具套装、抹布

（2）自动空调系统检修

对车辆自动空调系统进行检修，并将相关内容填入表 8–11 中。

表 8–11　自动空调系统检修实施项目单

序号	检测内容	检测项	检测条件	检测值	标准值	结论
示例	C1011–28	电阻值	断电，按动座椅滑动开关	1.48 kΩ	1.5 kΩ	该项正常，进行下一项检测
1						
2						

续表

序号	检测内容	检测项	检测条件	检测值	标准值	结论
3						
4						
5						
6						
7						
8						
9						
10						
11						
12						

（三）智能空调热泵检查

1. 知识学习

（1）空气取暖与热泵

燃油汽车空调系统的暖风热源由发动机提供，而电动汽车的暖风系统与之不同，电动汽车空调系统暖风经常采用的方案如下。

1）热泵

由传动带驱动的直流无刷电动机的电动汽车热泵式空调系统工作原理如图 8–20 所示。空调系统的制冷、制热模式由四通换向阀转换，实线箭头代表制冷工况，虚线箭头代表制热工况。从原理上讲，该系统与普通的热泵空调并无区别，但是用于电动汽车上，其专门开发了双工作腔滑片压缩机、直流无刷电动机和逆变器调节系统。在热泵工况下，系统从融霜模式转为制热模式时，风道内换热器上的冷凝水将迅速蒸发，在风窗玻璃上结霜，影响行驶的安全系数。

2）PTC 电加热器

PTC 电加热器是使用 PTC 热敏电阻元件为发热源的一种加热器。PTC 热敏电阻一般情况下是用半导体材料制成的，其阻值随湿度变化而急剧变化，当外界温度下降，PTC 电阻值相应减小，发热量反而会相应增加。由于 PTC 热敏电阻元件具有这种特性，因此 PTC 加热器具有节能、恒温、安全和使用周期长等特点。

常用的空调辅助电加热器有粘接式陶瓷 PTC 加热器和金属管状 PTC 加热器两种。粘接式陶瓷 PTC 加热器是将多个陶瓷 PTC 芯片及铝波纹散热片用耐高温树脂胶粘接在一起的加热器，其散热性好，电气性能稳定。其中粘接式陶瓷 PTC 加热器又分为加热器表层带电型和加热器表层不带电型两种。

金属管状 PTC 加热器使用镍铁合金丝为发热材料，发热管外镶铝散热片，其散热效果较好。加热器配用温度调节器和热熔断器，使产品使用更安全可靠。

3）余热 + 辅助 PTC

借助于大功率器件（驱动电机、电机调节器等）工作时产生的热量，可利用这些余热在车内环境进行热交换。当热量不足时，可启用辅助 PTC 加热器进行加热。

（2）热泵空调采暖系统回路

当按下“制热”按键，进入驾驶舱制热模式；当按下 AUTO 按键，空调控制器根据用户设定的温度，结合当前的环境温度、车内温度、阳光强度按需启动采暖循环，当到达用户设置的温度时，稳定在一个最佳的舒适采暖状态，热泵空调采暖系统回路工作原理如图 8-20 所示。

水加热器加热冷却液，高温冷却液在采暖回路水泵的驱动下，流经暖风芯体和水水换热器，分别给驾驶舱和电池加热。

通过三通阀 2 调节流经暖风芯体和水水换热器的冷却液流量，控制驾驶舱和电池的加热量，通过五通水壶进行冷却液补充和返气。

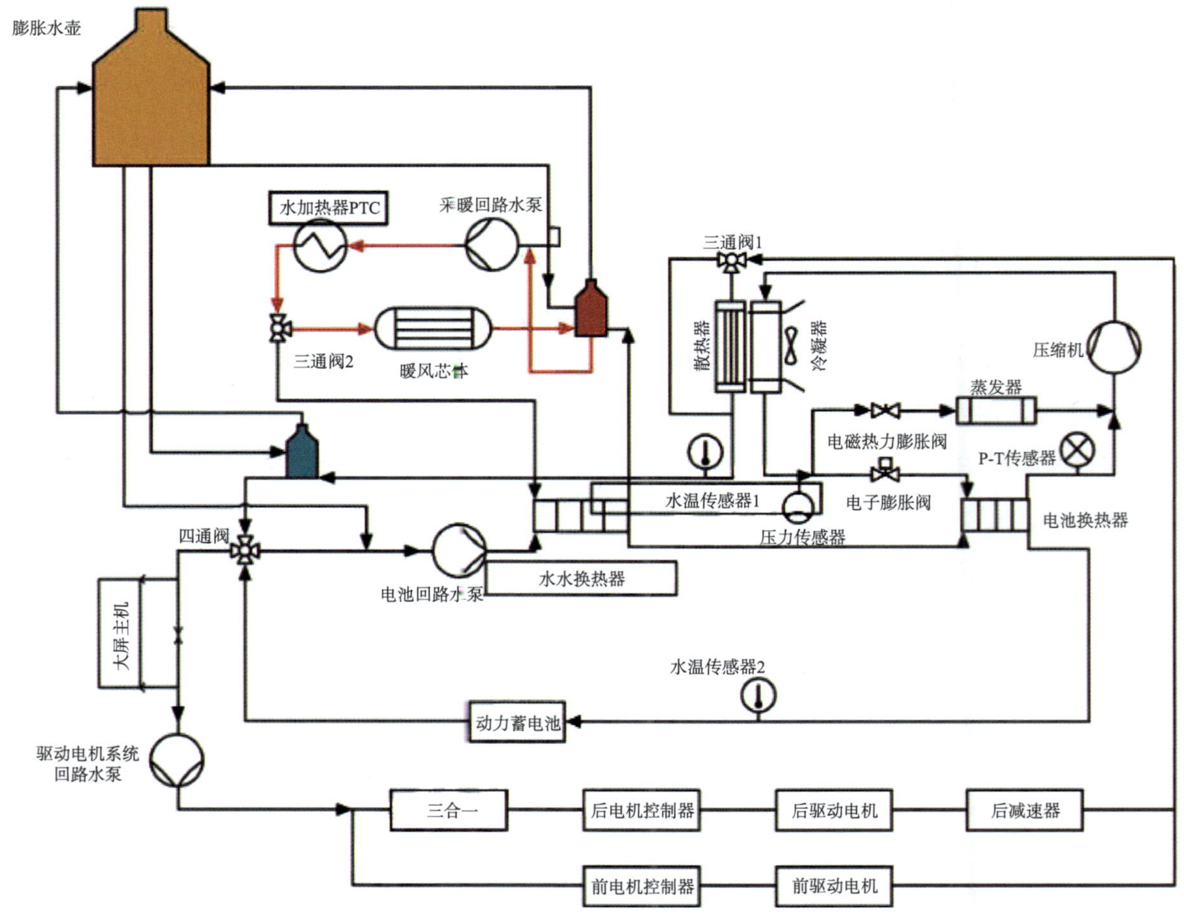

图 8-20 热泵空调系统回路工作原理

2. 技能操作

（1）操作准备

准备技能操作所需的物料，见表 8-12。

表 8-12　物料准备

类别	所需物料
教学车辆	智能座舱系统、实训车辆
设备、仪器、工具、资料	维修手册、电路图、纸笔

（2）拆画热泵空调制热系统结构图

在图 8-21 中拆画实训车辆热泵空调制热系统结构图。

图 8-21　实训车辆热泵空调制热系统结构图

检查评估

对本任务的学习情况进行检查，并将相关内容填写在表 8-13 中。

表 8-13　检查表

检查项目	检查结果	结果点评
智能空调检测		
是否正确组装空调压力表	是□　否□	
是否正确测量空调压力	是□　否□	
是否准确读取空调压力值	是□　否□	
智能空调检修		
是否正确选用测量工具	是□　否□	
是否采用正确的检测步骤	是□　否□	
是否能够确定故障位置	是□　否□	
智能空调热泵检查		
是否准确查询热泵空调系统结构图	是□　否□	
是否准确拆画热泵空调系统结构图	是□　否□	
整理及恢复		
工具、设备是否整理并放置在指定位置	是□　否□	
是否出现额外的人为故障	是□　否□	
是否采取了必要的安全措施	是□　否□	
是否充分地进行团队沟通与协作	是□　否□	

任务小结

本任务小结如图 8-22 所示。

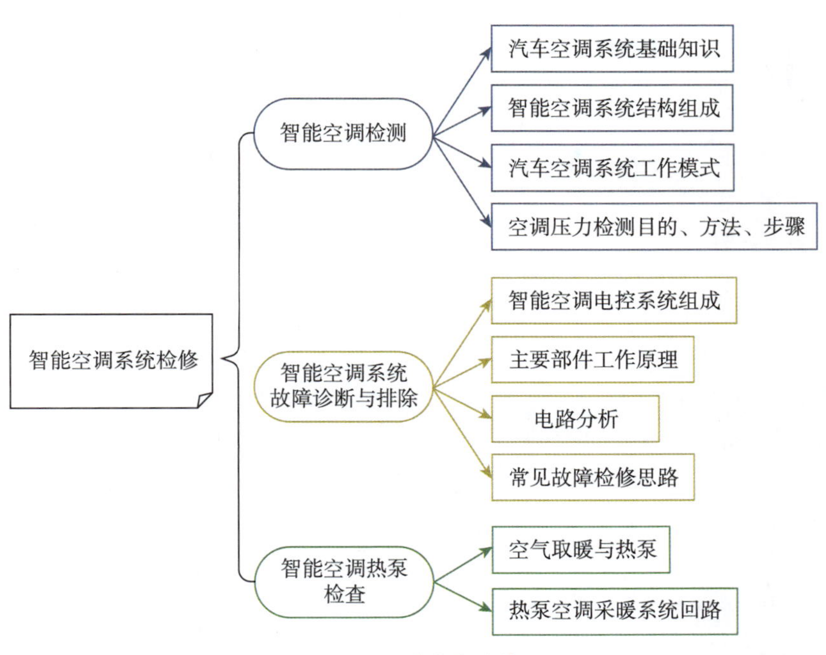
智能空调系统检修
智能空调检测
汽车空调系统基础知识
智能空调系统结构组成
汽车空调系统工作模式
空调压力检测目的、方法、步骤
智能空调系统故障诊断与排除
智能空调电控系统组成
主要部件工作原理
电路分析
常见故障检修思路
智能空调热泵检查
空气取暖与热泵
热泵空调采暖系统回路

图 8-22　本任务小结

任务九 车内灯光系统检查与部件更换

任务导入

场景：某品牌汽车售后服务中心

人物：维修技师陈师傅、客户张先生

情境：客户张先生拥有一台高配置新能源汽车，最近在使用车辆时发现副驾侧氛围灯不能点亮，张先生驱车来到售后服务中心，陈师傅对车辆检查时发现问题确实存在，接下来将对氛围灯进行检测，该如何完成这些工作？

任务目标

- 能够准确找到车内灯光的位置，并进行正确的控制和功能检查。
- 能够结合维修手册的指引，使用合适的工具，规范进行车内灯光的更换作业。

任务实施

（一）车内灯光系统检查

1. 知识学习

（1）车内灯光系统

车内灯光系统由顶灯、仪表灯、踏步灯、行李舱灯、阅读灯、门灯、氛围灯等组成，主要是为驾驶员和乘客提供方便，如图 9–1 所示。

顶灯安装在驾驶舱顶部，它是驾驶舱内的照明灯具，灯光颜色一般为白色。

仪表灯安装在仪表盘内，为汽车仪表提供照明，灯光颜色一般为白色，如图 9–2 所示。

踏步灯一般安装在汽车上下车台阶的左右两侧，用来照明车门的踏步处，方便上下车，灯光颜色一

般为白色，如图 9–3 所示。

图 9–1　车内灯光系统

图 9–2　仪表灯

图 9–3　踏步灯

行李舱灯是汽车行李舱内的灯具，灯光颜色一般为白色，如图 9–4 所示。

阅读灯安装在座椅前部或顶部，聚光时不会产生眩目现象，但其照明范围较小，有的阅读灯还有光轴方向调节机构，如图 9–5 所示。

图 9-4　行李舱灯

图 9-5　阅读灯

门灯装在轿车外张式车门内侧底部，开启车门时，门灯发亮，以警示后来行人、车辆注意安全，灯光颜色为红色，如图 9-6 所示。

图 9-6　门灯

氛围灯也叫环境照明，通常布置在汽车的转向盘、中控台、脚灯、杯架、车顶、迎宾踏板、车门等位置。氛围灯既可带来家的温馨、舒适感，又会带来科技、奢华的美感，如图 9–7 所示。

a）

b）

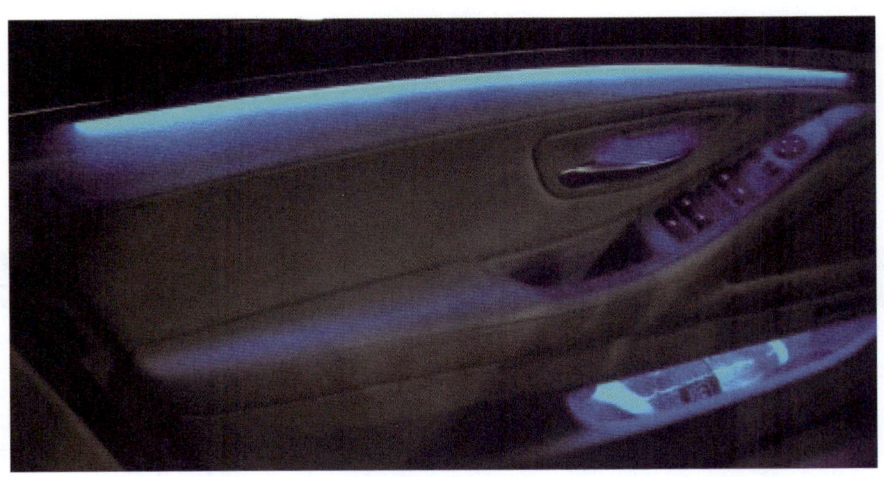

c）

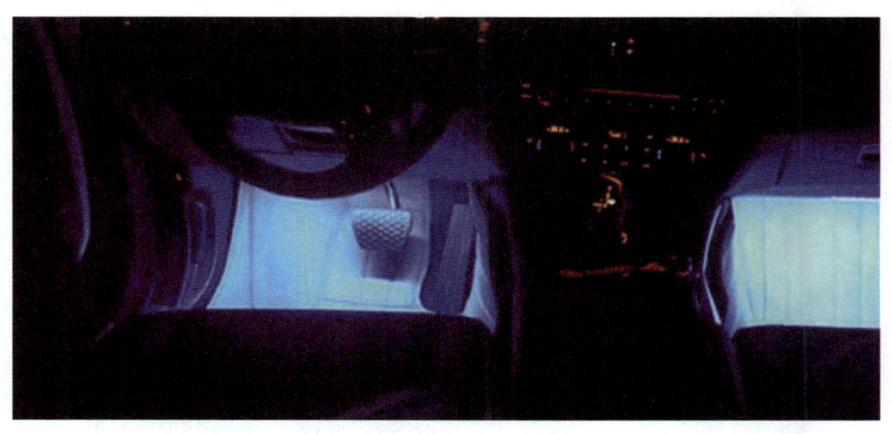

d）

图 9-7　氛围灯

a）中控台氛围灯　b）仪表盘氛围灯　c）门板氛围灯　d）足部氛围灯

（2）车内灯光布置

如图 9-8 所示，为某车型车内灯光分布图（不同车型车内灯光位置略有差异，具体应以车辆用户手册或维修手册为准），车内灯光分布序号指引见表 9-1。

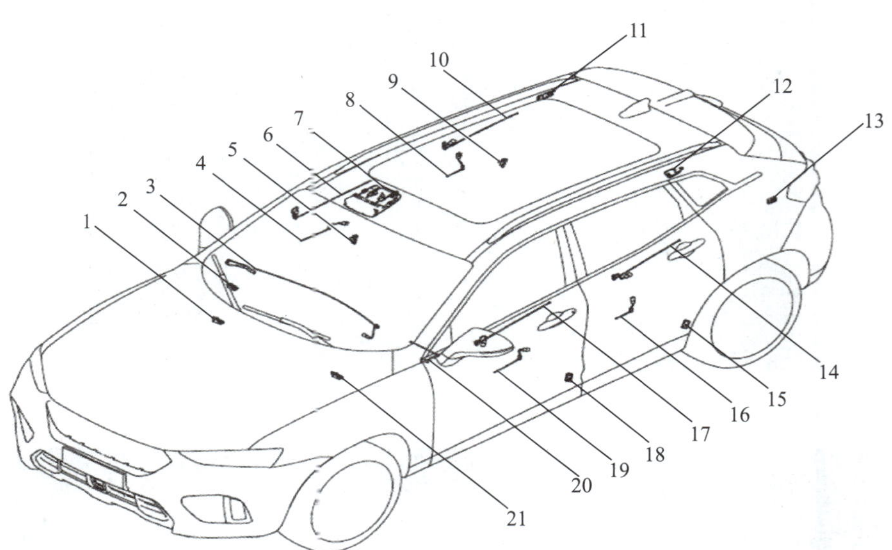

图 9-8　某车型车内灯光位置示意图

表 9-1　车内灯光分布序号指引

序号	名称	序号	名称	序号	名称
1	右侧脚窝灯	4	右前门储物箱氛围灯总成	7	阅读灯总成
2	杂物箱灯	5	右前门门灯	8	右后门储物箱氛围灯总成
3	仪表板右侧氛围灯总成	6	右前门板氛围灯总成	9	右后门门灯

续表

序号	名称	序号	名称	序号	名称
10	右后门板氛围灯总成	14	左后门板氛围灯总成	18	左前门门灯
11	右侧顶灯总成	15	左后门门灯	19	左前门储物箱氛围灯总成
12	左侧顶灯总成	16	左后门储物箱氛围灯总成	20	仪表板左侧氛围灯总成
13	行李舱灯总成	17	左前门板氛围灯总成	21	左侧脚窝灯

2. 技能操作

（1）操作准备

准备技能操作所需的物料，见表 9–2。

表 9–2　物料准备

类别	所需物料
教学车辆	智能座舱系统、实训车辆
设备、仪器、工具、资料	维修手册、电路图、车内三件套、安全手套、工具套装、抹布

（2）车内灯光系统检查

请根据实训车辆的配置，查找车内灯光位置，进行开关测试、检查灯光的功能，将相关内容填写在表 9–3 中。

表 9–3　车内灯光检查表

序号	名称	位置描述	控制正常	亮度、颜色等性能正常
1	右侧脚窝灯		是□　否□	是□　否□
2	杂物箱灯		是□　否□	是□　否□
3	仪表板右侧氛围灯总成		是□　否□	是□　否□
4	右前门储物箱氛围灯总成		是□　否□	是□　否□
5	右前门门灯		是□　否□	是□　否□
6	右前门板氛围灯总成		是□　否□	是□　否□
7	阅读灯总成		是□　否□	是□　否□
8	右后门储物箱氛围灯总成		是□　否□	是□　否□
9	右后门门灯		是□　否□	是□　否□
10	右后门板氛围灯总成		是□　否□	是□　否□

续表

序号	名称	位置描述	控制正常	亮度、颜色等性能正常
11	右侧顶灯总成		是□　否□	是□　否□
12	左侧顶灯总成		是□　否□	是□　否□
13	行李舱灯总成		是□　否□	是□　否□
14	左后门板氛围灯总成		是□　否□	是□　否□
15	左后门门灯		是□　否□	是□　否□
16	左后门储物箱氛围灯总成		是□　否□	是□　否□
17	左前门板氛围灯总成		是□　否□	是□　否□
18	左前门门灯		是□　否□	是□　否□
19	左前门储物箱氛围灯总成		是□　否□	是□　否□
20	仪表板左侧氛围灯总成		是□　否□	是□　否□
21	左侧脚窝灯		是□　否□	是□　否□

（二）车内灯光部件更换

1. 知识学习

（1）门灯拆卸及安装

断开蓄电池负极，打开左前门，撬下左前门灯，不要划伤左前门护板和左前门灯总成，如图 9–9 所示。

断开 1 个接插件，如图 9–10 所示。

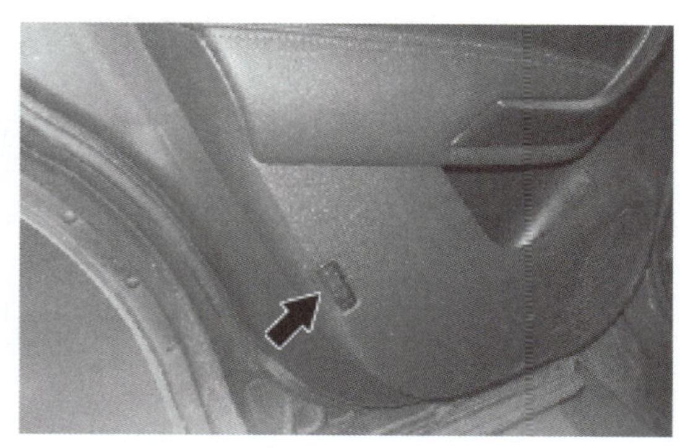

图 9–9　左前门灯

图 9–10　断开 1 个接插件

拆下左前门灯总成。其他门灯总成拆卸方法与左前门灯拆卸方法相同，安装以拆卸相反的顺序进行，不再赘述。

（2）氛围灯控制模块

断开蓄电池负极，拆卸副仪表板控制面板总成，拆卸氛围灯控制模块。断开 1 个接插件，如图 9–11 所示。

拆下 2 个螺钉，如图 9–12 所示。

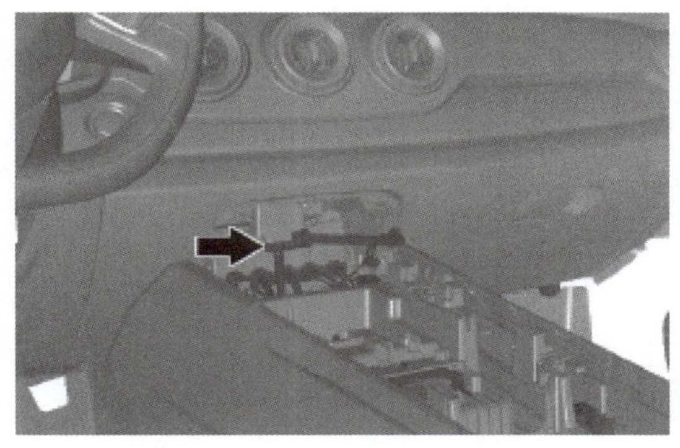

图 9–11　接插件位置

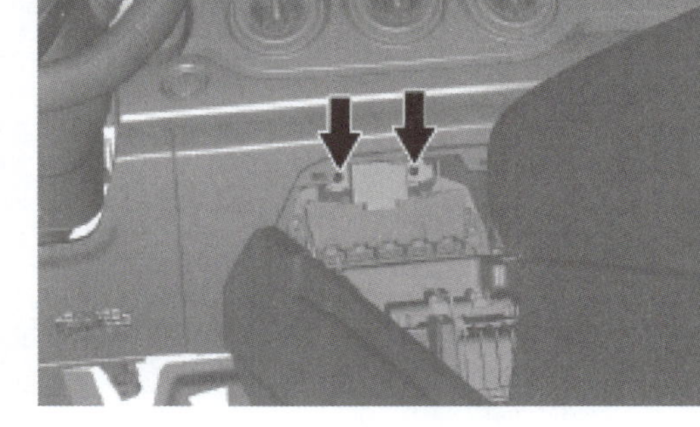

图 9–12　螺钉位置

拆下氛围灯控制模块。安装以拆卸相反的顺序进行。

（3）仪表板左氛围灯

断开蓄电池负极，拆卸仪表板左侧端盖板，分离 3 个塑料卡子，如图 9–13 所示。

拆卸左下护板总成，拆下 2 个螺钉，如图 9–14 所示。

图 9–13　拆卸仪表板左侧端盖板

图 9–14　螺钉位置

分离 2 个夹片，分离 6 个卡子，断开线束接插件。拆卸仪表板左氛围灯，分离 3 个卡子，如图 9–15 所示。

断开线束接插件。拆下仪表板左氛围灯和驾驶侧装饰板总成。注意部分仪表板左氛围灯焊接在驾驶侧装饰板总成上，不可分解，需整体更换。

（4）前门板氛围灯

断开蓄电池负极，拆卸前门内护板。拆卸前门板氛围灯总成，断开线束接插件，如图 9–16 所示。

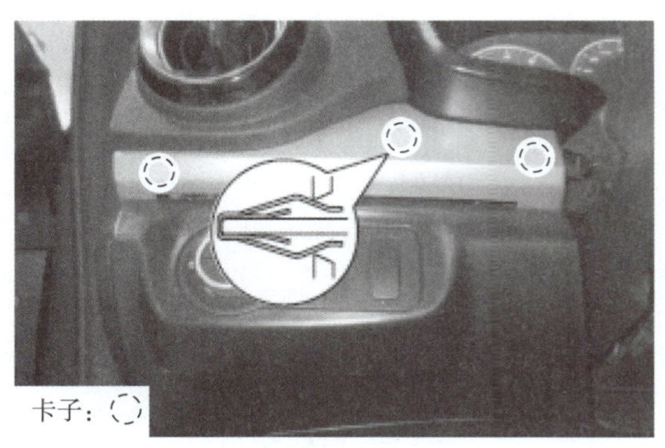

图 9-15　氛围灯卡子位置

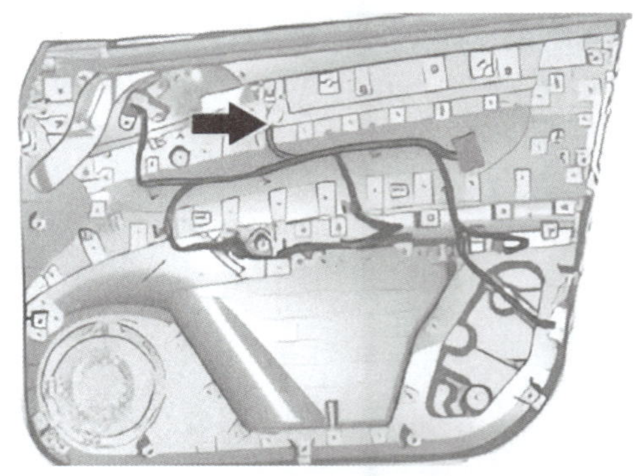

图 9-16　线束接插件

拆下前门板装饰条总成和前门板氛围灯总成。

（5）阅读灯总成

断开蓄电池负极，打开眼镜盒，拆卸阅读灯总成，拆下 2 个螺钉，如图 9-17 所示。

断开 2 个接插件，如图 9-18 所示。

拆下阅读灯总成。

（6）行李舱灯总成

断开蓄电池负极，拆卸行李舱灯总成，撬下行李舱灯总成，如图 9-19 所示。

断开 1 个接插件，拆下行李舱灯总成，如图 9-20 所示。

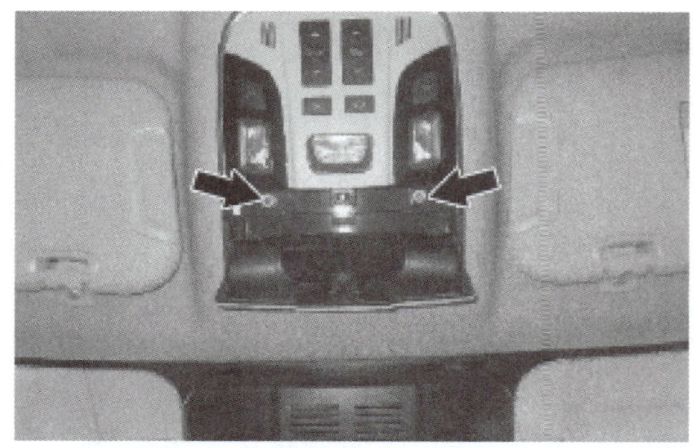

图 9-17　阅读灯位置

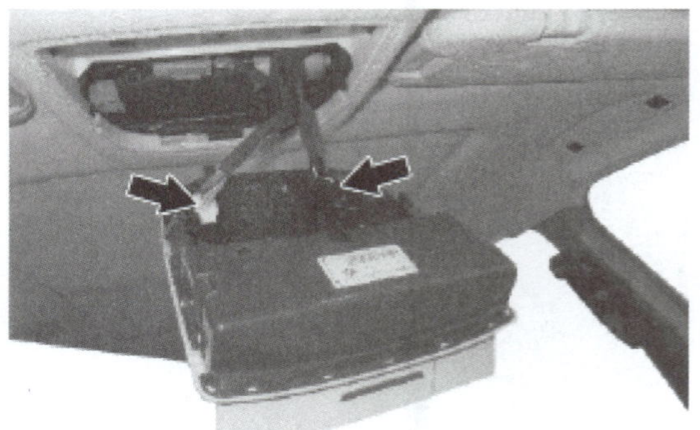

图 9-18　接插件位置

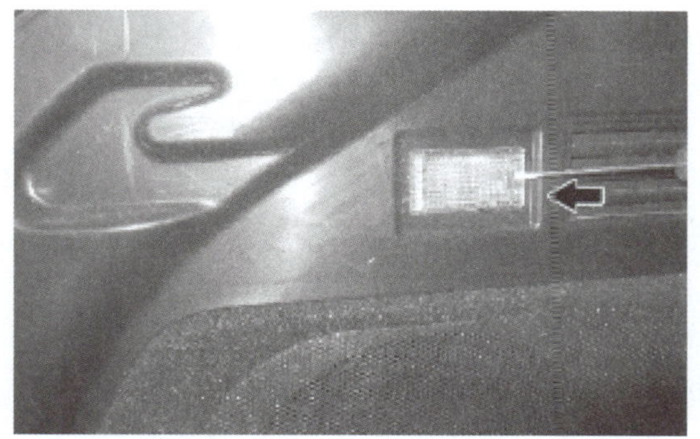

图 9-19　行李舱灯位置

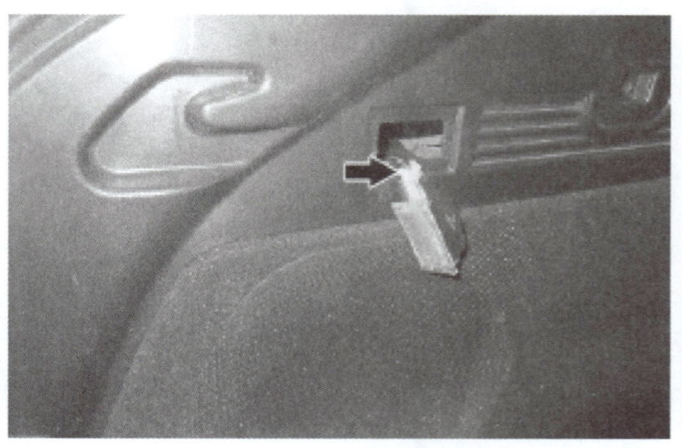

图 9-20　断开 1 个接插件

2. 技能操作

（1）操作准备

准备技能操作所需的物料，见表 9–4。

表 9–4　物料准备

类别	所需物料
教学车辆	智能座舱系统、实训车辆
设备、仪器、工具、资料	维修手册、电路图、翘板、车内三件套、安全手套、工具套装、抹布

（2）灯光部件更换

将需要更换的灯光勾选在表 9–5 中。

表 9–5　灯光更换记录表

门灯	氛围灯控制模块	仪表板左氛围灯	前门板氛围灯	行李舱灯总成	阅读灯总成
□	□	□	□	□	□

对实训车辆上的相关灯具进行拆装作业，并将相关内容记录在表 9–6 中。

表 9–6　拆装记录表

序号	步骤	工具设备	关键点 / 注意事项
1			
2			
3			
4			
5			
6			
7			
8			

检查评估

对本任务的学习情况进行检查，并将相关内容填写在表 9–7 中。

情境二

表 9-7 检查表

检查项目	检查结果	结果点评
车内灯光系统认知		
是否正确找到车内各个灯光位置	是□ 否□	
是否正确控制车内各个灯光	是□ 否□	
是否正确检查车内各个灯光的功能	是□ 否□	
车内灯光部件更换		
是否正确更换车门灯	是□ 否□	
是否正确更换氛围灯	是□ 否□	
是否正确更换阅读灯	是□ 否□	
是否正确更换行李舱灯	是□ 否□	
整理及恢复		
工具、设备是否整理并放置在指定位置	是□ 否□	
是否出现额外的人为故障	是□ 否□	
是否采取了必要的安全措施	是□ 否□	
是否充分地进行团队沟通与协作	是□ 否□	

任务小结

本任务小结如图 9-21 所示。

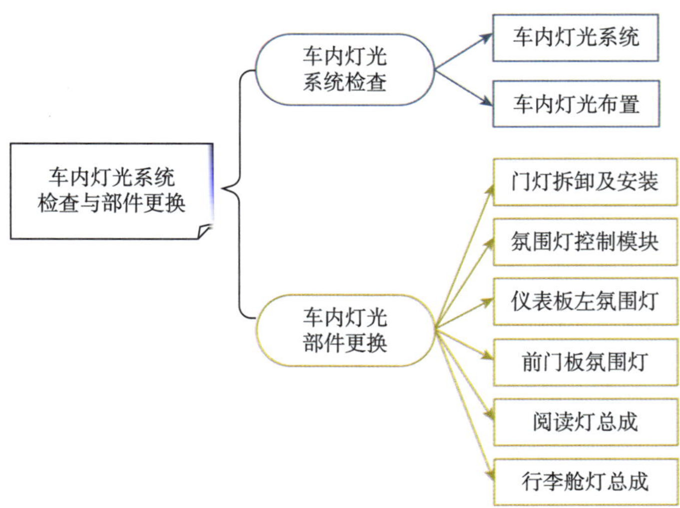

图 9-21 本任务小结

任务十
智能座舱音响系统检修

任务导入

场景： 国产新能源汽车 4S 店

人物： 维修技师小王、客户张先生

情境： 客户张先生的车辆最近在播放音乐时，偶尔出现声音间歇性丢失的情况，张先生将车辆送至维修车间，维修技师小王进行检查，尝试播放多首歌曲并切换收音机、蓝牙等信号输入方式，均出现声音断断续续的问题，初步判断是音响系统有异常，该如何对音响系统检查？

任务目标

- 能够根据音响系统工作原理，结合维修手册指引，完成对音响系统的检查工作。
- 能够根据维修手册指引，选用合适的工具，对扬声器进行更换。

任务实施

（一）音响系统工作异常的检修

1. 知识学习

（1）音响系统的功用及部件原理

从第一辆汽车制造出来之后，就在不间断地进行着改造与更新，随着时代与科技的发展，贴合着服务人们需求的特性，汽车音响也应运而生。

音响设备在汽车上属于辅助性设备，优美动听的声音可以有效降低车内乘客和驾驶员的疲劳，陶冶情操，稳定情绪，消除简单、枯燥和乏味的驾车感受，提高了驾乘感受。所以后来，汽车音响便也成了判断一辆汽车是否舒适的依据之一。汽车音响如图 10–1 所示。

图 10-1　汽车音响

1）音响主机功用及原理

在汽车上，可以充当音源的设备就是音响主机，它固定安装在车内（如中控台），是能起到音频读取和输出作用的电子设备。除了这类固定安装在车内的音响主机外，还有便携式的外置设备，如 MP3 播放器、智能手机或平板电脑等，通过与音响系统连接，也可发挥音源的作用。

主机的首要作用是读取并输出音频信号，这包括了通过天线获取 AM/FM 无线电台信号、CD 音频信号、DVD 视频信号，还包括便携式的外置设备的音视频信号。汽车音响主机如图 10–2 所示。

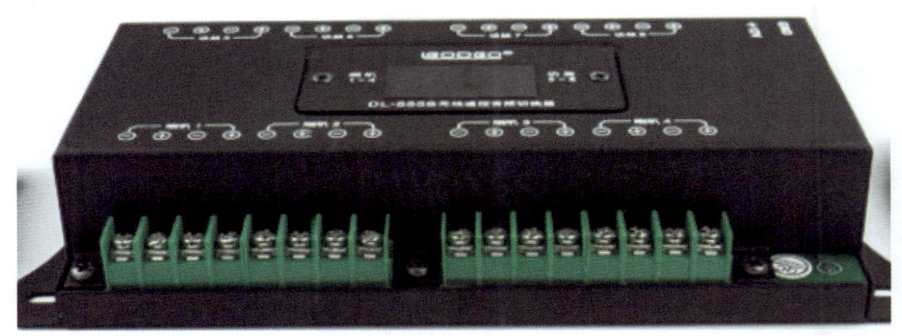

图 10–2　汽车音响主机

在读取信号和输出信号以外，大多数的汽车音响主机还具有一定的音频信号处理功能，可进行音量调节、左右平衡调节、音场前后调节、高音调节、中音调节、低音调节等。

2）扬声器功用及分类

汽车扬声器如图 10–3 所示。按扬声器的频率分为全频扬声器、高音扬声器、中音扬声器、低音扬声器。全频扬声器能够重放全频的声音（20 Hz~22 kHz）；高音扬声器又名高音头、高音仔，主要重放高频部分的声音 6~22 kHz 的声音；中音扬声器能够重放 200 Hz~6 kHz；低音扬声器又称重低音或超重低音扬声器（16~200 Hz）。

按尺寸可分为 80 mm（3 in）、100 mm（4 in）、130 mm（5 in）、150 mm（6 in）、200 mm（8 in）、250 mm（10 in）、300 mm（12 in）等。

图 10-3　汽车扬声器

按用途可分为单元扬声器、套装扬声器、同轴扬声器、超低频扬声器等，多数车用扬声器都是单元扬声器。

3）扬声器组成及技术指标

扬声器一般由防尘盖、音盆、盆架、振动板、音圈、华斯、磁体、T 铁等组成，如图 10-4 所示。

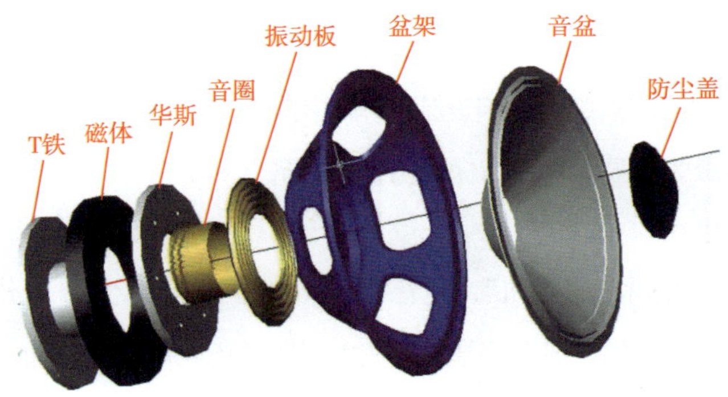

图 10-4　扬声器组成

扬声器的性能指标如下。

① 频率响应

这项指标反映了扬声器工作的主要频率范围。当给扬声器加以恒压信号源并由低频到高频改变信号源频率时，扬声器产生的声压将随频率的变化而变化。由此得出的声压频率曲线，此范围越宽，发声特性越好。

② 额定阻抗

额定阻抗是指扬声器在某一特定工作频率时在输入端测得的阻抗值。通常即在产品商标铭牌上标明，由生产厂家给出，额定阻抗通常是在额定频率范围可望得到最大功的阻抗模值。额定阻抗一般规定为 4 Ω、8 Ω、16 Ω、32 Ω 等，国外也有采用 3 Ω、6 Ω 等。

③ 功率

扬声器的功率大小是选择使用扬声器的重要指标之一，是扬声器能长时间连续工作而不产生异常声时的输入功率。一般测试时采用粉红噪声信号，通过特定的滤波器，在额定频率范围内进行测试。

最大噪声功率与额定功率不同，它是表明扬声器承受短时间的大输入功率的能力，其试验时间仅为几秒或几分钟。一般最大噪声功率是额定功率的 2~4 倍。

④ 特性灵敏度

特性灵敏度是指当音箱加上相当于额定阻抗上 1 W 功率的粉红噪声信号电压时，在轴向 1 m 处测得的声压级。各扬声器单元在各自负责重放的频段内，它们的灵敏度必须保持基本一致，以使整个音箱在重放时高、中、低音的平衡。特别是对立体声音箱，左右声道使用的单元都必须经过严格的筛选、匹配。要求左右声道所用单元的输出声压级差别应在 ±1 dB 内，不然会影响声像的定位。

⑤ 指向性

指向性用来描述扬声器将声波辐射到空间各个方向去的能力，它一般用声压级随辐射角度变化的曲线表示。扬声器的指向性与频率有关，一般低频没有明显指向性。高频时，由于声波波长较短，指向性会变得尖锐，因此有些音箱在不同方向上排列几个高频单元，以改善指向性。

⑥ 失真

扬声器系统的失真包括谐波失真、互调失真和瞬态互调失真等。音箱的失真特性比单个扬声器更容易引起特性变坏。通常在分频点附近，因设计或调试不当，失真大幅度增加。谐波失真主要产生在低频，尤其在共振频率附近最为明显。对于高保真用音箱的最低要求谐波失真不大于 2%。

4）功率放大器及作用

功率放大器简称功放，俗称“扩音机”，是音响系统中最基本的设备，其作用是将来自信号源（专业音响系统中则是来自调音台）的微弱电信号进行放大以驱动扬声器发出声音。

（2）音响系统电路分析

虽然不同厂家、不同机型的汽车音响采用了不同的电路及元器件，但其所处理信号的流程相同，其基本电路结构一致。检修汽车音响时，熟记整机电路框图和电路原理，清楚信号流程，对快速判断故障部位非常重要。

以汽车音响电路中的电源稳压滤波电路、音频功率放大电路、收音电路为例进行讲解。

1）电源稳压滤波电路

汽车音响电源稳压滤波电路如图 10–5 所示。

+12 V 电源引入线上装有 1.5~2 A 熔断器，在机壳外面的塑料熔断管内，线的颜色多为红色或蓝色。L 为滤波电感。二极管 VD 是电源极性反接保护二极管，正常时处于截止状态，一旦电源极性接反，将正偏导通，使熔断器熔断，以保护汽车音响电路不致受损。当 SA 处于放音位置时，电源经 SA 给电动机和前置放大电路供电；当 SA 处于收音位置时，电源经 SA 和由 R、VZ 组成的稳压电路对收音部分供电。

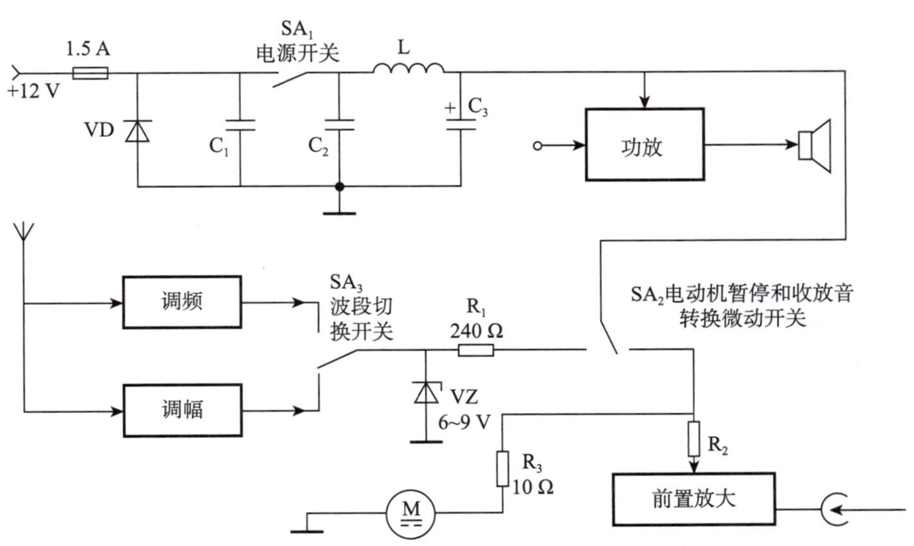

图 10-5　汽车音响电源稳压滤波电路

2）音频功率放大电路

音频功率放大器对音频信号先放大信号电压，再放大信号电流，实现功率放大。音频功率放大器主要由电压放大电路、激励放大电路（也叫推动级）和功率放大电路组成，如图 10-6 所示。电压放大电路对输入信号进行电压放大，根据机器对音频输出功率的要求不同，由一级或数级电路组成；激励放大电路用于推动功率放大器，对信号电压和电流进行同步放大，其静态电流较大；功率放大电路对信号进行电流放大。音频功率放大器的负载是扬声器，其输入信号来自音量电位器。

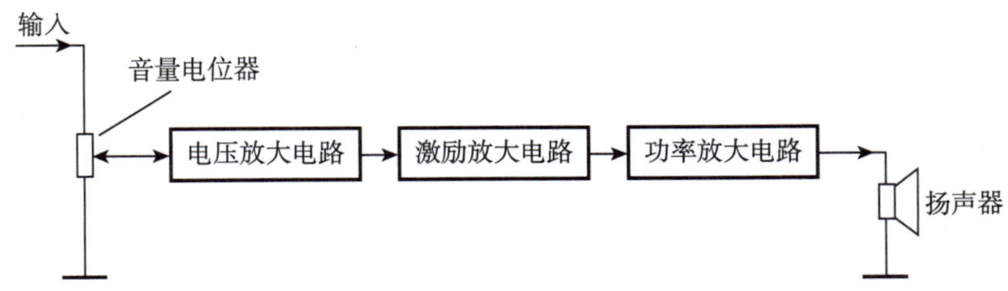

图 10-6　音频功率放大电路框图

3）收音电路

收音电路如图 10-7 所示，其调幅电路由天线、输入回路、混频电路、本振电路、中放电路和检波电路等组成，调频电路由天线、高放电路、混频电路、本振电路、中放电路和鉴频电路等组成。

① 收音调幅电路

从天线接收到的高频调幅信号送入输入回路后，与本振电路产生的本机振荡信号一起加到混频电路（变频）上。混频后输出中频信号，中频信号只改变载波频率，原音频包络线没有改变，中频信号可更好地得到放大，中频信号经中放电路放大后加到检波电路，经检波后输出音频信号，再经调频 / 调幅切换开关后输出。

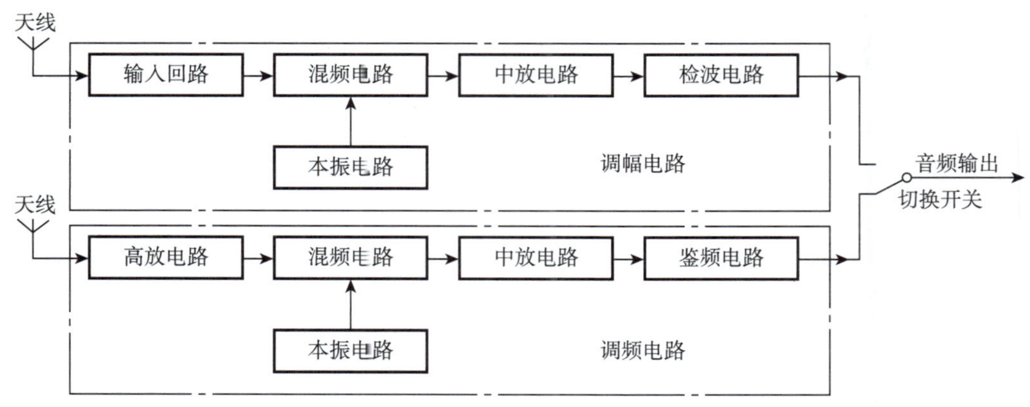

图 10-7　收音电路框图

② 收音调频电路

从天线接收到的高频调频信号送入高放电路后，经高频放大后与本振电路产生的本机振荡信号一起加到混频电路上，混频后差拍出中频信号加到中放电路上进行放大，再加到鉴频电路上检测出音频信号，该信号经调频 / 调幅切换开关后输出。

（3）音响系统故障诊断

部分主流车型的音响电路框图如图 10–8 所示。功放模块供电电路简图如图 10–9 所示。

以“供电电压过高或过低”故障为例，故障诊断思路如下。

1）检查故障码状态

连接诊断仪到 OBD 接口。启动车辆，读取故障码并将其记录下来。清除故障码。再次读取故障码，检查是否显示相同的故障码。

2）检查蓄电池

测量蓄电池电压，电压标准值为 11~14 V。确认电压是否符合标准值。检查功放模块熔丝 PB02。执行车辆下电程序。检查熔丝 PB02 是否熔断。

3）检修熔丝 PB02 线路

执行车辆下电程序。检查熔丝 PB02 线路是否有短路故障。进行线路修理，确认没有线路短路现象。更换额定电流的熔丝，熔丝的额定值为 PB0250A 。确认功放模块是否正常工作。

4）检查功放模块电源电路

执行车辆下电程序。断开功放模块线束连接器 BD54。执行车辆上电程序。测量功放模块线束连接器 BD54 端子 2 与车身接地之间电路的电压值，如图 10–10 所示，电压标准值为 11~14 V，确认电压值是否符合标准值，如出现故障应修理或更换线束。

5）检查功放模块接地电路

执行车辆下电程序。断开功放模块线束连接器 BD54。测量功放模块线束连接器 BD54 端子 1 与车身接地之间电路的电阻值，电阻标准值小于 1 Ω，确认电阻值是否符合标准值。

PB02
50 A
B+
中控大屏主机
参见B-CAN系统电路图
BCAN-H
BCAN-L
左环绕扬声器
右环绕扬声器
左前高音升降扬声器
左前高音扬声器
左前中音扬声器
左前低音扬声器
左后低音扬声器
左后高音扬声器
功放模块
中控大屏主机
右顶部高音
后低音扬声器
主驾座椅插接件(头枕扬声器)
中置扬声器
左顶部高音
右后高音扬声器
右后低音扬声器
右前低音扬声器
右前高音升降扬声器
右前高音扬声器
右前中音扬声器

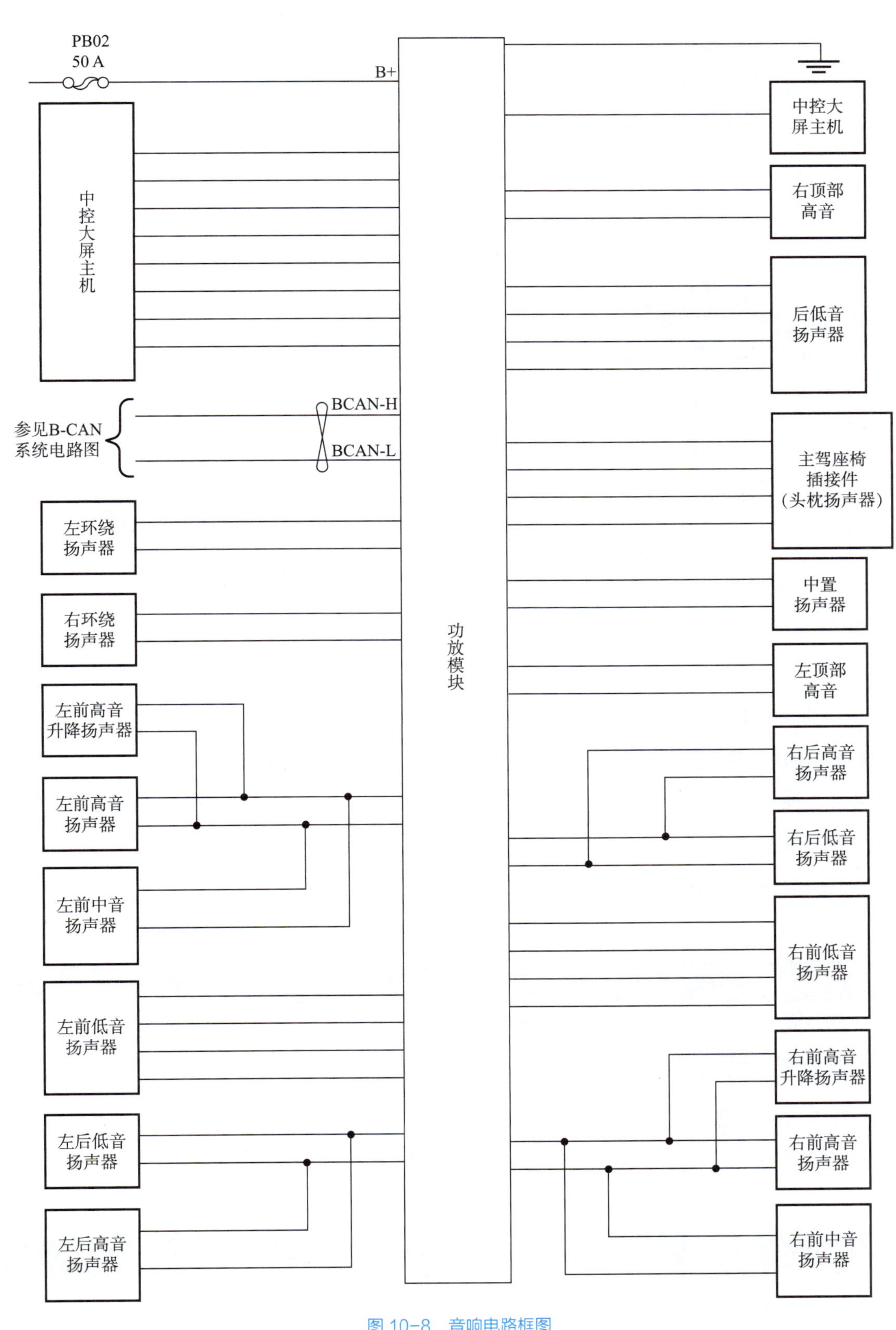

图 10-8　音响电路框图

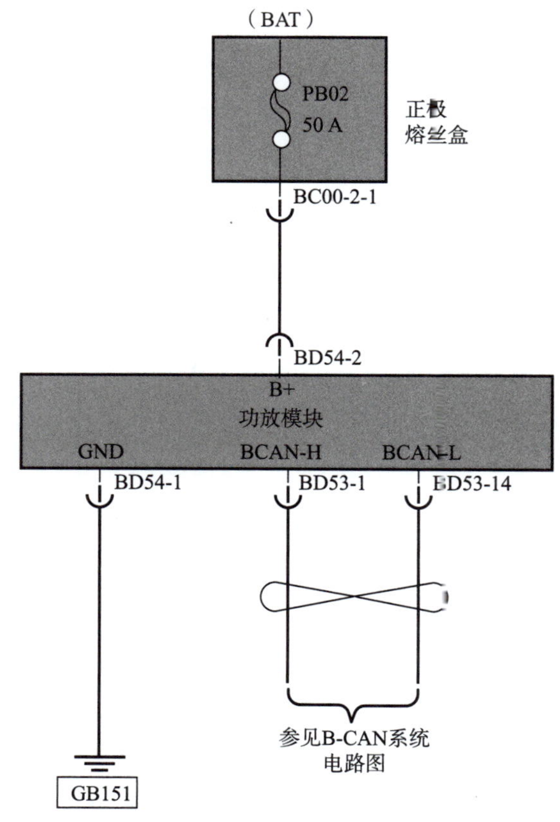

图 10-9　功放供电电路简图

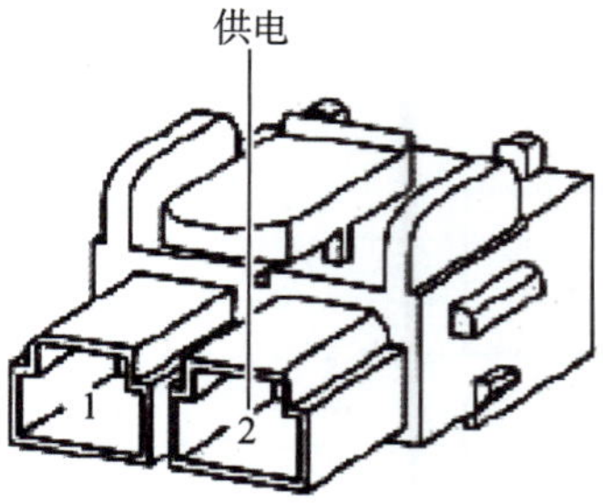

图 10-10　功放模块线束连接器

6）更换功放模块

更换功放模块，并对其进行配置写入和标定操作后，检查故障是否排除。

2. 技能操作

（1）操作准备

准备技能操作所需的物料，见表 10-1。

表 10-1　物料准备

类别	所需物料
教学车辆	智能座舱系统、实训车辆
设备、仪器、工具、资料	诊断仪器、维修手册、电路图、车内三件套、安全手套、工具套装、抹布

（2）扬声器无声音诊断

根据维修手册或诊断程序中扬声器无声音故障进行检查，并将相关内容填写在表 10-2 中。

表 10-2　操作记录表

序号	步骤	工具设备	关键点 / 注意事项
1			
2			

续表

序号	步骤	工具设备	关键点 / 注意事项
3			
4			
5			
6			
7			
8			

（二）音响系统部件更换

1. 知识学习

（1）更换音响系统部件的注意事项

在拆装过程中，不能损坏原车线路和造成短路，安装器材时线路不能接错，接错会产生不良后果。安装的器材要有保险措施，音响线路不能干扰车中的计算机和电子装置，否则会出现故障。

（2）更换前门低音扬声器

关闭所有用电设备，车辆断电，断开蓄电池负极极夹，拆卸前门饰板总成，拆卸前门低音扬声器，如图 10–11 所示，断开低音扬声器总成①连接插头（箭头 A），旋出固定螺钉（箭头 B），取出低音扬声器总成①。螺钉（箭头 B）拧紧力矩为 1.5 N · m。安装程序以拆卸倒序进行。

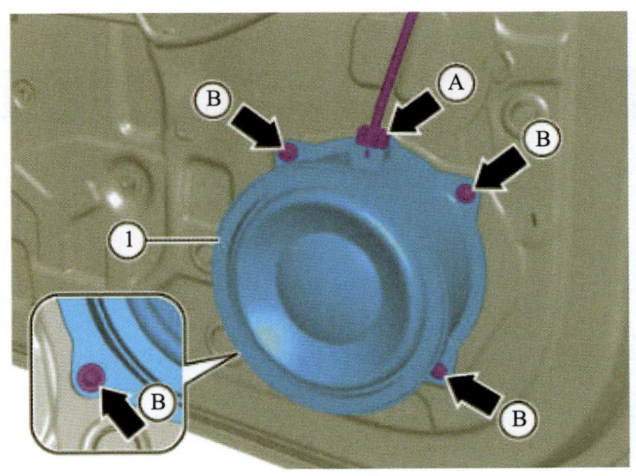

图 10–11　前门低音扬声器

（3）更换高音扬声器

关闭所有用电设备，车辆断电，断开蓄电池负极极夹，拆卸左侧后阅读灯，拆卸顶棚高音扬声器，如图 10–12 所示，断开顶棚高音扬声器①连接插头（箭头 A）。旋出固定螺钉（箭头 B），取出顶棚高音扬声器①。螺钉（箭头 B）拧紧力矩为 1 N · m。安装程序以拆卸倒序进行。

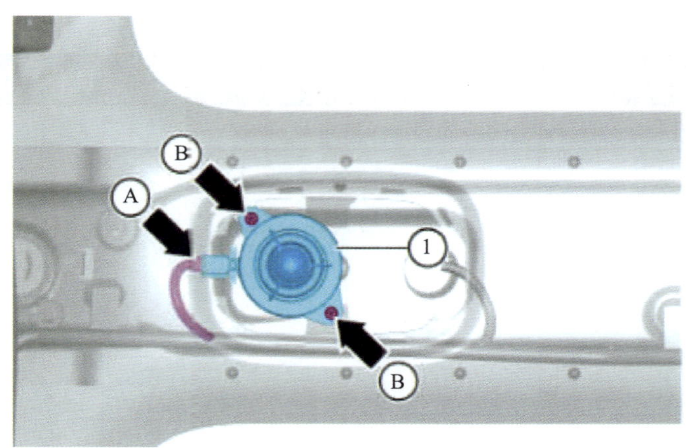

图 10-12　顶棚高音扬声器

2. 技能操作

（1）操作准备

准备技能操作所需的物料，见表 10-3。

表 10-3　物料准备

类别	所需物料
教学车辆	智能座舱系统、实训车辆
设备、仪器、工具、资料	维修手册、电路图、车内三件套、安全手套、工具套装、抹布

（2）拆卸和安装前门低音扬声器

根据拆装前门低音扬声器方法进行实操，将操作过程中的重要步骤、必要信息等填写在表 10-4 中。

表 10-4　操作记录表

序号	步骤	工具设备	关键点 / 注意事项
1			
2			
3			
4			
5			
6			
7			
8			

检查评估

对本任务的学习情况进行检查，并将相关内容填写在表 10-5 中。

表 10-5　检查表

检查项目	检查结果	结果点评
扬声器无声音诊断		
是否准确测量扬声器针脚、线路	是□　否□	
是否通过测量数据准确分析扬声器故障原因	是□　否□	
是否正确排除故障	是□　否□	
音响系统部件更换		
是否完成前门低音扬声器更换	是□　否□	
是否完成高音扬声器更换	是□　否□	
更换完的部件能够正常使用	是□　否□	
整理及恢复		
工具、设备是否整理并放置在指定位置	是□　否□	
是否未出现额外的人为故障	是□　否□	
是否采取了必要的安全措施	是□　否□	
是否充分地进行团队沟通与协作	是□　否□	

任务小结

本任务小结如图 10-13 所示。

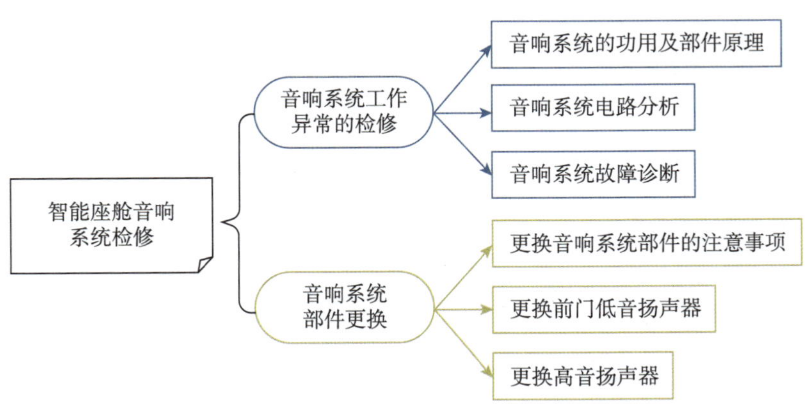

图 10-13　本任务小结

情境三
智能座舱车载网络装调与检修

情境介绍

智能座舱是智能网联汽车的核心模块之一，是直接为用户提供智能化、网联化集成功能的终端的体现，是营造安全、高效、先进驾乘环境的终端体系。

智能座舱车载网络装调与检修是智能网联汽车智能座舱系统装调与检修的重要组成部分，深刻影响着车辆的运行效率和驾乘性能。本情境包括智能座舱总线系统检查、智能座舱无线网络设置与检修、车载定位导航系统检修三个任务。

本情境的主要学习内容有座舱总线的架构、工作原理、作用，座舱总线的特点、区别，总线系统中的检查流程，座舱总线拓扑图的绘制，总线系统的完整性检查，无线网络特点、工作原理、架构，无线网络连接方式，蓝牙传输故障的检修流程，车载定位导航系统基本知识，车载定位导航系统升级方法，车载定位导航系统故障诊断流程，车载定位导航系统部件更换方法等。

情境目标

▸ 能够根据总线系统的工作原理和控制逻辑，选用合适的工具、设备，完成总线系统拓扑分析和完整性检查。

▸ 能够根据无线网络的工作原理和控制逻辑，选用合适的工具、设备，完成无线网络相关功能的测试和检修。

▸ 能够根据车载定位导航系统的工作原理和控制逻辑，完成导航系统数据升级和维护，以及车载导航系统的故障诊断。

任务十一 智能座舱总线系统检查

任务导入

场景：某品牌汽车售后服务中心

人物：维修技师陈师傅、客户张先生

情境：客户张先生拥有一台高配置新能源汽车，某日，张先生在驾驶该车辆时，仪表突然亮起多个故障警告灯，同时多个功能无法使用，张先生立刻靠边停车，并叫来拖车服务，将车辆拖送到售后服务中心，陈师傅接到车辆，进行初步检查后，发现多个关联模块同时出现故障，这种情况与网络问题高度吻合，于是通过诊断设备读取故障信息，发现多个模块报网络故障，接下来将相关网络进行检测。

任务目标

▸能根据所学知识，结合维修手册指引，在车辆上准确找到座舱网络模块、节点、接插件等部件，并绘制网络拓扑图。

▸能根据所学知识，参照维修手册指引，使用合适的工具、设备，进行 CAN 车载网络完整性检查。

任务实施

（一）座舱总线拓扑图的绘制

1. 知识学习

（1）座舱控制器与网络拓扑

汽车娱乐系统的发展已经达到了一个单一显示屏不足以满足的程度，多屏互动车载信息娱乐系统已成为时代的需要。仪表群集被看作是一个集成显示器（仪表盘、中控车机、HUD 等），它帮助驾驶员通过 CAN 车载网络访问关键车辆数据。传统意义上，所有这些显示系统（信息娱乐、抬头显示、仪器集群）都由独立的汽车控制单元（ECU）供电，具有独立设计的 UI/UX（界面 / 用户体验），从各自的来源获取数据，并且很可能由独立的汽车供应商开发。而未来多显示屏信息娱乐系统，则是由一个单一的汽车 ECU（单一硬件）供电，并有一个中央处理单元。这个中央硬件和软件系统作为一个枢纽，在多个显示器上投射输出，包括传统的 HUD、风窗玻璃、仪表集群，甚至可以连接移动电话（远程控制）等。

智能座舱是当前汽车行业开发设计和差异化竞争的焦点，当前智能座舱控制器多为整合了传统组合仪表、人车互动系统、抬头显示系统、驾驶监控系统等若干控制器之后的“一机多屏”的复杂系统。在软件架构上，多操作系统也是其一大特点，而在硬件接口上通常是车载以太网、通信总线以及低压差分信号线路等。

网络拓扑（network topology）结构是指用传输介质互连各种设备的物理布局。如果两个网络的连接结构相同就说它们的网络拓扑相同，尽管它们各自内部的物理接线、节点间距离可能会有不同。拓扑是一种不考虑物体大小、形状的物理属性，而仅仅使用点或者线描述多个物体实际位置与关系的抽象表示方法。拓扑不关心事物的细节，也不在乎相互的比例关系，而只是以图的形式表示一定范围内多个物体之间的相互关系。

网络拓扑结构常用的术语有“节点”“结点”“链路”和“通路”。

1）节点

一个“节点”其实就是一个网络端口。节点又分为“转节点”和“访问节点”两类。“转节点”的作用是支持网络的连接，它通过通信线路转接和传递信息，如交换机、网关、路由器、防火墙设备的各个网络端口等；而“访问节点”是信息交换的源点和目标点，通常是用户计算机上的网卡接口。如一个网络系统，通常所讲的“共有 ×× 个节点”，其实就是在网络中有 ×× 个要配置 IP 地址的网络端口。

2）结点

一个“结点”是指一台网络设备，因为它们通常连接了多个“节点”，所以称为“结点”。在计算机网络中的结点又分为链路结点和路由结点，它们分别对应的是网络中的交换机和路由器。网络结点数量可以用于判断该网络的规模和基本结构。

3）链路

“链路”是两个节点间的线路。链路分物理链路和逻辑链路（或称数据链路）两种，前者是指实际存在的通信线路，由设备网络端口和传输介质连接实现；后者是指在逻辑上起作用的网络通路，由计算机网络体系结构中的数据链路层标准和协议来实现。如果链路层协议没有起作用，数据链路也就无法建立起来。

4）通路

通路从发出信息的节点到接收信息的节点之间的一串节点和链路的组合。也就是说，它是一系列穿越通信网络而建立起来的节点到节点的链路串联。它与“链路”的区别主要在于一条“通路”中可能包括多条“链路”。

（2）汽车总线

汽车总线示意图如图 11-1 所示，传统的电气系统大多采用点对点的单一通信方式，相互之间少有联系，这样必然会形成庞大的布线系统。据统计，一辆采用传统布线方法的汽车中，其导线长度可达 2 000 m，电气节点可达 1 500 个，而且该数字大约每 8 年就将增加 1 倍。这进一步加剧了粗大的线束与汽车上有限的可用空间之间的矛盾。无论在材料成本或是工作效率方面，传统布线方法都不能适应现代汽车的发展。另外，为了满足各电子系统的实时性要求，须对汽车公共数据（如车轮转速、节气门踏板位置等信息）实行共享，而每个控制单元对实时性的要求又各不相同。因此，传统的电气网络已无法适应现代汽车电子系统的发展，于是新型汽车总线技术便应运而生。

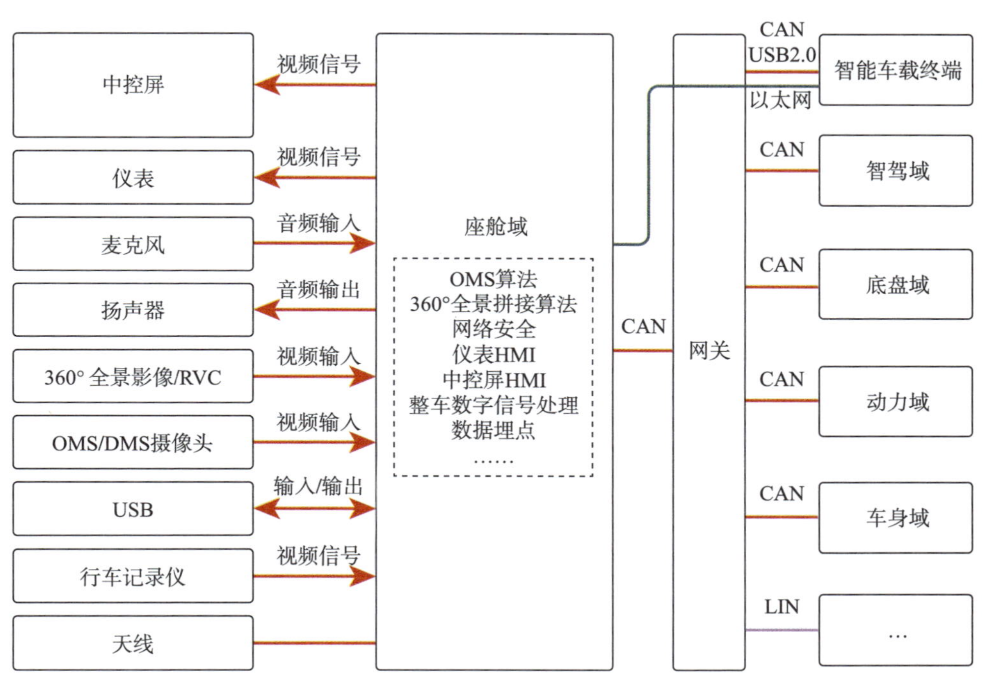

图 11-1　汽车总线示意图

目前，汽车上普遍采用的汽车总线有局部互联协议 LIN 和控制器局域网 CAN，正在发展中的汽车总线技术还有高速容错网络协议 FlexRay、用于汽车多媒体和导航的 MOST，以及与计算机网络兼容的蓝牙、无线局域网等无线网络技术。

1）CAN 总线

CAN 是 Controller Area Network 的缩写（以下称为 CAN），是 ISO 国际标准化的串行通信协议。在汽车产业中，出于对安全性、舒适性、方便性、低功耗、低成本的要求，各种各样的电子控制系统被开发了出来。由于这些系统之间通信所用的数据类型及对可靠性的要求不尽相同，由多条总线构成的情况很多，线束的数量也随之增加。CAN 总线示意图如图 11-2 所示。

目前汽车总线技术以 CAN 总线为主，LIN 总线为辅，CAN 总线具有多主仲裁的特点，但是它在每个时间窗口里只能一个节点赢得控制权发送信息，其他节点在这个时候都要变为接收节点，因此 CAN 总线只能实现半双工通信，最高传输速度为 1 Mbps（40 m）。为了获得更高的传输速度，相关制造商开发了 MOST（多媒体传输系统）、FlexRay 总线用作线控系统的数据传输。

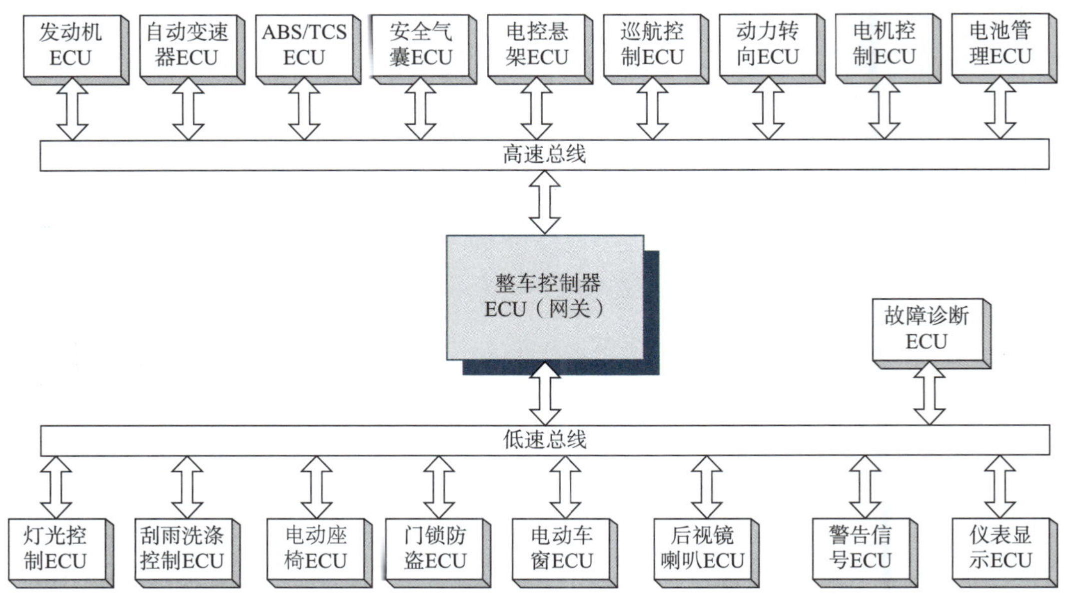

图 11-2　CAN 总线示意图

CAN 的高性能和可靠性已被认同，并被广泛地应用于工业自动化、船舶、医疗设备、工业设备等。现场总线是当今自动化领域技术发展的热点之一，被誉为自动化领域的计算机局域网。它的出现为分布式控制系统实现各节点之间实时、可靠的数据通信提供了强有力的技术支持。

当一个节点要向其他节点发送数据时，该节点的 CPU 将要发送的数据和自己的标识符传送给本节点的 CAN 芯片，并处于准备状态；当它收到总线分配时，转为发送报文状态。CAN 芯片将数据根据协议组织成一定的报文格式发出，这时，网上的其他节点处于接收状态。每个处于接收状态的节点对接收到的报文进行检测，判断这些报文是否为发给自己的，以确定是否接收它。

CAN 总线节点数实际可达 110 个。采用短帧结构，每一帧的有效字节数为 8 个。每帧信息都有 CRC 校验及其他检错措施，数据出错率极低。通信介质可采用双绞线、同轴电缆和光导纤维，一般采用廉价的双绞线即可，无特殊要求。节点在错误严重的情况下，具有自动关闭总线的功能，切断它与总线的联系，以使总线上的其他操作不受影响。

2）车载以太网

随着汽车“新四化”的发展，ECU 数量、运算能力需求都呈现爆发式增长，尤其是 ECU 与 ECU 之间对全双工通信有了强烈需求，车载以太网便成为新的解决方案。

车载以太网使用单对非屏蔽电缆以及更小型紧凑的连接器，使用非屏蔽双绞线时可支持 15 m 的传输距离（对于屏蔽双绞线可支持 40 m），可减少高达 80% 的车内连接成本和高达 30% 的车内布线质量。

车载以太网短期内无法全部取代现有 CAN 网络，其在汽车产业的应用需要一个循序渐进的过程，

大致可分为局部网络阶段、子网络阶段、多子网络阶段 3 个阶段。

局部网络阶段，可单独在某个子系统上应用车载以太网技术，实现子系统功能，如基于 DoIP 协议的 OBD 诊断、使用 IP 协议的摄像头等。子网络阶段，可将某几个子系统进行整合，构建车载以太网子系统，实现各子系统的功能，如基于 AVB 协议的多媒体娱乐及显示系统、ADAS 系统等。

多子网络阶段，将多个子网络进行整合，车载以太网作为车载骨干网，集成动力、底盘、车身、娱乐等整车各个域的功能，形成车载以太网网络架构，实现车载以太网在车载局域网络上的全面应用。

3）FlexRay 总线

FlexRay 总线是由宝马、飞利浦、飞思卡尔和博世等公司共同制定的一种新型通信标准，专为车内联网而设计，采用基于时间触发机制，具有高带宽、容错性能好等特点，在实时性、可靠性和灵活性方面具有一定的优势。它支持总线间的多种消息传递架构。随着 FlexRay 在汽车上的广泛使用以及网络日益统一，这项功能将越发重要。例如，若干家汽车制造商已经实施或提议采用一种网络架构，不管采用何种通信协议，所有通信通过一个网关实现。为了跨越协议边界通信，要求网络支持多个消息传递选项。

FlexRay 总线的数据处理速率为 10 Mbps。支持 FlexRay 节点和有源星形拓扑。提供电源管理功能，提高 ECU 效率。为时间驱动和事件驱动模式集成两个专用的控制输入。支持本地和远程唤醒功能。提供错误检测。符合汽车行业的严格规范要求（例如 ESD 和 EMC 领域，同时涉及上述各个方面）。

4）LIN 总线

LIN（local interconnect network）总线是面向汽车地段分布式应用的低成本的串行通信网络，用于实现汽车中的分布式电子系统控制。LIN 总线的目标是为现有汽车网络（例如 CAN 总线）提供辅助功能，因此 LIN 总线是一种辅助的总线网络。在不需要 CAN 总线的带宽和多功能的场合，如智能传感器和制动装置之间的通信使用 LIN 总线可极大节省成本。

LIN 技术规范中除定义了基本协议和物理层外还定义了开发工具和应用软件接口。LIN 通信是基于 SCI/UART（通用异步收发接口的单总线串行通信）数据格式，采用单主控制器—多从设备的模式。仅使用一根 12 V 信号总线和一个无固定时间基准的节点同步时钟线。

这种主要面向“传感器 / 执行器控制”的低速网络，其最高传输速率可达 20 kbps，主要应用于电动门窗、座椅调节、灯光照明等控制。典型的 LIN 网络的节点数可达 12 个。以电动门窗控制为例，在车门上有门锁、车窗玻璃开关、车窗升降电动机、操作按钮等，只需要 1 个 LIN 网络就可以把它们连为一体。

LIN 总线包含一个宿主节点和一个或多个从属节点。所有节点都包含一个被分解为发送和接收任务的从属通信任务，而宿主节点还包含一个附加的宿主发送任务。在实际应用中，通信总是由宿主节点发起。

除了宿主节点的命名之外，LIN 网络中的节点不使用有关系统设置的任何信息。可以在不要求其他从属节点改变硬件和软件的情况下在 LIN 总线中增加节点。

宿主节点发送一个包含同步中断、同步字节和消息识别码的消息报头。从属任务在收到和过滤识别码后被激活并开始消息响应的传输。响应包含两个、四个或八个数据字节和一个检查和（checksum）字节。报头和响应部分组成一个消息帧。LIN 总线上的所有通信都由主机节点中的主机任务发起，主机任务根据进度表来确定当前的通信内容，发送相应的帧头，并为报文帧分配帧通道。总线上的从属节点接收帧头之后，通过解读标识符来确定自己是否应该对当前通信做出响应、做出何种响应。基于这种报文滤波方式，LIN 总线可实现多种数据传输模式，且一个报文帧可以同时被多个节点接收利用。LIN 总线物理层采用单线连接，两个电控单元间的最大传输距离为 40 m。

5）MOST 总线

MOST（media oriented system transport）面向媒体的系统传输总线，MOST 总线是汽车业合作的成果，而不具备正式的标准。它是一种专门针对车内使用而开发的、服务于多媒体应用的数据总线技术。MOST 表示“多媒体传输系统”。

MOST 总线专门用于满足要求严格的车载环境。这种新的基于光纤的网络能够支持 24.8 Mbps 的数据传输速率，与以前的铜缆相比具有质量轻、抗电磁干扰能力较强的优点。同时，MOST 总线也支持随插随用机制。

6）总线区别（见表 11-1）

表 11-1　总线区别

总线名称	传输速率	应用范围	特点
LIN	20 kbps	大灯、灯光、门锁、电动座椅	线型总线，一个主节点，最多 15 个从节点
CAN-L	125 kbps	电子指示	线型总线、星型总线或两者的结合（如多个星型连接到一条线型总线上）
CAN-H	1 Mpbs	故障检测	线型总线
CAN-F	5 Mpbs	汽车空调	线型总线
FlexRay	10 Mpbs	引擎控制、ABS、悬架控制	线型总线、星型总线或两者的结合（如多个星型连接到一条线型总线上）
MOST	25/50/150 Mpbs	汽车导航系统、车载多媒体	菊花链、环形或虚拟星型，最多 64 台设备连接
Ethernet 以太网	100/1000BASE-T1	车联网	线型、星型、环形或网状

（3）网关

网关（gateway）又称网间连接器、协议转换器。网关在网络层以上实现网络互连，是复杂的网络互联设备，仅用于两个高层协议不同的网络互连。网关既可以用于广域网互连，又可以用于局域网互联。网关是一种充当转换重任的计算机系统或设备。使用在不同的通信协议、数据格式或语言，甚至体系结构完全不同的两种系统之间，可以将网关理解为一个翻译器。

所有网络都有一个边界，该边界限制了直接与其相连设备之间的通信。因此，如果网络要与该边界之外的设备、节点或网络进行通信，则它们需要网关的功能。网关通常被表征为路由器和调制解调器的组合。

网关是协议转换器，可以促进两个协议之间的兼容性，并且可以在开放系统互连（OSI）模型的任何层上运行。

（4）域控制器

智能座舱发展经历了整体基础—细分产品—融合方案的格局变化。先是整体电子器架构和操作系统出现，随后各细分产品逐渐装载到车上，如今的趋势是各产品的协同整合。

芯片的运算能力呈指数级提升，可以满足一些域控制器的基本硬件条件，甚至可以满足自动驾驶的算力要求，各大芯片厂商都推出了算力匹配的主控芯片。

从分布式到集中式，域控制以及未来计算平台将成为智能驾驶最大的增量。过去汽车的控制器主要以分布式为主，每个控制器针对一个功能。随着汽车智能化等级的提升，原本的多个控制器将集成为域控制器。

车内电子架构将来会划分为自动驾驶域、智能座舱控制域、车身控制域、底盘控制域、动力总成域5个域。而其中自动驾驶域、智能座舱控制域会成为汽车未来核心，也是未来车企差异化竞争，实现软硬件分离从而实现软件盈利的关键核心点。

域控制器阶段是以以太网为骨干网，面向服务的架构，按功能划分的集中化可以加速软硬件分离，节约整机的成本，具体的优点如下。

1）硬件架构升级

减少内部算力冗余，避免ECU数量膨胀，减少设计算力总需求；传统分布式架构难以实现实时交互，集中式架构可以统一交互，并实现整车功能协同；采用集中式架构后，线束缩短，整车质量减轻。

2）软件架构升级

分布式架构软硬一体，整车企业并没有权限去维护和更新ECU，因此无法通过后续OTA更新解决问题。采用集中式架构后，可以通过系统升级（OTA）持续地改进车辆功能，软件一定程度上实现了传统4S店的功能，可以持续地提供车辆交付后的运营和服务；整体形成感知层后，采集的数据信息可共用。软硬解耦后，可实现多个应用共用一套硬件装置，有效减少硬件数量。

3）通信架构升级

采用高速以太网取代CAN总线实现架构升级，便于车辆增配更多ADAS功能。升级后的通信架构具有高实时性和高带宽的特点：高实时性体现在网络的确定性传输延迟仅为数十微秒，节点时间同步精度可缩短至亚微秒级；高带宽体现在网络传输速度可大幅提高两个数量级，满足大量非结构化数据，例如视频、图片等文件的传输。

（5）拓扑图的绘制

1）拓扑图介绍

网络拓扑结构，是指用传输媒体互连各种设备的物理布局，就是用什么方式把网络中的计算机等设备连接起来；它的结构主要有星型结构、环形结构、总线结构、分布式结构、树形结构、网状结构、蜂窝状结构等。

网络拓扑图，则是指将这种网络连接结构呈现出来的图形。在汽车服务技术领域，技术工人接触到的拓扑图，如图 11–3 所示。

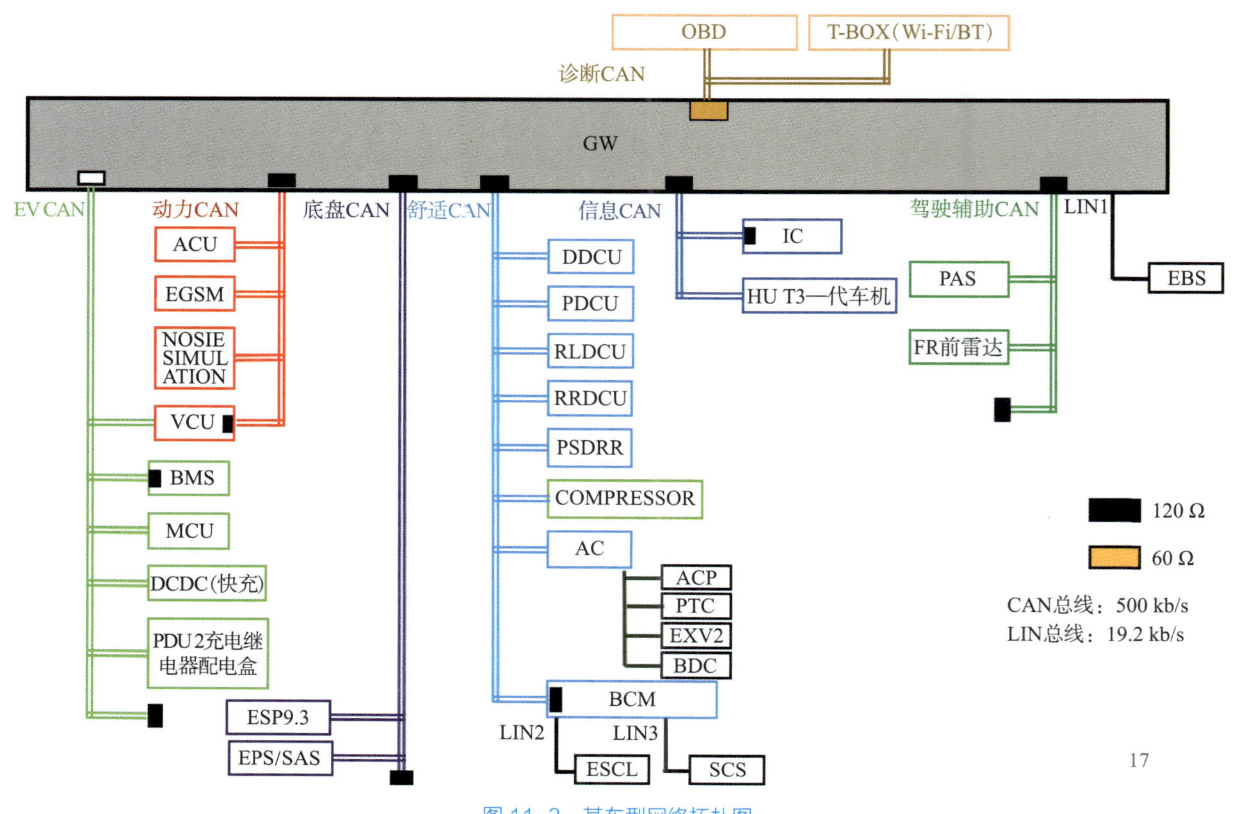

图 11–3　某车型网络拓扑图

图 11–3 中的主要模块缩写释义，见表 11–2。

表 11–2　各部件名称表

英文缩写	中文名称	英文缩写	中文名称	英文缩写	中文名称
OBD	车载自诊断系统	T-BOX（wi-fi/BT）	车载互联终端	GW	网关
ACU	气囊	EGSM	电子换挡杆	NOSIE SIMUL ATION	行人警示器
VCU	整车控制单元	BMS	电池管理模块	MCU	电驱动管理模块
DCDC（快充）	直流—直流逆变器（快充）	PDU	高压配电盒	ESP	车身稳定系统
EPS/SAS	电子转向系统 / 转向角度传感器	DDCU	左前门模块	PDCU	右前门模块
RLDCU	左后门模块	RRDCU	右后门模块	PSDRR	右电动滑门
COMPRESSOR	空调压缩机	AC	空调	BCM	车身控制单元
IC	仪表	HU T3 一代车机	多媒体主机（T3 处理器第一代车机）	PAS	泊车控制器

续表

英文缩写	中文名称	英文缩写	中文名称	英文缩写	中文名称
FR 前雷达	前雷达	ACP	空调控制板	PTC	空调加热器
EXV2	空调电子膨胀阀	BDC	空调压缩机	ESCL	电子转向柱锁
SCS	车辆稳定控制系统	EBS	电子制动系统		

在识读网络拓扑图时，应首先牢记车身电气各部件的缩写，只有这样才能快速读懂相关拓扑图。

2）网络拓扑图的绘制

网络拓扑图的绘制，应遵循以下基本规则。

网络拓扑图中不能出现循环路线，否则将使组成回路的工序永远不能结束；进入一个节点的箭线可以有多条，但相邻两个结点之间只能有一条箭线；在网络拓扑图中，除网络结点、终点外，其他各结点的前后都由箭线连接，即图中不能有缺口，使自网络始点起经由任何箭线都可以到达网络终点。

如图 11–4 至图 11–6 所示，为某车型网络拓扑图（安全 CAN、车身 CAN1、混动控制 CAN）。

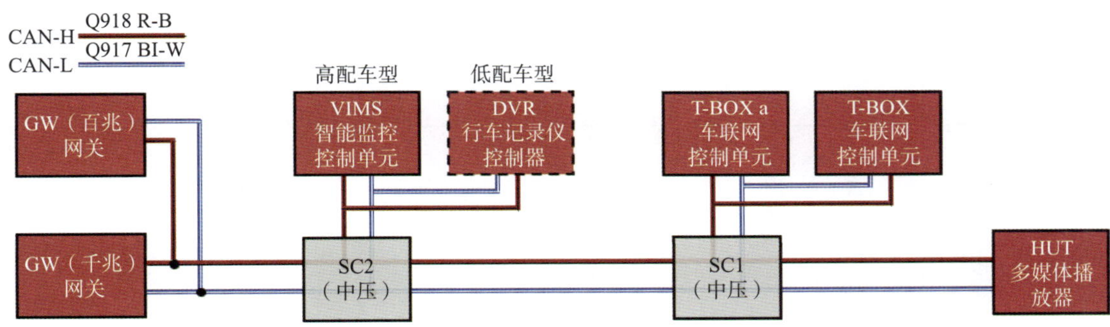

图 11–4 某车型 SC–CAN（安全 CAN）网络拓扑图

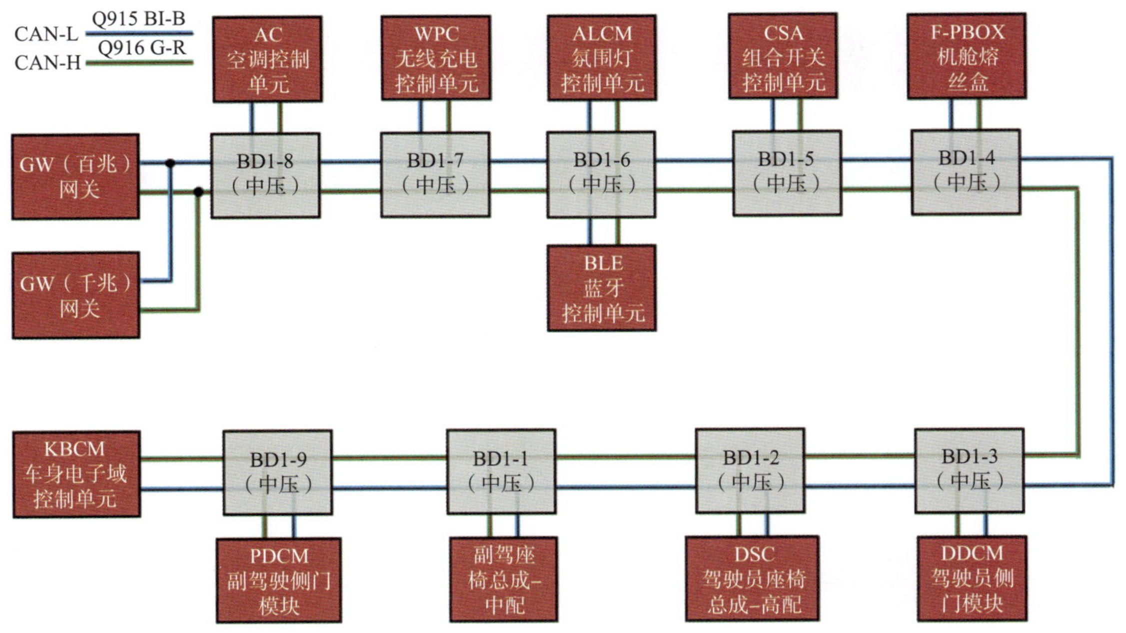

图 11–5 某车型 BD1–CAN（车身 CAN1）网络拓扑图

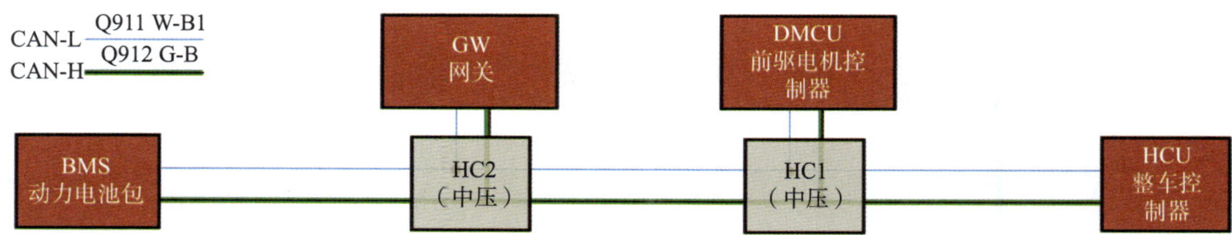

图 11-6　某车型 HC-CAN（混动控制 CAN）网络拓扑图

2. 技能操作

（1）操作准备

准备技能操作所需的物料，见表 11-3。

表 11-3　物料准备

类别	所需物料
教学车辆	智能座舱系统、实训车辆
设备、仪器、工具、资料	维修手册、电路图、绘图工具

（2）网络拓扑图绘制

请将实训车辆的座舱系统拓扑图绘制在图 11-7 中。

图 11-7　绘制网络拓扑图

（二）总线系统的工况检查

1. 知识学习

（1）CAN 总线工作原理与内部构造

CAN 总线定义四种帧类型，分别为数据帧、远程帧、错误帧和过载帧。各帧的用途如下。

1）数据帧

数据帧是用于发送单元向接收单元传送数据的帧，在总线上传输用户数据，其最高有效载荷是 8 Byte。除了有效载荷外，数据帧还包括必要的帧头、帧尾部分，以执行 CAN 标准通信，如消息标识符（identifier）、数据长度代码、校验信息等。

2）远程帧

远程帧是用于接收单元向具有相同标识符的发送单元请求数据的帧，用于向总线上其他节点请求数据，其帧结构与数据帧相似，只不过没有有效载荷部分。

3）错误帧

错误帧用于当检测出错误时向其他单元通知错误的帧，表示通信出错。

错误标志：6~12 个显性 / 隐性重叠位。主动错误标志（6 个显性位）：处于主动错误状态的单元检测出错误时输出的错误标志；被动错误标志（6 个隐性位）：处于被动错误状态的单元检测出错误时输出的错误标志。错误界定符：8 个隐性位。

4）过载帧

过载帧用于接收单元通知发送单元它尚未完成接收准备的帧。在两种情况下，节点会发送过载帧：接收单元条件的制约，要求发送节点延缓下一个数据帧或远程帧的传输。

帧间空间（intermission）的 3 bit 内检测到显性位。每个节点最多连续发送两条过载帧。过载帧由过载标志和过载界定符（8 个隐性位）构成。

（2）LIN 总线工作原理与内部构造

LIN（local interconnect network）总线是基于 UART/SCI（通用异步收发器 / 串行接口）的低成本串行通信协议。其目标定位于车身网络模块节点间的低端通信，主要用于智能传感器和执行器的串行通信，而这正是 CAN 总线的带宽和功能所不要求的部分。

如图 11–8 所示，LIN 报文帧包括帧头（hearder）与应答（response）两部分。主机负责发送至帧头；从机负责接收帧头并做出解析，然后决定是发送应答，还是接收应答或不回复。

如图 11–9 所示，帧头结构包括同步间隔段、同步段、受保护 ID 段，应答部分包括数据段与校验和段。其中值“0”为显性电平，“1”为隐性电平，这点与 CAN 总线类似。在总线上实行“线—与”：当总线有至少一个节点发送显性电平时，总线呈现显性电平；所有节点均发送隐性电平或者不发送信息时，总线呈隐性电平，即显性电平起着主导作用。

情境三

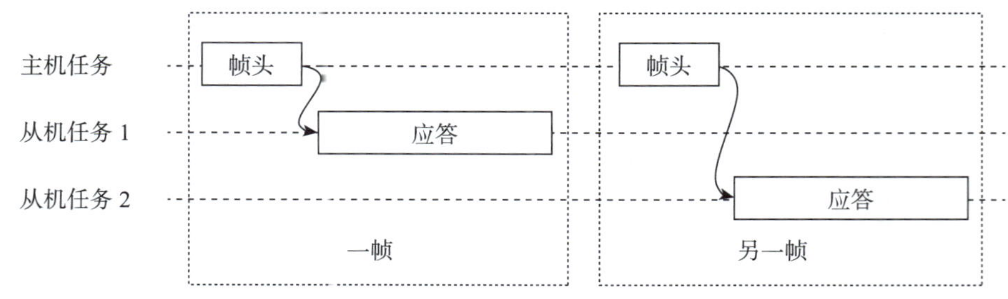

图 11-8 LIN 报文帧应答逻辑

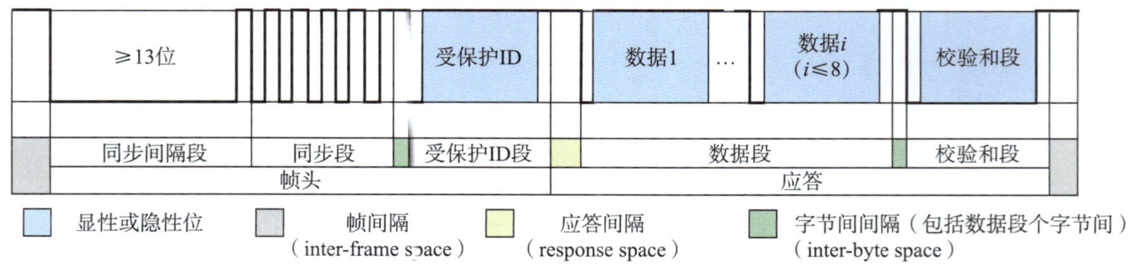

图 11-9 LIN 报文帧结构

（3）CAN 总线修理

焊接总线后用聚氯乙烯带包裹被修理的零件，安装时，确保这两根总线互相缠绕在一起。如果总线未相互缠绕，CAN 总线容易受到噪声干扰。CAN-L 总线和 CAN-H 总线之间的长度差异应在 100 mm 以内。不要在连接器之间使用旁路导线，如果使用旁路导线将无法发挥所绕线束的保护作用。在用测试仪检查电阻时，将测试仪探头从连接器的后侧插入。如果无法从连接器的后面检查导通性，使用维修导线检查连接器，CAN 总线发生断路故障时，导线连接部位长度不能超过 50 mm（1.97 in）。如果断路部位有两处以上时，两处断路点必须满足距离 >100 mm（3.94 in）以上时才允许修理，否则更换 CAN 总线导线，如图 11-10 所示。

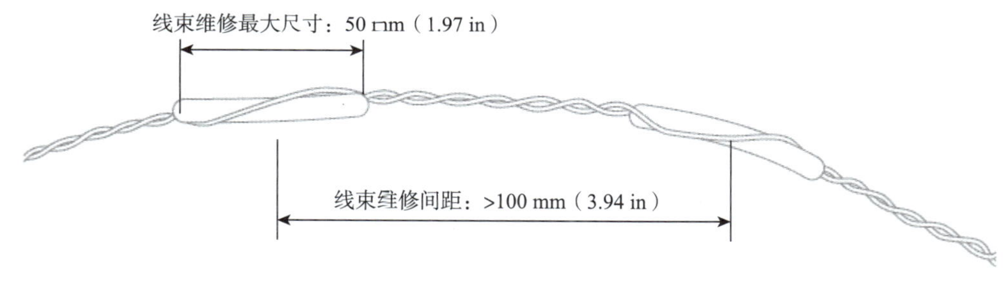

图 11-10 CAN 总线示意图

（4）CAN 总线网络完整性检查

CAN 总线的通信介质是双绞线，双绞线终端为 2 只 120 Ω 的电阻，高速 CAN 总线是差分总线。高速 CAN 总线串行数据总线（H）和高速 CAN 总线串行数据总线（L）从静止或闲置电平驱动到相反的极限。大约为 2.5 V 的闲置电平被认为是隐性传输数据并解释为逻辑 1。将线路驱动至极限时，高速 CAN 总线串行数据总线（H）将升高 1 V 而高速 CAN 总线串行数据总线（L）将降低 1 V。极限电压差 2 V 被认为是显性传输数据并解释为逻辑 0，如图 11-11 所示。

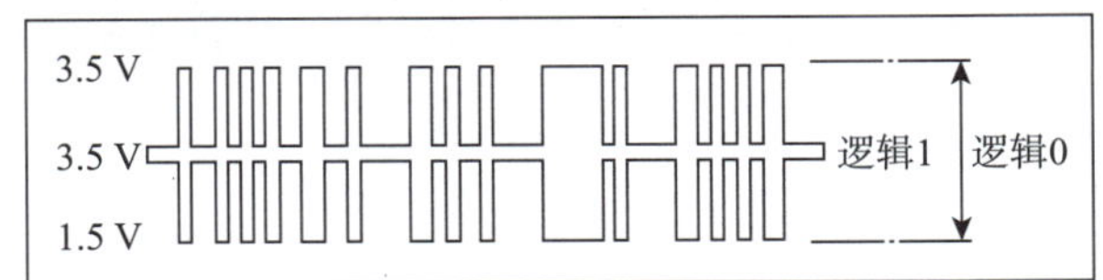

图 11-11　CAN 信号电压

发送 CAN 信号时，电流从控制器的发送端流到 CAN-H 线，经过终端电阻流入 CAN-L 线，再返回控制器的接收端。如果通信信号丢失，程序将针对各控制模块设置失去通信故障诊断码。该故障诊断码可被故障诊断仪读取。

在维修前，还应熟悉诊断接口端子定义，以某车型为例，其诊断接口线束连接器如图 11-12 所示，图中针脚序号对应的端子定义见表 11-4。

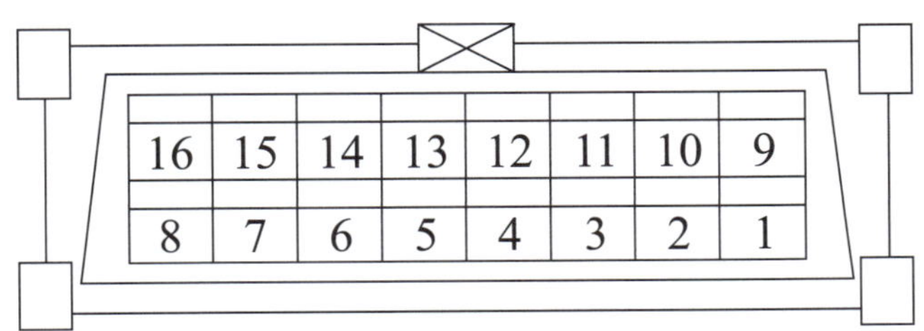

图 11-12　诊断接口线束连接器（端口面）

表 11-4　诊断接口线束连接器端子定义

端子号	端子定义	线径、颜色	端子状态	状态
1	至电机控制器	L/B	总线	—
2	至电机控制器	Gr/R	总线	—
3	PCAN-L	0.5L/R	动力总线一低	—
4	GND	0.5B	接地	负极
5	GND	0.5B	接地	负极
6	BCAN-H	0.5L/W	车身总线一高	—
7	K-LIN	0.5Gr/P	诊断 k 线	—
8	空脚	—	—	—
9	BMS	L	总线	—
10	BMS	G	总线	—
11	PCAN-H	0.5Gr/O	动力总线一高	—
12	空脚	—	—	—
13	LIN	0.5G	车窗防夹模块诊断	—

续表

端子号	端子定义	线径、颜色	端子状态	状态
14	BCAN-L	0.5Gr	车身总线一低	—
15	空脚			—
16	B+	0.5R	电源	12 V

CAN 总线的各种故障类型中，最常见的故障是断路故障，当对 CAN 总线的断路故障产生怀疑时，可以进行总线完整性检测，检测方法如下。

操作启动开关至状态电源模式 OFF 挡，使用万用表测量故障诊断接口 6 号端口和 14 号端口之间的电阻，如图 11-13 所示。

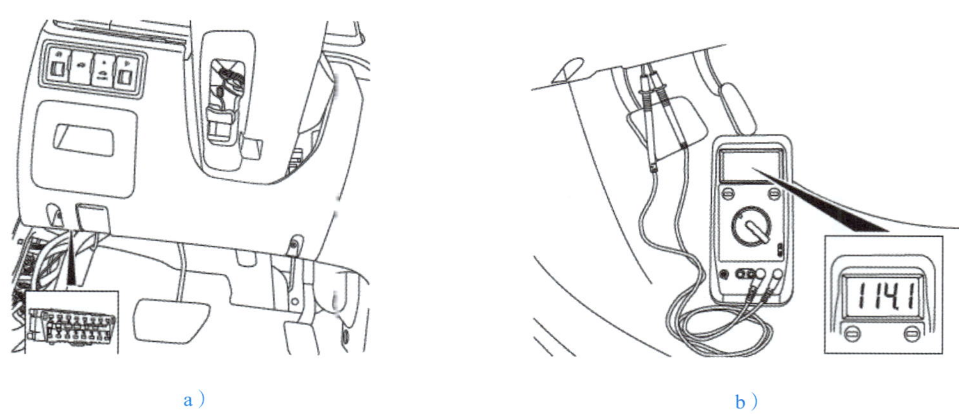

a）　　b）

图 11-13　诊断接口处的电阻检测

a）故障诊断接口　b）检查故障诊断接口的 CAN 总线电阻

如果万用表显示阻值为 110~125 Ω 或不导通时表明 CAN 总线是不完整的。

依次检查车身系统各模块和网关的 CAN 线束连接器电阻，确认 CAN 总线的连接正常，如有断路或连接不良应进行修理，如图 11-14 所示。

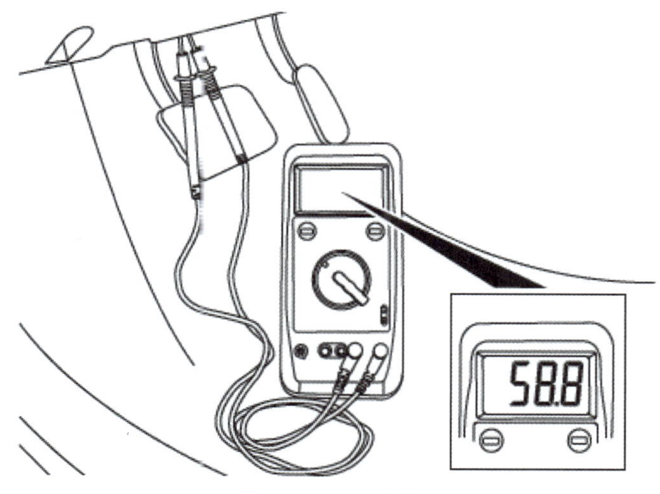

图 11-14　正确读数

如果万用表显示电阻值为 55~63 Ω，说明从 CAN 总线之间的线路连接是正常的。

2. 技能操作

（1）操作准备

准备技能操作所需的物料，见表 11-5。

表 11-5　物料准备

类别	所需物料
教学车辆	智能座舱系统、实训车辆
设备、仪器、工具、资料	维修手册、电路图、车内三件套、安全手套、工具套装、抹布

（2）CAN 总线网络完整性检查

随实训车辆进行 CAN 网络完整性检查，并将相关内容填写在表 11-6 中。

表 11-6　CAN 总线网络完整性检查记录表

序号	步骤	工具设备	关键点 / 注意事项
1			
2			
3			
4			
5			
6			
7			
8			

检查评估

对本任务的学习情况进行检查，并将相关内容填写在表 11-7 中。

表 11-7　检查表

检查项目	检查结果	结果点评
网络拓扑图绘制		
是否准确识别网络拓扑图	是□　否□	
是否能明确区分网络拓扑图的范围	是□　否□	
是否正确绘制网络拓扑图	是□　否□	

续表

检查项目	检查结果	结果点评
网络总线检查		
是否准确找到诊断接口的相应针脚	是□　否□	
是否正确使用测量设备	是□　否□	
检查结果是否准确	是□　否□	
整理及恢复		
工具、设备是否整理并放置在指定位置	是□　否□	
是否未出现额外的人为故障	是□　否□	
是否采取了必要的安全措施	是□　否□	
是否充分地进行团队沟通与协作	是□　否□	

任务小结

本任务小结如图 11–15 所示。

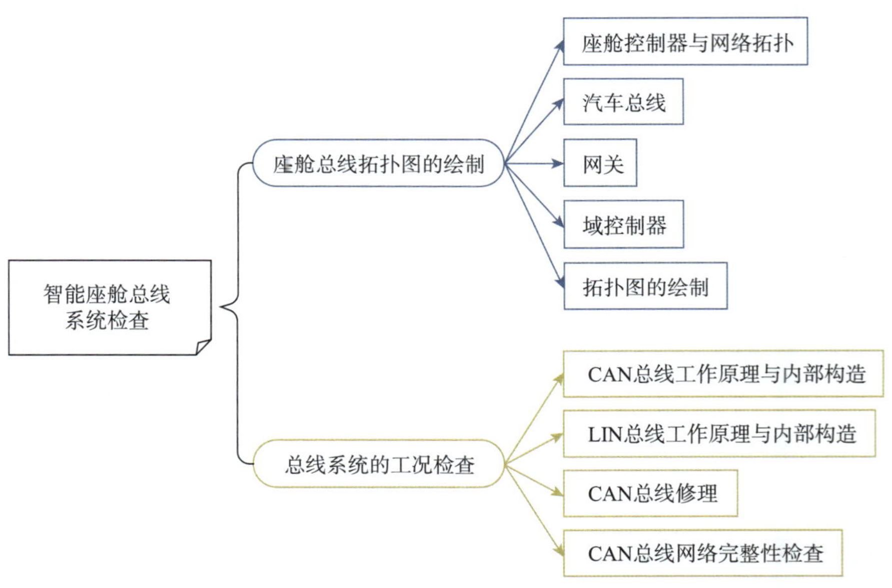

图 11–15　本任务小结

任务十二 智能座舱无线网络设置与检修

任务导入

场景： 某品牌汽车售后服务中心

人物： 维修技师陈师傅、客户张先生

情境： 客户张先生拥有一台高配置新能源汽车，该车辆配备车载定位导航系统，最近，张先生在驾驶车辆开启导航时，发现无法准确显示定位，表现为车辆移动时导航系统没有相应的位移显示。张先生驱车来到售后服务中心，陈师傅对车辆路试检查时发现问题确实存在，使用一台试驾车按照同样的路线和导航设置驾驶，则此现象并未出现，排除了信号干扰的可能，陈师傅欲对车载定位导航系统进行检修，请问该如何做？

任务目标

- 能够根据所学知识，结合技术资料指引，正确进行 Wi-Fi、蓝牙等网络设备的调试、检查。
- 能够根据所学知识，结合诊断程序指引，规范完成车载蓝牙功能的检查和诊断。
- 掌握结合维修手册，使用合适的工具，正确进行智能钥匙蓝牙天线的更换。

任务实施

（一）无线网络联通测试

1. 知识学习

（1）车联网技术

如图 12-1 所示，车联网技术是指车辆上的车载设备通过无线通信技术，对信息网络平台中的所有车辆动态信息进行有效利用，在车辆运行中提供不同的功能服务。车联网能够为车与车之间的间距提供保障，降低车辆发生碰撞事故的概率 车联网可以实时导航，并通过与其他车辆、网络系统的通信，提高交通运行的效率。

图 12–1 车联网

车联网有以下几种形式。

1）车与平台间的通信是指车辆通过卫星无线通信或移动蜂窝等无线通信技术实现与车联网服务平台的信息传输，接受平台下达的控制指令，实时共享车辆数据。

2）车与车间的通信是指车辆与车辆之间实现信息交流与共享，包括车辆位置、行驶速度等车辆状态信息，可用于判断道路车流状况。

3）车与路间的通信是指借助地面道路固定通信设施实现车辆与道路之间的信息交流，用于监测道路交通状况，引导车辆选择最佳行驶路径。

4）车与人间的通信是指用户可以通过 Wi–Fi、蓝牙、蜂窝等无线通信手段与车辆进行信息沟通，使用户能通过对应的移动终端设备监测并控制车辆。

5）车内设备间的通信是指车辆为部各设备之间的信息数据传输，用于对设备状态的实时检测与运行控制，建立数字化的车内控制系统。

图 12–2 所示为车载无感连接过程。

从移动设备来说，手机有较新的计算硬件平台能力、较新的软件平台、较新的高速移动数据网络连接能力，有各种用户习惯的应用和服务。

（2）蓝牙技术

蓝牙技术在汽车领域中的广泛应用源于其自身的高端技术，尤其应用在蓝牙免提通信、蓝牙后视镜、车载蓝牙娱乐系统、车载蓝牙自诊断技术、汽车蓝牙防盗系统等五个方面。

1）蓝牙免提通信

如今许多汽车上都装有车载电话，主要是运用了蓝牙的无线通信技术功能。车载电话可自动识别使用者的手机卡，对其中的具体信息做出详细分类，如用户的通讯录、电话的归属、手机自身的号码，同时可以自动连接车载网络。这些功能都能使得用户的手机与车载电话通信以无线通信的方式连接起来。

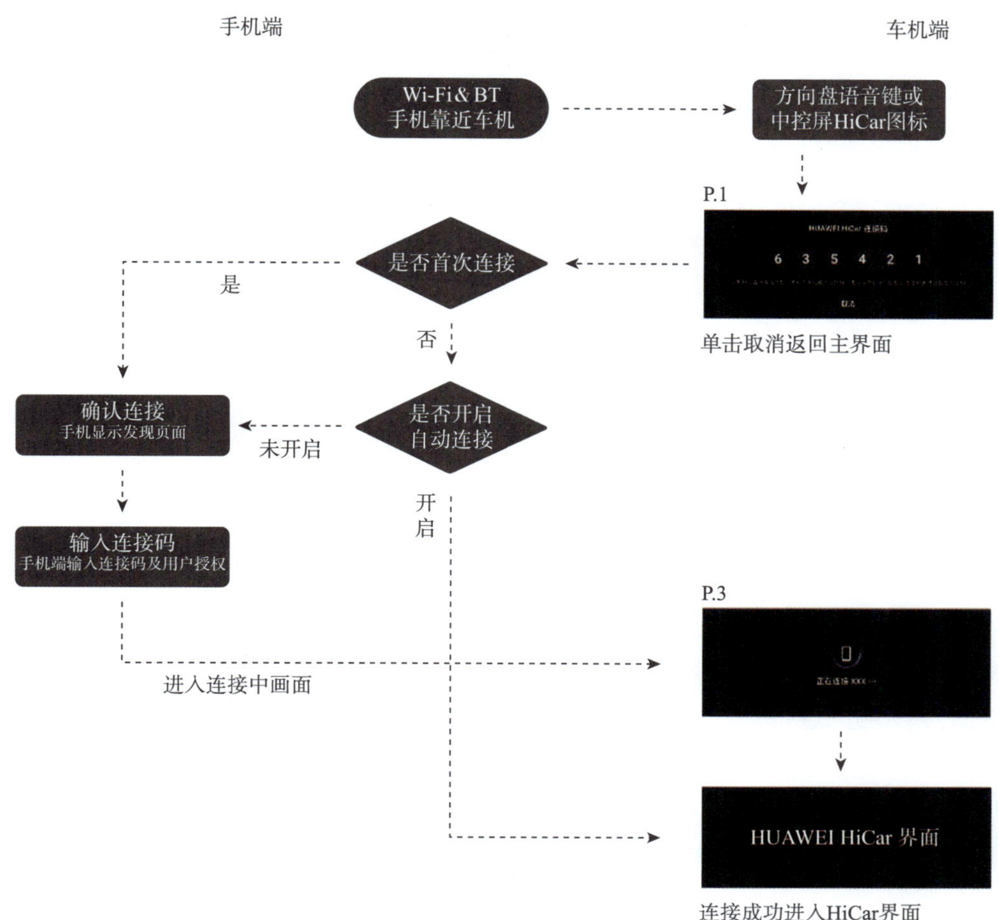

图 12-2　车载无感连接过程

2）蓝牙后视镜

汽车的蓝牙后视镜是类似于一种新型的车载手机显示器。它将汽车的后视镜与手机通过无线蓝牙功能连接在一起，这使得其成为一种前沿的车载通信设备。后视镜可以显示接听电话时的来电号码，并自动生成免提功能。后视镜有着一个内置电池，通过汽车为其供电。

3）车载蓝牙娱乐系统

人们对于汽车性能的需求越来越高，希望能够在驾驶过程中有多方面的体验。在汽车驾驶过程中，蓝牙娱乐系统能够通过与用户手机的无线蓝牙连接，将手机中的音频、视频等在车载主机中播放和显示出来。

4）车载蓝牙自诊断技术

由于长期驾驶会使得汽车出现一定的故障，而部分隐蔽的故障无法及时发现，将会给用户带来极大的安全隐患。车载上的蓝牙自诊断技术能够通过无线蓝牙的传输发送到用户的手机中，使用户能够直观了解汽车的性能和可能出现故障的原因。通过一种新型的数据表达，自动为汽车进行初步的评估，保证行车驾驶的安全系数。同时，蓝牙自诊断技术的检测数据还可以通过用户的手机发送给专业的汽车维修公司，由专门的维修技术人员进行全方面评估，杜绝可能存在的安全隐患。

5）汽车蓝牙防盗系统

如何在停车时既能有效地防盗同时增加使用防盗系统的便捷性成为当下汽车领域的焦点。如今使用的蓝牙防盗系统主要是将手机与车载的蓝牙进行一种无线连接，然后使用专门的软件来对车门进行上锁和解锁。当车载蓝牙能够连接到之前匹配的手机蓝牙时，车辆才可以正常启动。而一旦手机蓝牙超出车载蓝牙的连接范围，汽车的发动机则无法启动。针对车门和发动机的防盗，采用了两种蓝牙防盗系统，而这两种系统可以使用两种不同的认证密码，增加车辆的安全系数。

（3）Wi-Fi 技术

1999 年，几家公司联合起来组成了一个全球性非营利性协会——无线以太网兼容性联盟（WECA，Wireless Ethernet Compatibility Alliance），其目标是使用一种新的无线网络技术，无论品牌如何，都能带来最佳的用户体验。2000 年，该小组采用术语“Wi-Fi”作为其技术工作的专有名称。

无线通信是通过电磁波来传输数字信号的一种方式，常用电磁波的频率、波长、用途见表 12-1。

表 12-1　常用电磁波的频率、波长、用途

分类	频率	波长	用途
极低频（ELF）	3~30 Hz	10 000~100 000 km（极长波）	潜艇通信或直接转换成声音
超低频（SLF）	30~300 Hz	1 000~10 000 km（超长波）	直接转换成声音或交流输电系统
特低频（ULF）	300 Hz~3 kHz	100~1 000 km（特长波）	矿场通信或直接转换成声音
甚低频（VLF）	3~30 kHz	10~100 km（甚长波）	直接转换成声音、超声、地球物理学研究
低频（LF）	30~300 kHz	1~10 km（长波）	国际广播
中频（MF）	300 kHz~3 MHz	100 m~1 km（中波）	调幅广播、海事及航空通信
高频（HF）	3~30 MHz	10~100 m（短波）	短波、民用电台
甚高频（VHF）	30~300 MHz	1~10 m（米波）	调频广播、电视广播、航空通信
特高频（UHF）	300 MHz~3 GHz	10 cm~1 m（分米波）	电视广播、无线电通信、无线网络、微波炉
超高频（SHF）	3~30 GHz	1~10 cm（厘米波）	无线网络、雷达、人造卫星接收
极高频（EHF）	30~300 GHz	1~10 mm（毫米波）	射电天文学遥感、人体扫描安检仪

1）2.4G 频段 Wi-Fi

2.4 GHz 工作在 UHF 频段，属于分米波，蓝牙设备、微波炉、物联网设备、业余无线电等都在使用此频段，所以日常生活中，2.4 GHz 的 Wi-Fi 干扰非常严重。

无线信号在传输过程中，会被不同的材质吸收，导致信号的衰减，这是无线衰减的主要形式。一般

来说，材质的密度越高，含有的金属越多，对无线信号的吸收越强烈。会造成无线信号损耗的还包括反射、散射、折射、衍射等。

2）5G 频段 Wi-Fi

与路由器的距离相同时，5G 信号相对 2.4G 信号较弱，这是由电磁波的物理特性决定的，波长越长衰减越少，也更容易绕过障碍物继续传播。5G 信号频率高、波长短，而 2.4G 信号频率低、波长长，所以 5G 信号穿过障碍物时的衰减更大，穿越障碍物能力比 2.4G 信号弱，见表 12-2。

表 12-2　2.4G 与 5G 的比较

频段	2.4G	5G
优点	2.4G 信号频率低，在空气或障碍物中传播时衰减较小，传播距离更远	5G 信号频宽较宽，无线环境比较干净，干扰少，网速稳定，且 5G 可以支持更高的无线速率
缺点	2.4G 信号频宽较窄，家电、无线设备大多使用 2.4G 频段，无线环境更加拥挤，所受干扰较大	5G 信号频率较高，在空气或障碍物中传播时衰减较大，覆盖距离一般比 2.4G 信号小

3）车载 Wi-Fi

车载 Wi-Fi 是面向客车终端、公共交通工具等推出的特种上网设备，Wi-Fi 终端通过无线接入互联网获取信息、娱乐或移动办公的业务模式。目前支持车联网功能的汽车均配有 Wi-Fi 连接功能，无 Wi-Fi 连接功能的车型也可通过使用第三方硬件搭建车载 Wi-Fi 网络。

车载 Wi-Fi 连接步骤，如图 12-3 所示。

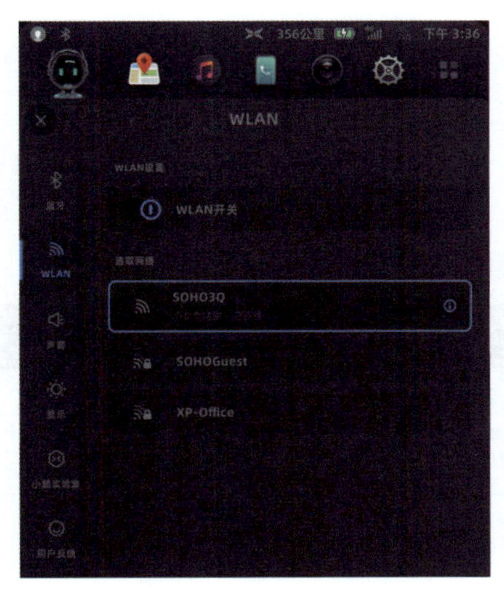

a）

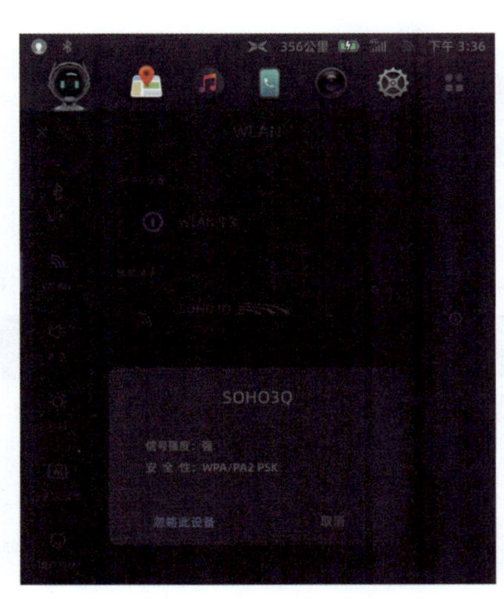

b）

图 12-3　Wi-Fi 连接流程

a）开启 Wi-Fi 开关，系统会自动搜索附近的 Wi-Fi 热点　b）单击搜索到的 Wi-Fi，输入密码，完成 Wi-Fi 的连接

（4）车载蓝牙连接流程

如图 12-4 所示，手机蓝牙和车载蓝牙都呈开启状态，且处于可检测状态。在手机蓝牙界面，单击“搜索设备”手机可以搜索车载蓝牙。

情境三

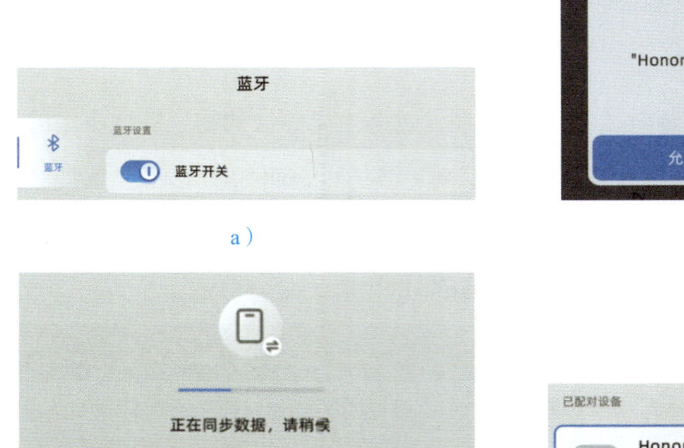

a） b）

c） d）

图 12-4　车载蓝牙连接

a）打开蓝牙　b）蓝牙匹配　c）数据同步　d）连接完成

选择手机中显示的车载蓝牙，单击车载蓝牙名称按钮－蓝牙设置－配对。

如果配对码输入正确，以后可以在车载蓝牙上显示“已连接”。此时尝试使用车载蓝牙拨打电话，若成功通话，可以听到呼叫声。

在车载蓝牙设置界面选择“自动连接”功能。之后如果手机和车载蓝牙均开启，在 10 m 以内的距离，就会实现自动连接。

2. 技能操作

（1）操作准备

准备技能操作所需的物料，见表 12-3。

表 12-3　物料准备

类别	所需物料
教学车辆	智能座舱系统、实训车辆
设备、仪器、工具、资料	维修手册、车主手册、车内三件套、抹布

（2）无线网络连接

对车辆蓝牙连接功能进行测试，并将相关内容填入表 12-4 中。

表 12-4　蓝牙连接测试记录表

序号	步骤	工具设备	关键点 / 注意事项
1			
2			

续表

序号	步骤	工具设备	关键点 / 注意事项
3			
4			
5			

（二）蓝牙传输系统的检修

1. 知识学习

（1）智能座舱蓝牙钥匙系统工作环境

目前，绝大多数具有智能座舱的汽车都配备了蓝牙钥匙功能，蓝牙钥匙功能分为智能蓝牙钥匙、手机蓝牙钥匙两种。

如图 12–5 所示，以某一车型为例，当蓝牙钥匙距离前排车门把手小于 3.5 m，迎宾灯点亮；距离前排车门把手小于 1.5 m，车辆自动解锁；当距离前排车门把手大于 2.5 m 时，车辆主动闭锁。

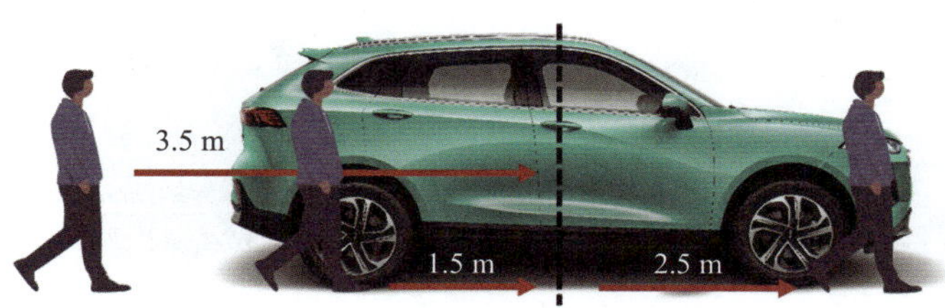

图 12–5　蓝牙钥匙使用范围

蓝牙钥匙设置界面如图 12–6 所示，通过“车辆设置” – “车身” – “门锁”菜单，可将主动进入和主动退出设置为开启状态。

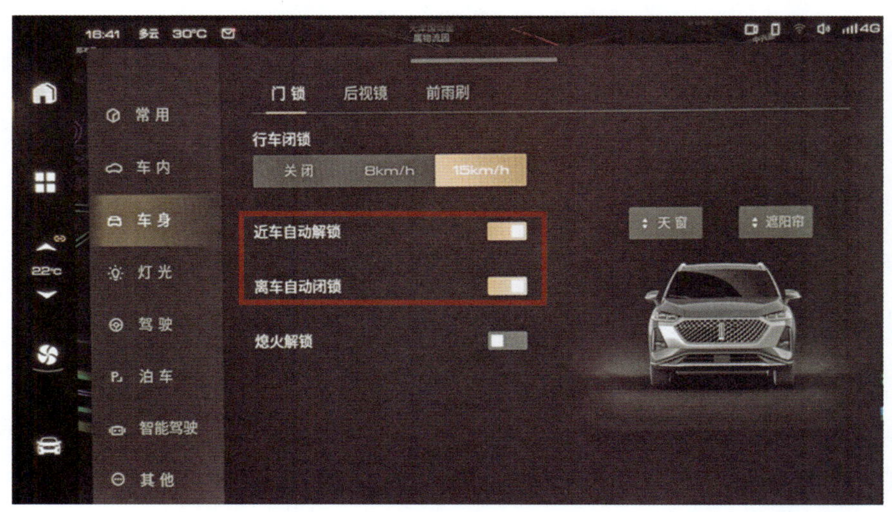

图 12–6　蓝牙钥匙设置界面

情境三

蓝牙工作环境：手机 App 处于运行状态，手机蓝牙开启，且手机与车辆已建立蓝牙连接。

蓝牙 App 遥控工作环境：手机 App 遥控功能（寻车功能、解锁 / 闭锁功能、车窗 / 天窗关闭功能、后背门开 / 关功能）；在空旷条件下，在距离车辆 30 m 内蓝牙 App 遥控功能可正常工作。

蓝牙无钥匙进入工作环境：触摸驾驶员侧（或副驾驶侧）门把手内侧解锁区域，KBCM（无钥匙进入启动控制器）检测到蓝牙钥匙处于有效范围内则控制车辆解锁；KBCM 检测到蓝牙钥匙处于后背门开启范围内，只要按下后备箱开关，就可以开启后备箱门。

蓝牙一键启动工作环境：车内有合法蓝牙钥匙，车速小于 5 km/h。某车型手机蓝牙钥匙设置界面，如图 12-7 所示。

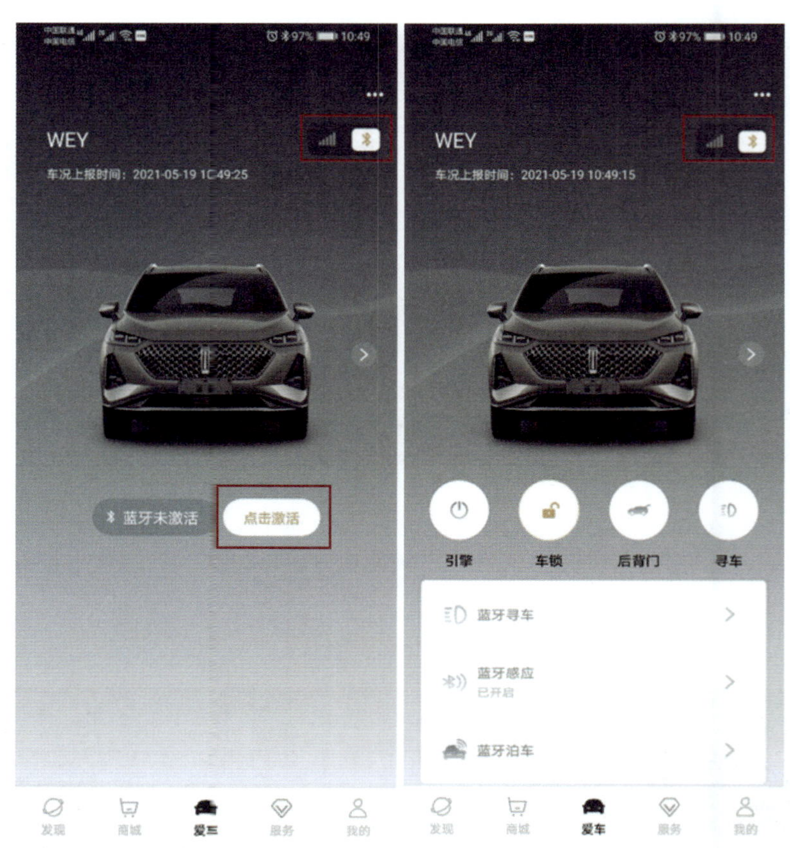

图 12-7　手机蓝牙钥匙设置界面

图 12-8 所示为某车型蓝牙模块和相应传感器、控制器的安装位置图。

（2）基于蓝牙传输的车辆进入系统工作原理

1）有专用蓝牙控制器的智能钥匙通信

在这种蓝牙系统的电路中，蓝牙控制器是该电路的核心模块，蓝牙控制器由一根 7.5 A 的熔丝供电，并由一根 0.5 mm^2 的接地线搭铁，蓝牙系统挂载了 5 个信号天线，分别是左 B 柱天线、右 B 柱天线、后排座椅天线、右外后视镜天线、左外后视镜天线。所有天线都是通过 LIN 总线传递数据，LIN 总线的主模块也是蓝牙控制器本身。蓝牙控制器会给每个天线分别供电，每个蓝牙天线都有自己单独的接地线搭铁，如图 12-9 所示。

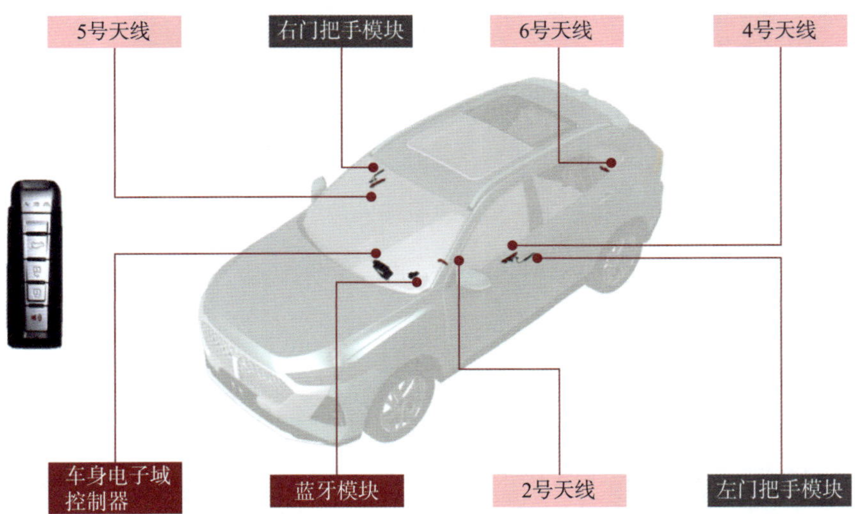

图 12-8　蓝牙模块和相应传感器、控制器的安装位置图

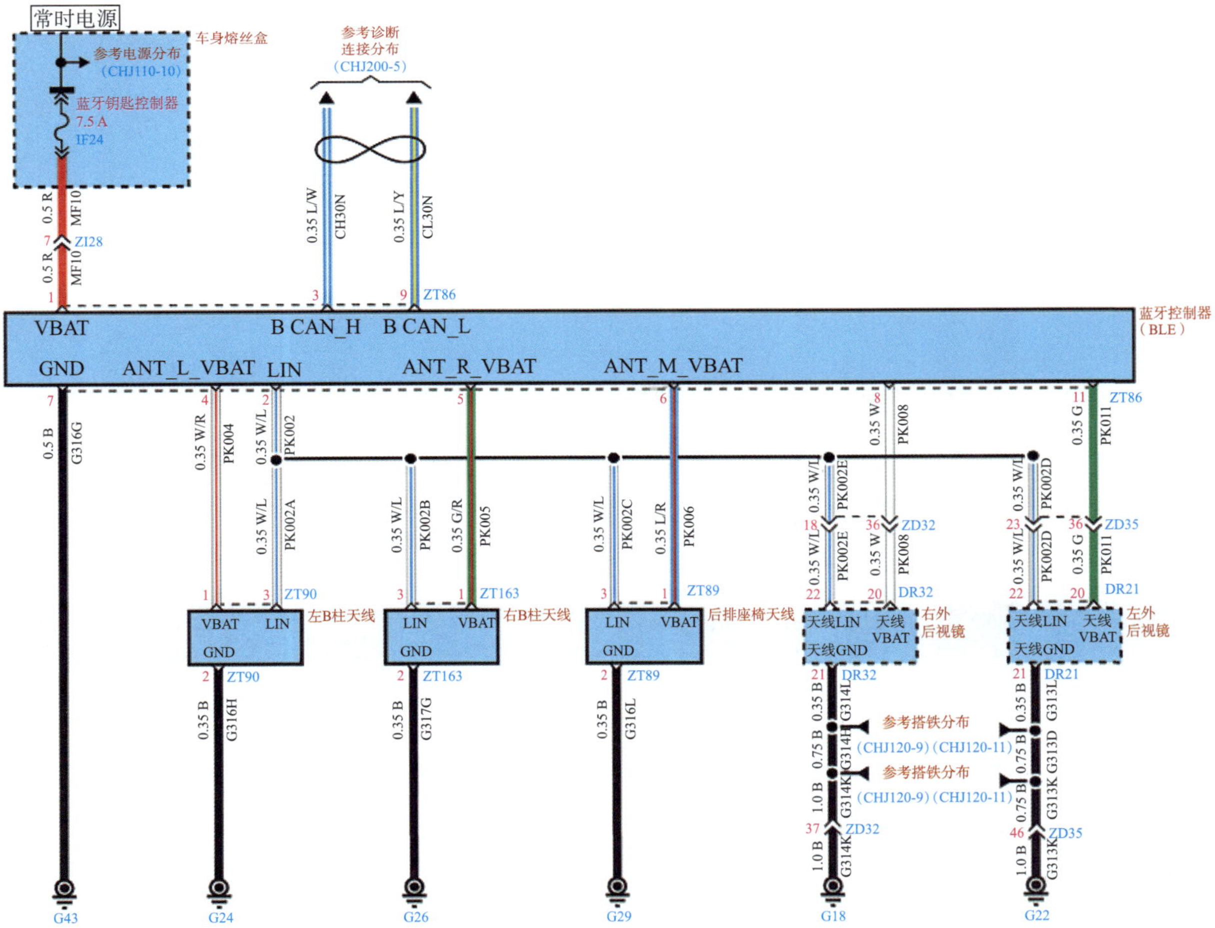

图 12-9　某车型蓝牙系统电路图

2）采用车身网关模块（BGW）控制的智能钥匙通信

该车型的“车辆进入”是一个安全功能。它可以根据用户访问级别信息允许或者禁止。这项功能可以防止汽车系统在未授权情况下被访问。车辆进入级别由用户管理员管理，访问级别可以分为管理员、家人、朋友、快递员或服务人员。

用户可通过ICS（中央显示屏）、移动App或用户呼叫中心来设置用户级别，设置后的数据会自动同步。车辆进入设备为遥控钥匙和NFC（近场通信）设备，遥控钥匙一般默认为是管理员级别，NFC（近场通信）设备一般默认为家人、朋友、快递员或服务人员。可以根据用户需求更改级别。CDC（多媒体系统主机）或移动App都可以对家人、朋友设置车辆进入级别。移动App或用户呼叫中心只能对服务人员和快递员提供特定的有限时间段进入车辆。

智能遥控钥匙采用蓝牙通信，配合位于车上的5个蓝牙天线一同工作。当蓝牙天线检测到蓝牙钥匙或接收到蓝牙钥匙的请求后，会将信号经CAN（有些车型是用LIN信号）总线发送到BGW（车身网关模块）进行确认，BGW（车身网关模块）确认有效信号后，发送指令给其他控制模块，控制相应功能开启（如解锁），其原理如图12–10所示。

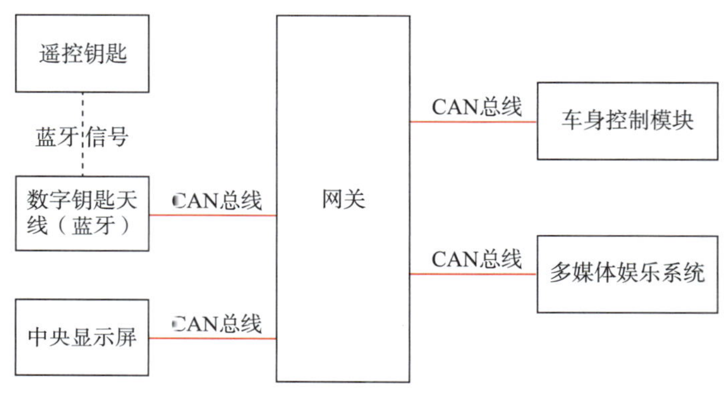

图12–10　智能钥匙解锁原理

蓝牙钥匙系统电路图如图12–11所示。

（3）蓝牙系统故障及排除

1）常见的智能钥匙蓝牙信号故障及排除（见表12–5）

表12–5　常见的智能钥匙蓝牙信号故障及排除

故障描述	触发条件	故障可能原因	故障代码清除条件	维修建议
蓝牙控制器故障	蓝牙模块交互连续5次异常可进行设置	蓝牙模块异常、通信线路上元器件异常	蓝牙模块交互恢复正常，故障恢复	更换蓝牙控制器（ECU整体）
后视镜蓝牙天线异常	蓝牙模块交互连续5次异常可进行设置	天线模块异常、线束异常	与天线交互恢复正常，故障恢复	更换天线模块或检查线束

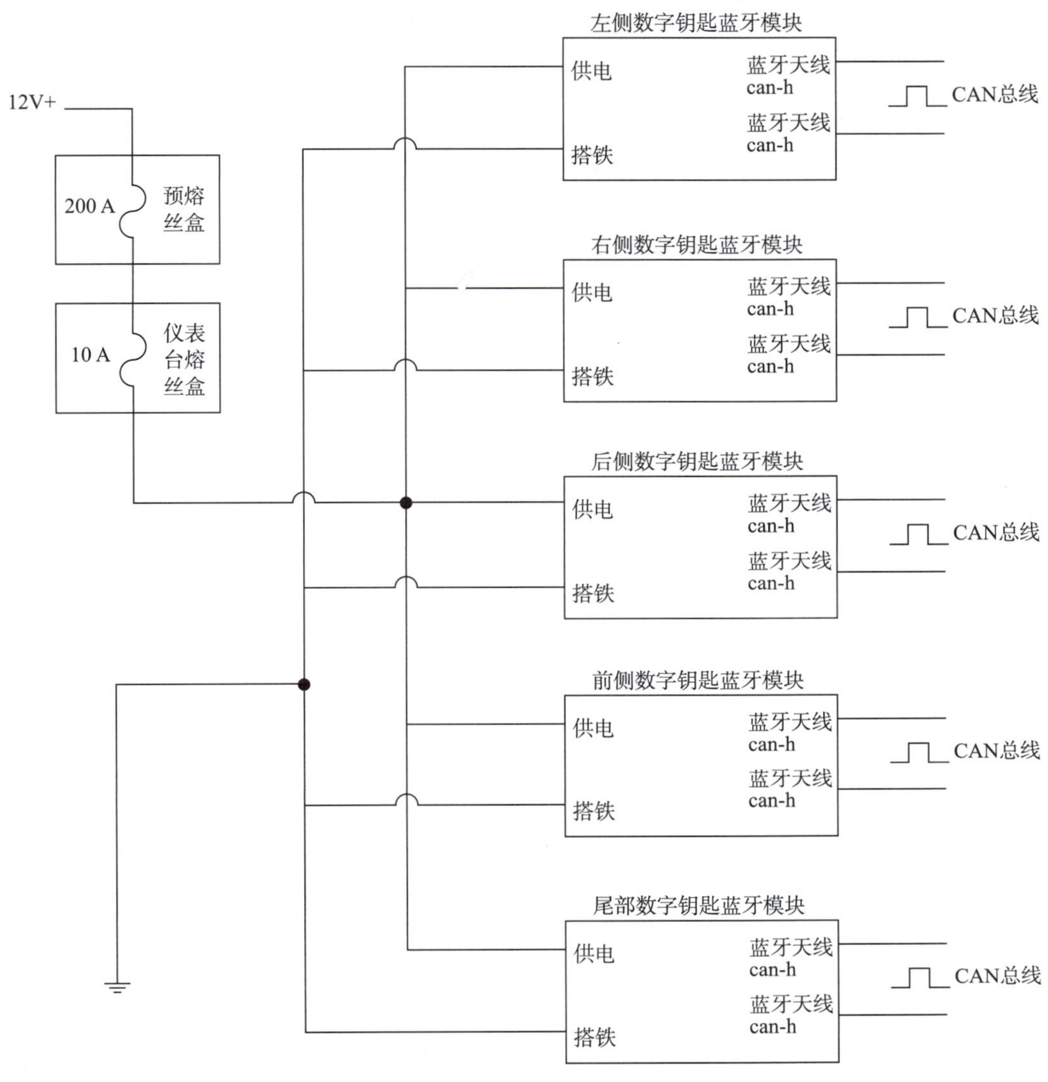

图 12-11　蓝牙钥匙系统电路图

当诊断系统报出“B120000-BLE 芯片故障、B120100-UWB 芯片故障、B120200-SPI1 通信故障、B120300-SPI2 通信故障”故障码时，可按以下方法进行排除。

① 重启 BTA2（左侧数字钥匙蓝牙天线模块）、BTA3（右侧数字钥匙蓝牙天线模块）、BTA4（后侧数字钥匙蓝牙天线模块）。将车辆状态处于“车内有驾驶员状态”。使用诊断仪，执行“BTA2（左侧数字钥匙蓝牙天线模块）- 控制器重启”，执行“BTA3（右侧数字钥匙蓝牙天线模块）- 控制器重启”，执行“BTA4（后侧数字钥匙蓝牙天线模块）- 控制器重启”。查询故障现象是否排除，故障码是否消除；若未能消除，转至步骤②。

② 更新控制模块的软件版本，使用诊断仪，检查该模块最新的软件版本，进行升级（诊断仪工具 -ECU 唤醒模块是否需要刷写是→模块刷写）。查询故障现象是否排除，故障码是否消除；若未能消除，更换 BTA2（左侧数字钥匙蓝牙天线模块）、BTA3（右侧数字钥匙蓝牙天线模块）、BTA4（后侧数字

情境三

钥匙蓝牙天线模块）并清除故障代码。对于 BTA2（左侧数字钥匙蓝牙天线模块）、BTA3（右侧数字钥匙蓝牙天线模块）、BTA4（后侧数字钥匙蓝牙天线模块）进行更换。将车辆状态处于“车内有驾驶员状态”。使用诊断仪，清除故障码，确认模块无新的故障码出现。

2）座舱信息娱乐蓝牙功能检查

① 检查车辆的故障代码，将车辆状态处于“车内有驾驶员状态”“车内有驾驶员状态”时，所有非驾驶类相关的用户功能都会被激活，并根据认证驾驶员的用户配置和访问级别进行运行，所有系统和网络通信的车辆功能都被激活（与驾驶直接相关的功能会被禁用），为即将进入“驾驶状态”做好准备。

② 连接汽车诊断系统（NDS）。

③ 检查 CDC（多媒体系统主机）是否存在蓝牙模块故障码。

④ 通过模块诊断选择“控制器重启”CDC（多媒体系统主机），检查蓝牙功能是否正常。

（4）座舱蓝牙系统检修

1）蓝牙无法连接诊断步骤

① 检查车辆的故障码，将车辆状态处于“车内有驾驶员状态”。

② 连接汽车诊断系统（NDS）。

③ 检查 CDC（多媒体系统主机）是否设置蓝牙模块故障码。

④ 通过模块诊断选择“控制器重启”CDC（多媒体系统主机），检查蓝牙功能是否正常。

⑤ 若蓝牙功能正常，则结束诊断；若不正常，则更换 CDC（多媒体系统主机）。

2）无法连接蓝牙模块

诊断系统报故障代码 U2A31，该故障的逻辑是 CDC 根据接收到的各类信号和内部控制逻辑，显示车辆状态。根据用户指令，启用或禁用车辆的各种功能。如果模块尝试与内置的蓝牙模块连接失败，则报上述故障码。

针对上述故障，建议的排除方法如下。

① 更新控制模块的软件版本，将车辆状态处于“车内有驾驶员状态”。

② 使用诊断仪，检查该模块最新的软件版本，依次执行启动诊断仪 –ECU 唤醒模块编程。

③ 查询故障现象是否排除，故障码是否消除；若未能消除，转至下一步。

④ 执行更换 CDC（多媒体系统主机）流程，并清除故障码。

⑤ 使用诊断仪，清除故障码，确认模块不存在新的故障码，故障排除。

3）前侧数字钥匙蓝牙天线更换步骤

① 拆下车内后视镜罩盖。

② 断开前侧数字钥匙蓝牙天线模块接插件，拆下 2 颗固定螺栓。

③ 按照相反的顺序安装新的蓝牙天线模块，注意固定螺栓的拧紧力矩为 2 N · m。

④ 使用诊断仪执行“BAT1”换件后的操作。

4）左侧数字钥匙蓝牙天线更换步骤

① 拆下 B 柱玻璃面板。

② 断开左侧数字钥匙蓝牙天线模块接插件，拆下 2 颗固定螺栓。

③ 按照相反的顺序安装新的蓝牙天线模块，注意固定螺栓的拧紧力矩为 3 N · m。

④ 使用诊断仪执行“BAT2”换件后的操作。

5）尾部数字钥匙蓝牙天线更换步骤

① 拆下后保险杠总成。

② 断开尾部数字钥匙蓝牙天线模块接插件，拆下 2 颗固定螺栓。

③ 按照相反的顺序安装新的蓝牙天线模块，注意固定螺栓的拧紧力矩为 3 N · m。

④ 使用诊断仪执行“BAT5”换件后的操作。

6）后侧数字钥匙蓝牙天线更换步骤

① 拆下顶棚后端固定件（而不是拿下整个顶棚）。

② 断开后侧数字钥匙蓝牙天线模块接插件，拆下 2 颗固定螺栓。

③ 按照相反的顺序安装新的蓝牙天线模块，注意固定螺栓的拧紧力矩为 3 N · m。

④ 使用诊断仪执行“BAT4”换件后的操作。

2. 技能操作

（1）操作准备

准备技能操作所需的物料，见表 12-6。

表 12-6　物料准备

类别	所需物料
教学车辆	智能座舱系统、实训车辆
设备、仪器、工具、资料	维修手册、电路图、车内三件套、安全手套、工具套装、诊断设备、手电筒

（2）智能座舱蓝牙系统检修

1）座舱信息娱乐蓝牙功能检查

借助诊断设备，对车辆座舱蓝牙功能进行检查，并将相关内容记录在表 12-7 中。

表 12-7　座舱信息娱乐蓝牙功能检查记录表

序号	步骤	工具设备	关键点 / 注意事项
1			
2			
3			

情境三

续表

序号	步骤	工具设备	关键点 / 注意事项
4			
5			
6			

2）智能钥匙蓝牙天线的故障诊断

借助诊断设备和工具，对智能钥匙蓝牙天线的故障进行诊断，并将相关内容记录在表 12-8 中。

表 12-8　智能钥匙蓝牙天线故障诊断记录表

序号	步骤	工具设备	关键点 / 注意事项
1			
2			
3			
4			
5			
6			

3）智能钥匙蓝牙天线更换

借助诊断设备和工具，对存在故障的智能钥匙蓝牙天线进行更换，并将相关内容记录在表 12-9 中。

表 12-9　智能钥匙蓝牙天线更换记录表

序号	步骤	工具设备	关键点 / 注意事项
1			
2			
3			
4			
5			
6			
7			
8			

检查评估

对本任务的学习情况进行检查，并将相关内容填写在表 12-10 中。

表 12-10　检查表

检查项目	检查结果	结果点评
车联网功能的检查		
是否准确查询到 Wi-Fi 的连接和配置步骤	是□　否□	
是否正确进行 Wi-Fi 连接和配置测试	是□　否□	
是否准确查询到车载蓝牙的连接和配置步骤	是□　否□	
是否正确进行车载蓝牙连接和配置测试	是□　否□	
蓝牙传输系统的检修		
是否借助诊断程序完成蓝牙功能的检查	是□　否□	
是否按照诊断程序提示执行蓝牙钥匙天线的诊断	是□　否□	
是否能够规范更换蓝牙钥匙天线	是□　否□	
操作完成后系统运行是否正常且无故障码	是□　否□	
整理及恢复		
工具、设备是否整理并放置在指定位置	是□　否□	
是否出现额外的人为故障	是□　否□	
是否采取了必要的安全措施	是□　否□	
是否充分地进行团队沟通与协作	是□　否□	

任务小结

本任务小结如图 12-12 所示。

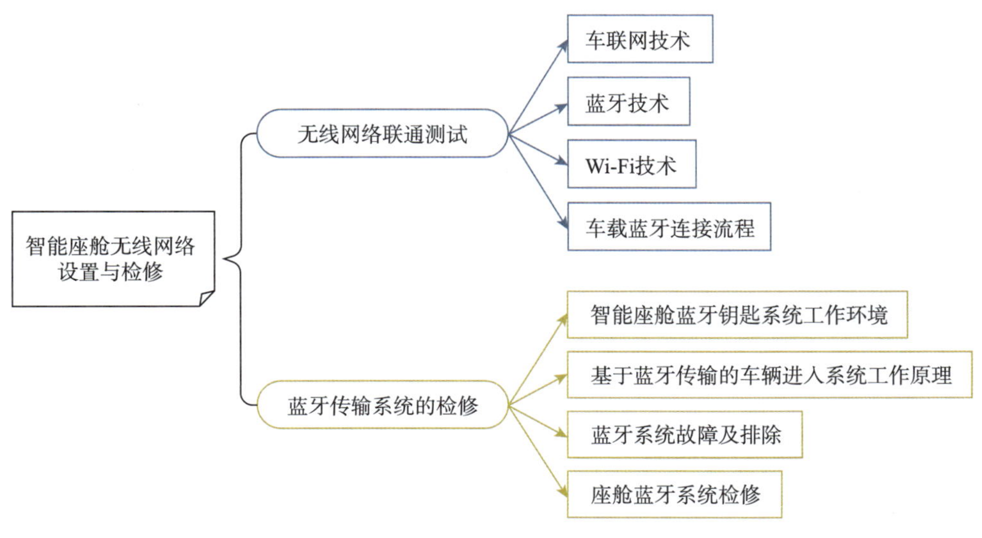

图 12-12　本任务小结

任务十三 车载定位导航系统检修

任务导入

场景：某品牌汽车售后服务中心

人物：维修技师陈师傅、客户张先生

情境：客户张先生拥有一台高配置新能源汽车，该车辆配备车载定位导航系统。最近，张先生在驾驶车辆时开启导航，发现无法准确显示定位，表现为车辆移动时导航系统没有相应的位移显示。张先生驱车来到售后服务中心，陈师傅对车辆路试检查时发现问题确实存在，使用一台试驾车按照同样的路线和导航设置驾驶，则此现象并未出现，排除了信号干扰的可能，陈师傅欲对车载定位导航系统进行检修，请问该如何做？

任务目标

- 能够根据所学知识，结合用户使用手册指引，正确进行车载定位导航系统的功能调试、检查。
- 能够根据所学知识，结合诊断程序指引，规范完成车载定位导航系统的升级。
- 结合维修手册指引，使用合适的工具，正确进行车载定位导航天线更换作业。

任务实施

（一）车载定位导航系统升级

1. 知识学习

（1）定位导航系统

目前，主要的定位导航系统信息见表 13–1。

表 13-1　主要的定位导航系统信息

比较项目	美国	俄罗斯	欧洲	中国
名称	GPS	GLONASS	GALILEO	COMPASS
创建时间	1958 年	1993 年	1999 年	2000 年
运用时间	1964 年	2007 年	2014 年	2012 年
全部完成时间	1994 年	2009 年	2020 年	2020 年
卫星数目	21+3	24+3	27+3	30+5
民用定位精度 1	100 m	NA	NA	10 m
民用定位精度 2	10 m	10 m	1 m	2.5~5 m
军用定位精度	0.1 m	1.2 m	NA	0.05 m
测速精度	0.1 m/s	0.15 m/s	NA	0.2 m/s
多址方式	CDMA	FDMA	CDMA	CDMA
基带调制	BPSK，QPSK，8PSK	BPSK，QPSK，8PSK	BPSK，QPSK，8PSK	BPSK，QPSK，8PSK
优势	覆盖范围广	特定地区精度高	特定地区精度高	精度高
不足	精度欠佳	覆盖范围低	覆盖范围低	普及度不够

（2）北斗卫星导航系统

北斗卫星导航系统（BDS）是我国自行研制的全球卫星导航系统，也是继 GPS、GLONASS 之后的第三个成熟的卫星导航系统。北斗卫星导航系统和美国 GPS、俄罗斯 GLONASS、欧盟 GALILEO，是联合国卫星导航委员会已认定的供应商。

北斗卫星导航系统由空间段、地面段和用户段三部分组成，可在全球范围内全天候、全天时为各类用户提供高精度、高可靠定位、导航、授时服务，并具短报文通信能力，已经具备区域导航、定位和授时能力，定位精度为 10 m，测速精度为 0.2 m/s，授时精度为 10 ns。北斗卫星导航系统是全球四大卫星导航核心供应商之一，目前在轨卫星已达 39 颗。从 2017 年底开始，北斗三号系统建设进入了超高密度发射。目前，北斗系统正式向全球提供 RNSS 服务，在轨卫星共 55 颗。

（3）GPS 导航系统

GPS 系统由三大部分组成，如图 13-1 所示。空间部分由 21 颗工作卫星和 3 颗在轨备用卫星组成 GSP 星座。地面监控系统由主控站、注入站及监测站组成。用户设备是 GPS 接收机。

（4）车载定位导航简介

为汽车驾驶员指路的卫星导航系统，有下述 4 个重要因素：卫星信号、信号接收、信号处理和地图数据库。车载定位导航具有全球卫星定位功能，其具有的自动语音导航、最佳路径搜索等功能优势让驾驶员减轻了很多出行压力。

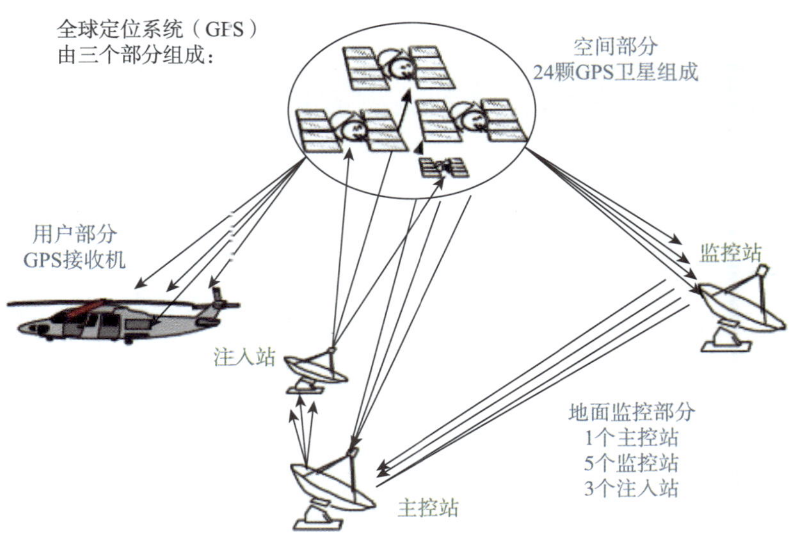

图 13-1　GPS 系统组成

车载定位导航就是借助嵌入式 GNSS 模块，接收、解调卫星的广播 C/A 码信号。通过运算与每个卫星的伪距离，采用距离交会法得出接收机的经度、纬度、高度和时间修正量这四个参数。相比较于手机里常用的“百度地图”和“高德地图”等导航软件，车载定位导航在软件功能层面与它们相差无几，但是在硬件（如定位芯片）及同主机交互层面上体验会出色很多，如图 13-2 所示。

图 13-2　车载定位导航系统显示界面

其车机硬件包含 CPU、内存、显示屏、定位芯片、陀螺仪等，主要提供计算、定位等基础能力。

车载操作系统（OS）包含 WinCE（微软）、QNX（黑莓）、Android（Google）及 Linux 四类底层操作系统，主要提供硬件资源分配及软件框架平台等能力输出。

智能座舱包含仪表、转向盘、中控台等与车载定位导航交互的模块，主要为车载定位导航各类服务提供指令输入及内容输出等能力。

语音控制包含语音识别及 NLP（基于上下文的自然语言处理），通过提供语音的交互方式来操作车载定位导航。

云服务为车载导航的基础功能（如定位、语音引导等）及其他硬件模块的在线服务提供数据储存与云计算能力。

车载定位导航系统框图如图 13–3 所示。

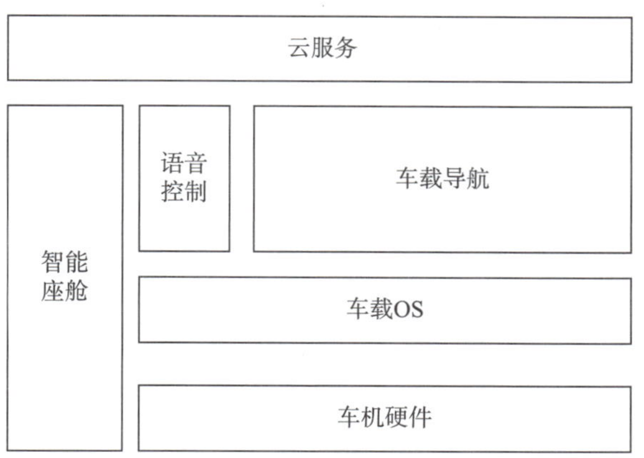

图 13–3　车载定位导航系统框图

随着车机运算速度的越来越快、地图服务商所提供的信息越来越丰富以及整车 OTA 的普及，车载导航变得越来越实用，开发独具风格的导航体系，采用全息投影技术将车载导航信息完全 3D 化，让车载导航的功能性和可阅读性显著提高，如图 13–4 所示。

图 13–4　HUD 导航系统

（5）车载导航系统升级（以某款进口大众汽车为例）

1）前期准备

① 准备一个 U 盘，TYPE–C 接口，容量 32 G 及以上，需要先格式化，如图 13–5 所示。

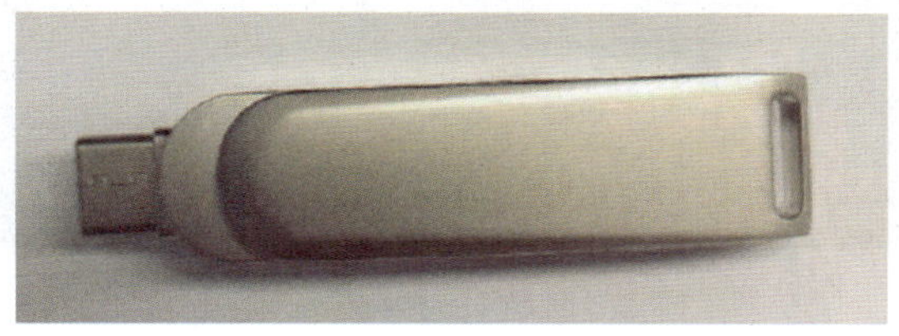

图 13–5　格式化后的 U 盘

② 在 U 盘根目录下，创建一个空文件夹并重命名为 BDB。

③ 登录大众汽车售后服务官方网站下载新版本地图数据（根据需要可下载全国数据或区域数据），如图 13-6 所示。

地图下载

*提示：此地图数据仅适用于新蔚揽及Arteon SR车型。如您安装的地图版本低于此下载版本，建议尽快下载安装。如您安装版本与此相同，则不需安装。请先下载全国基础数据后，再下载所需城市地图。

- 地图版本：1313
- 发布日期：2022年06月

省份或城市 例:北京

省份/城市	文件大小	
全国基础数据	839.54M	☑
北京市	959.32M	☐
天津市	288.42M	☐
上海市	895.68M	☐
重庆市	543.05M	☐

图 13-6 官网地图下载

④ 将下载的地图数据包拷贝至 U 盘 BDB 文件夹下（注意不要修改下载的文件名），如图 13-7 所示。

图 13-7 文件拷贝

2）操作流程

在地图数据更新过程中，必须保持系统开启状态，并且不要移除 U 盘。

① 将上述 U 盘连接到车机上。

② 主屏幕将会弹出一个对话框“发现新版本地图。是否现在查看？”，如图 13-8 所示。

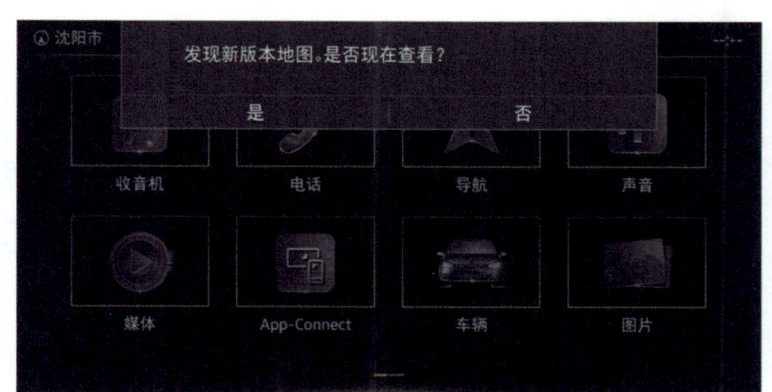

图 13-8 地图更新

单击“是”按钮，直接进入地图更新页面。

③ 在车机的主界面，单击“导航”图标，启动导航软件，进入导航主界面，如图 13–9 所示。

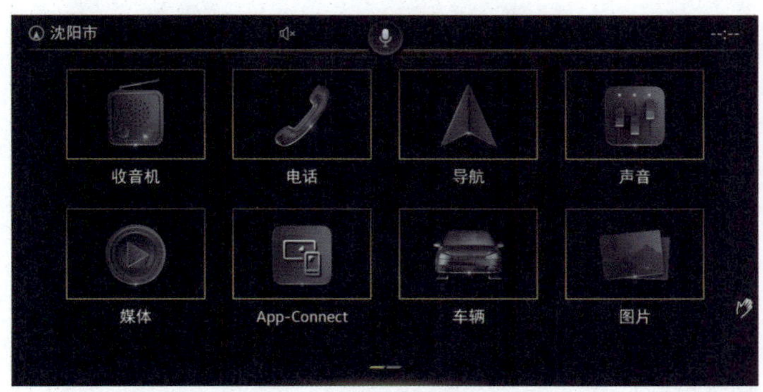

图 13–9　导航主界面

④ 在导航主界面，单击右侧“i”图标，如图 13–10 所示。

图 13–10　导航界面

⑤ 单击右下方的“导航设置”图标，如图 13–11 所示。

图 13–11　导航设置

⑥ 在导航设置页面，单击“地图更新”选项，如图 13–12 所示。

⑦ 在地图更新页面，选择想要升级的省或市，如图 13–13 所示。

⑧ 单击页面上的下载按钮，将会开始升级地图数据，如图 13–14 所示。

情境三

图 13-12　地图更新

图 13-13　地图更新选择

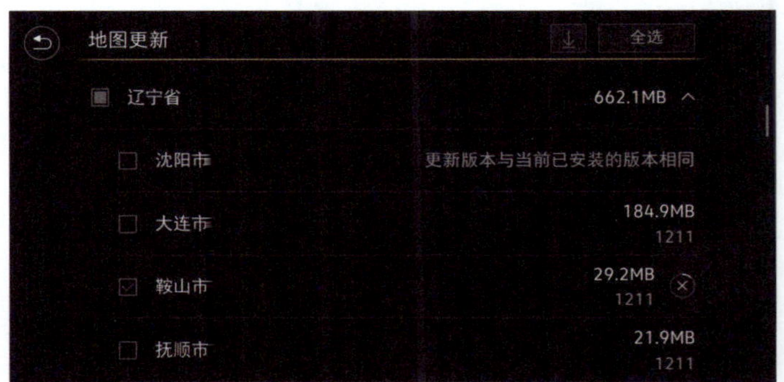

图 13-14　单个城市地图更新

⑨ 如果选择单个城市更新，在单个城市升级结束之后，将弹出如图 13-15 所示的对话框。

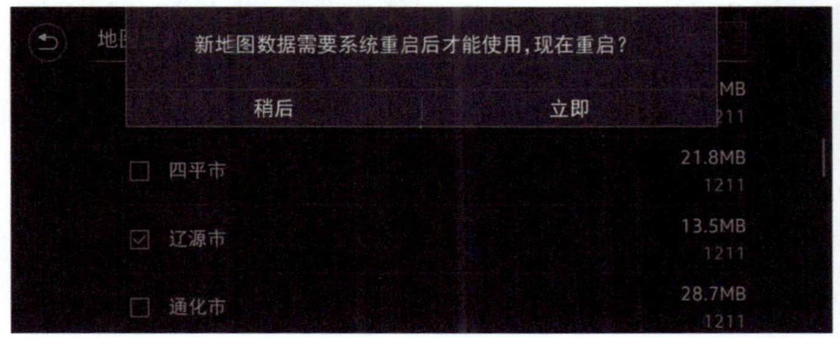

图 13-15　是否重启

如果单击“立即”按钮，导航软件将自动重新启动，在完成重新启动后，地图数据将被更新到最新的版本，如图 13–16 所示。

图 13–16　重启系统

如果单击“稍后”按钮，在下一次车机启动之后，地图数据将被升级到最新版本。如果选择多个城市更新，如图 13–17 所示。

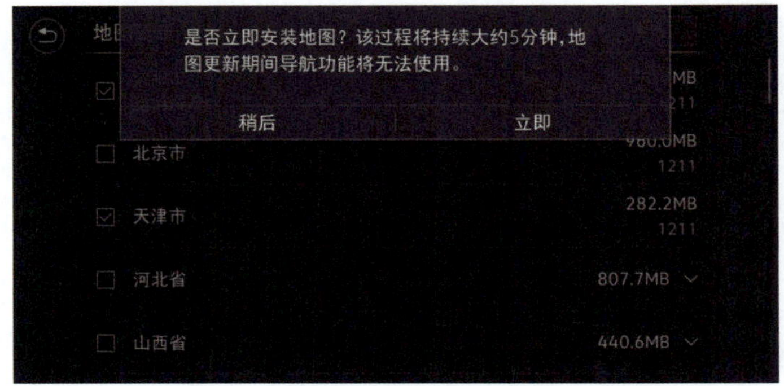

图 13–17　安装地图

⑩ 单击“立即”按钮，开始更新，如图 13–18 所示。

图 13–18　地图更新

2. 技能操作

（1）操作准备

准备技能操作所需的物料，见表 13–2。

表 13–2　物料准备

类别	所需物料
教学车辆	智能座舱系统、实训车辆
设备、仪器、工具、资料	维修手册、电子计算机、车内三件套、升级 U 盘、充电机、用户使用手册

（2）车载定位导航系统功能检查

执行车载定位导航系统的各个使用功能，并判断功能是否正常，将检查结果和过程记录在表 13–3 中。

表 13-3　车载定位导航系统功能检查

序号	检查项目	检查结果	操作步骤记录
1	是否具有检索框界面	是□　否□	
2	检索框界面是否正常工作	是□　否□	
3	是否具有充电站信息界面	是□　否□	
4	充电站信息界面是否正常	是□　否□	
5	是否具有导航声音界面	是□　否□	
6	导航声音界面是否正常工作	是□　否□	
7	是否具有自车位置	是□　否□	
8	自车位置界面是否正常工作	是□　否□	
9	是否具有设置界面	是□　否□	
10	设置界面是否正常弹出	是□　否□	
11	是否具有路线偏好设置功能	是□　否□	
12	是否具有导航播报设置功能	是□　否□	
13	是否具有巡航播报设置功能	是□　否□	
14	是否具有全程路况设置功能	是□　否□	
15	是否具有路线雷达设置功能	是□　否□	
16	是否具有实时交通显示设置功能	是□　否□	
17	是否具有智能比例尺设置功能	是□　否□	
18	是否具有离线地图设置功能	是□　否□	
19	是否具有手机与地图自动更新功能	是□　否□	

（3）车载导航系统升级实操

对车载导航系统进行升级，将操作过程中的相关内容填写在表 13-4 中。

表 13-4　操作记录表

序号	步骤	工具设备	关键点 / 注意事项
1			
2			
3			
4			
5			
6			
7			
8			

（二）车载定位导航系统故障诊断

1. 知识学习

（1）车载定位导航系统故障诊断思路

1）导航不工作的故障诊断思路

① 检查控制模块的软件版本。

② 将车辆状态处于“车内有驾驶员状态”（“车内有驾驶员状态”时，所有非驾驶类相关的用户功能都会被激活，并根据认证驾驶员的用户配置和访问级别进行运行，所有系统和网络通信的车辆功能都被激活，与驾驶直接相关的功能会被禁用），为即将进入“驾驶状态”做好准备。

③ 连接汽车诊断系统（NDS）。

④ 更新软件版本。

⑤ 检查鲨鱼鳍天线。

检查鲨鱼鳍天线是否松动，连接器是否牢固，线束是否破裂。若有损坏迹象，则更换鲨鱼鳍天线；若无损坏，则进行下一步。

⑥ 检查车辆的故障码

将车辆状态处于“车内有驾驶员状态”。连接汽车诊断系统（NDS）。检查 CGW（中央网关控制器）是否存在“B208381 无法获得定位锁”故障码。若存在，则检查 CDC；若不存在，则进行下一步。

⑦ 检查 CDC（多媒体系统主机）

将车辆状态处于“车内有驾驶员状态”。连接汽车诊断系统（NDS）。通过模块诊断选择“控制器重启”CDC（多媒体系统主机），检查导航功能是否正常。若正常，则诊断完成；若不正常，则更换 CDC（多媒体系统主机）。

2）“B208381 无法获得定位锁”的故障诊断思路

CGW（中央网关控制器）根据接收到的各类信号和内部控制逻辑设置车辆状态。不同车辆状态下，启用 / 禁用的车辆功能不同。如果在车速大于 25 km/h，系统监测到无法获得 GPS 定位锁，并持续 60 s，则报上述故障码。

① 检查天线连接情况

目视检查 GPS 天线连接情况，确保线束无破损，连接无松动。若线束正常，则进入下一步；如若线束有破损，则维修线束。

② 检查 CGW（中央网关控制器）和鲨鱼鳍天线之间的 GPS 天线线路

将车辆状态处于“驻车状态”。先断开紧急切断开关，再断开 12 V 蓄电池负极，静置 5 min 后。断开 CGW（中央网关控制器）线束接头 MAIN222 和鲨鱼鳍天线线束接头 MAIN127。使用万用表测量 CGW（中央网关控制器）与鲨鱼鳍天线 GPS 天线之间的电阻，标准值小于 5 Ω。若阻值正常，恢复车辆，进入下一步；若阻值不正常，更换线束。

③ 更换鲨鱼鳍天线并清除故障码

对于鲨鱼鳍天线进行更换。将车辆状态处于“车内有驾驶员状态”。使用诊断仪，清除故障码，确认模块没有出现新的故障码。

（2）车载定位导航天线更换

① 拆下顶棚中间风道。

② 断开 3 个鲨鱼鳍天线接插件，拆下鲨鱼鳍天线固定螺母，如图 13–19 所示。

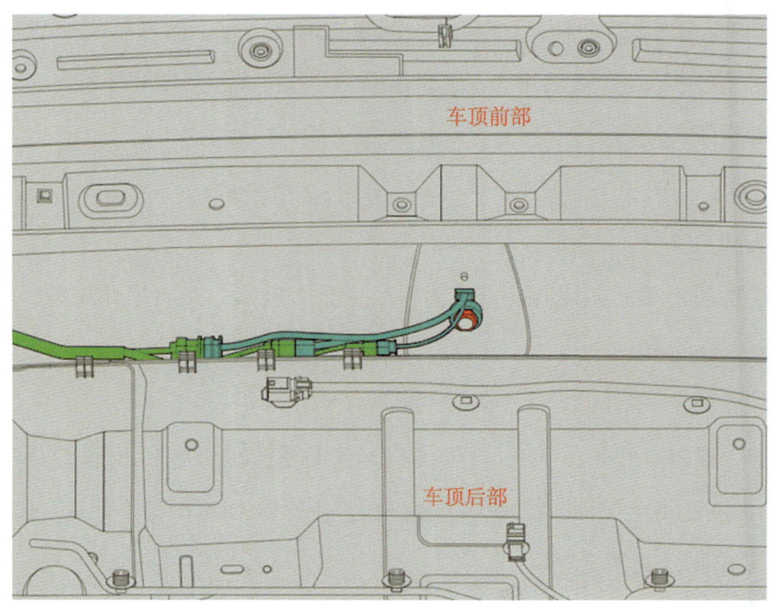

图 13–19　断开 3 个鲨鱼鳍天线接插件

③ 拆下鲨鱼鳍天线，如图 13–20 所示。

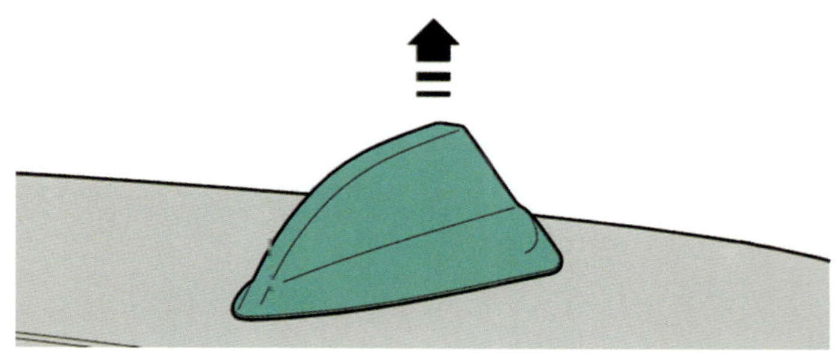

图 13–20　拆下鲨鱼鳍天线

④ 安装新的鲨鱼鳍天线，如图 13–21 所示。

⑤ 装上鲨鱼鳍天线，固定螺母拧紧力矩 4.5 N · m，连接 3 个鲨鱼鳍天线接插件。

⑥ 安装顶棚中间风道。

2. 技能操作

（1）操作准备

准备技能操作所需的物料，见表 13–5。

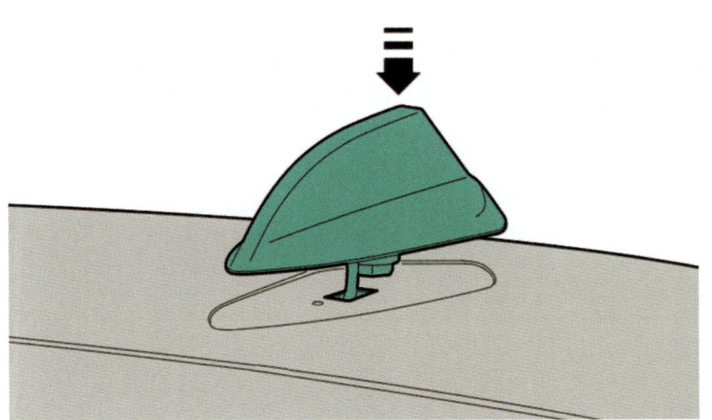

图 13-21　安装新的鲨鱼鳍天线

表 13-5　物料准备

类别	所需物料
教学车辆	智能座舱系统、实训车辆
设备、仪器、工具、资料	维修手册、电路图、车内三件套、安全手套、工具套装、抹布

（2）车载定位导航故障诊断

对车辆的车载定位导航系统进行故障诊断，并将相关内容记录在表 13-6 中。

表 13-6　车载定位导航故障诊断记录表

序号	步骤	工具设备	检测数据 / 关键点 / 注意事项等
1			
2			
3			
4			
5			
6			

对车辆的车载定位导航系统故障部件进行更换，并将相关内容记录在表 13-7 中。

表 13-7　车载定位导航系统故障部件更换记录表

序号	步骤	工具设备	关键点 / 注意事项
1			
2			
3			
4			

续表

序号	步骤	工具设备	关键点 / 注意事项
5			
6			
7			
8			

检查评估

对本任务的学习情况进行检查，并将相关内容填写在表 13-8 中。

表 13-8 检查表

检查项目	检查结果	结果点评
车载定位导航系统升级		
是否正确设置车载定位导航系统功能	是□ 否□	
是否准确评估车载定位导航系统功能状态	是□ 否□	
是否正确执行车载定位导航系统升级流程	是□ 否□	
升级后的车载定位导航系统是否可以正常使用	是□ 否□	
车载定位导航系统诊断		
是否能使用诊断设备执行车载定位导航系统诊断	是□ 否□	
是否能正确进行导航系统线束的测量和检查	是□ 否□	
是否能正确更换车载定位导航系统中损坏的部件	是□ 否□	
整理及恢复		
工具、设备是否整理并放置在指定位置	是□ 否□	
是否出现额外的人为故障	是□ 否□	
是否采取了必要的安全措施	是□ 否□	
是否充分地进行团队沟通与协作	是□ 否□	

任务小结

本任务小结如图 13-22 所示。

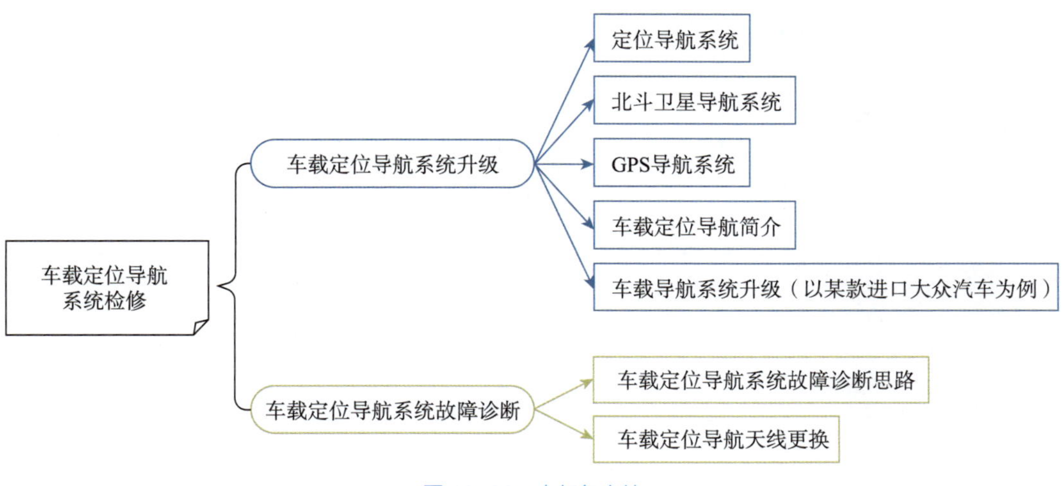
车载定位导航
系统检修
车载定位导航系统升级
定位导航系统
北斗卫星导航系统
GPS导航系统
车载定位导航简介
车载导航系统升级（以某款进口大众汽车为例）
车载定位导航系统故障诊断
车载定位导航系统故障诊断思路
车载定位导航天线更换

图 13-22　本任务小结

情境四
智能座舱人机交互（HMI）系统装调与检修

情境介绍

智能座舱是智能网联汽车的核心模块之一，是直接为用户提供智能化、网联化集成功能的终端的体现，是营造安全、高效、先进的驾乘环境的终端体系。

智能座舱人机交互（HMI）系统装调与检修是智能网联汽车智能座舱系统装调与检修的重要组成部分，深刻影响着车辆的运行效率和驾乘性能。本情境包括驾驶员监控系统（DMS）装调与测试、智能语音控制系统检修、手势识别控制系统检查与调试三个任务。

本情境主要的学习内容有 DMS 系统结构和工作原理、驾驶员监控系统工作原理、疲劳驾驶测试流程、驾驶员监控部件更换方法、语音控制系统工作原理、语音控制系统故障诊断流程、语音控制系统工作原理与结构、语音控制系统故障诊断流程、语音交互传感器更换方法、手势识别工作原理、手势识别关键技术分析、手势识别功能检查方法、手势识别评估套件使用方法、手势识别系统调试流程等。

▸ 能够参照技术规范，按照正确的操作流程和检修要求，规范完成驾驶员监控系统（DMS）装调与检修。

▸ 能够根据语音控制系统的工作原理和控制逻辑，选用合适的工具、设备，完成语音控制系统检修和部件装调。

▸ 能够根据手势识别控制系统的工作原理和控制逻辑，选用合适的工具、设备，完成手势识别控制系统检查和调试。

任务十四
驾驶员监控系统（DMS）装调与测试

任务导入

场景：某品牌汽车售后服务中心

人物：维修技师陈师傅、客户张先生

情境：客户张先生拥有一台高配置新能源汽车，该车辆配备驾驶员监控系统（DMS），某日，张先生发现车内频繁发出疲劳监控警报，但张先生当时的精神状态良好，并不是疲劳状态，且平日里同样的时间和方式驾车也不会触发报警，张先生驱车到售后服务中心做检查。陈师傅接到车辆，进行故障验证，发现该车的报警阈值明显过低，不管驾驶员如何清醒，都会频繁发出报警，陈师傅欲对该系统进行进一步检修，请问该如何进行？

任务目标

- 能根据所学知识，按照正确的测试方法，规范进行驾驶员疲劳监控系统测试。
- 能根据维修手册的指引，选用合适的工具，规范完成驾驶员监控摄像头更换作业。

任务实施

（一）驾驶员监控系统动作测试

1. 知识学习

（1）驾驶员监控系统的发展与作用

1）车内监控系统发展

车内监控包括所有车载设备对人的监控，以及人对车的反馈。其中，设备对人的监控包括通过各种

摄像头和雷达系统来获取汽车舱内的状态，人对车的反馈包括人通过触摸屏、按键、旋钮等来控制和指挥舱内的电子设备。车内监控在汽车满足基础出行阶段，主要以物理按键来满足行车的基础要求；在汽车发展的高级阶段，车内监控则是通过各种传感器和算法来满足人的深层次需求。

车内监控集中在车与人的交互方面，其宗旨就是让汽车提供更多的附加价值，车内监控系统架构如图 14–1 所示。

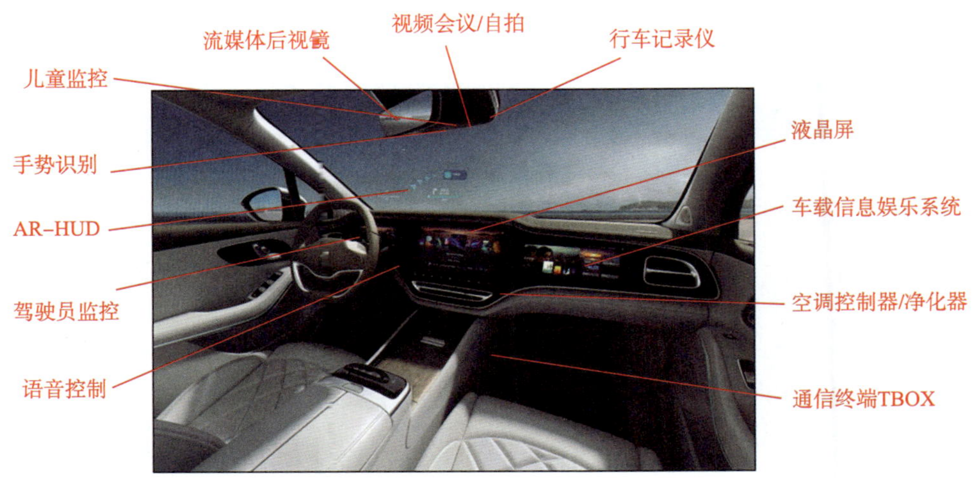

图 14–1　车内监控系统架构

2）驾驶员监控系统作用

驾驶员监控系统（DMS）主要实现对驾驶员的身份识别、驾驶员疲劳监测、驾驶员注意力监测以及危险驾驶行为监测等功能。

（2）驾驶员监控系统存在的问题

驾驶员监控系统以车载摄像头拍摄的视频流作为输入，面临图像质量多变的挑战。汽车行驶工况复杂，即便摄像头在车内，成像质量也会受外界光线的干扰。

驾驶员监控系统运行于车载计算平台，面临算力不足的挑战。车载计算平台升级换代较慢，现有的主流平台大多只有中低端 ARM CPU/GPU，在这样的平台上运行诸如人脸检测、关键点检测、人脸识别、视线追踪、手势识别等算法，要求资源占用率非常低，对算法有很大考验。

数据采集与标注面临很大考验。计算机视觉算法（如基于深度学习的算法）对图像质量有较高要求，同一算法在不同摄像头下性能差异可能会很大。车载摄像头成像质量与公开数据集图像质量差异较大，为保证算法效果需要用车载摄像头采集真实行车场景下的数据，这会极大增加数据采集难度与成本。

驾驶员监控系统算法面临驾驶员状态多变的考验。汽车驾驶员有不同性别、年龄、种族，可能会穿戴帽子、口罩、眼镜（包括墨镜），驾驶过程中头部会出现各种姿态。这些复杂状况同样会对算法构成很大考验。

（3）驾驶员监控系统工作原理

一般来讲，人在疲劳的时候会有比较典型的面部表情或动作特征，如较长的眨眼持续时间、较慢的眼睑运动、点头、打哈欠等。

基于摄像头的驾驶员监测方案正是利用这一点，首先挖掘出人在疲劳状态下的表情特征，然后将这些定性的表情特征进行量化，提取出面部特征点及特征指标作为判断依据，再结合实验数据总结出基于这些参数的识别方法，最后输入获取到的状态数据进行识别和判断。

驾驶员监控系统主要通过一个面向驾驶员的红外摄像头来实时监测驾驶员的头部、眼部、面部等细节，然后将获取到的信息数据进行模式识别，进而做出疲劳或分神状态判断。

识别准确率是驾驶员监测系统最核心的指标之一。驾驶员监控系统采用传统算法和深度学习，通过人脸检测与追踪、3D 脸部建模等核心技术，针对打哈欠、闭眼、视线偏移等多种状态的综合识别率为 95% 左右，同时通过指令集优化、多线程优化、实时算法调度等高效的工程实现，系统响应速度得到大幅优化和提升。

（4）驾驶员监控系统组成

如图 14–2 所示，驾驶员监控系统包括摄像头、芯片板、IVI 人机交互部分。

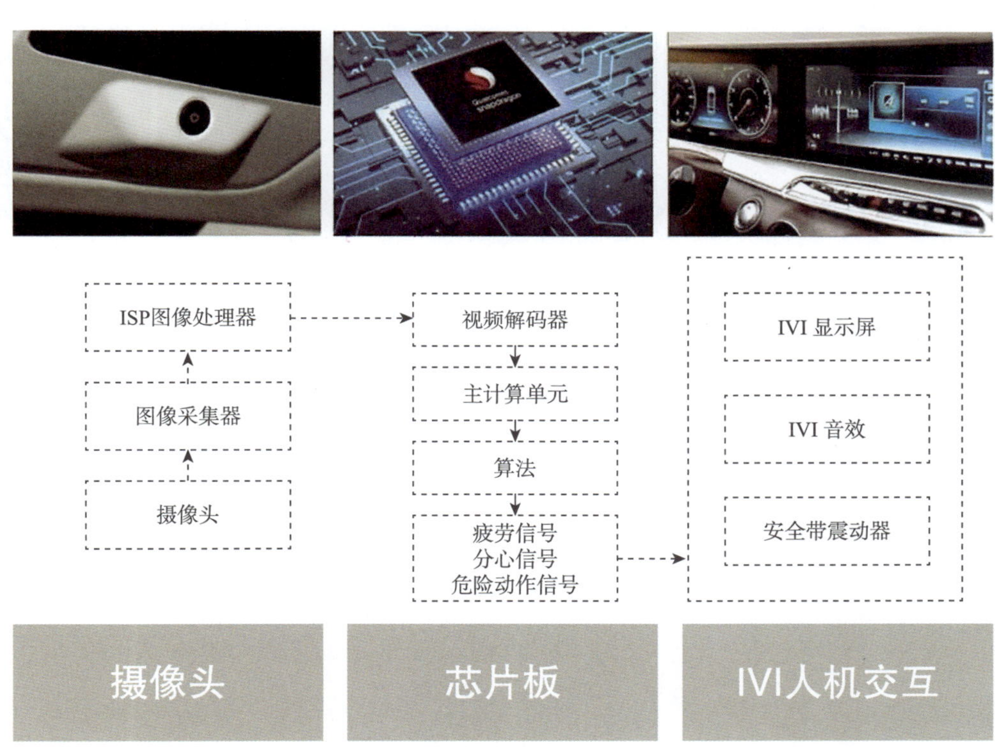

图 14–2　驾驶员监控系统架构

疲劳驾驶、分心驾驶检测逻辑如图 14–3 所示。

危险行为检测逻辑如图 14–4 所示。

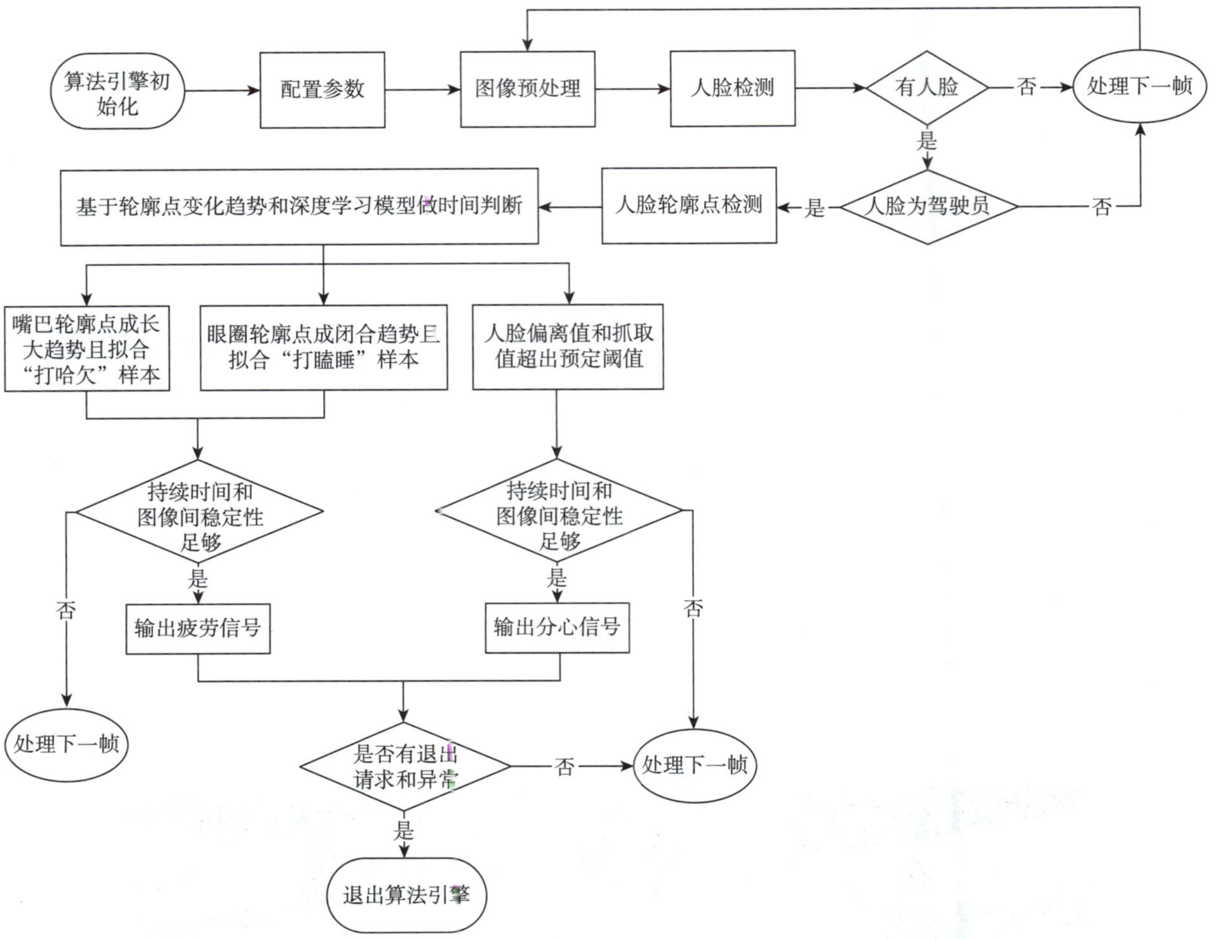

算法引擎初始化
配置参数
图像预处理
人脸检测
有人脸
否
处理下一帧
是
基于轮廓点变化趋势和深度学习模型做时间判断
人脸轮廓点检测
是
人脸为驾驶员
否
嘴巴轮廓点成长大趋势且拟合“打哈欠”样本
眼圈轮廓点成闭合趋势且拟合“打瞌睡”样本
人脸偏离值和抓取值超出预定阈值
持续时间和图像间稳定性足够
是
输出疲劳信号
否
持续时间和图像间稳定性足够
是
输出分心信号
否
处理下一帧
是否有退出请求和异常
否
处理下一帧
是
退出算法引擎

图 14-3　疲劳驾驶、分心驾驶检测逻辑

算法引擎初始化
继续处理下一帧
继续处理下一帧
退出算法引擎
否
否
是
配置参数
手势是否合规
是
手周围检测
是否存在标的物
输出行为类型及警报信号
是否异常或有退出请求
是
否
图像预处理
手势识别
电话、香烟、食物……
是否需要多帧联动再判断
是
继续处理下一帧

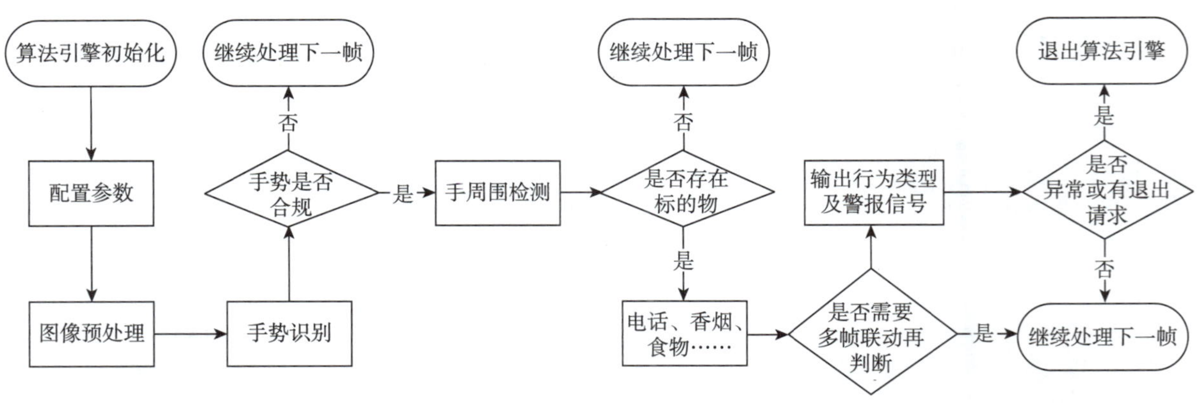

图 14-4　危险行为检测逻辑

IVI 人机交互部分主要是解决如何有效提醒用户的问题，一般通过音频、图像、文字在仪表、中控屏、扬声器等方式，也可通过安全带震动（体感）、气味（嗅觉）与用户进行信息传递。

（5）驾驶员监控系统图

驾驶员监测系统主要通过车辆相关信息综合判断驾驶员当前的状态，配备驾驶员状态监测摄像头的

车辆还可结合驾驶员当前面部状态进一步判断，当出现驾驶员疲劳或注意力不集中时，及时报警降低道路交通事故风险。驾驶员监控系统图如图 14–5 所示。

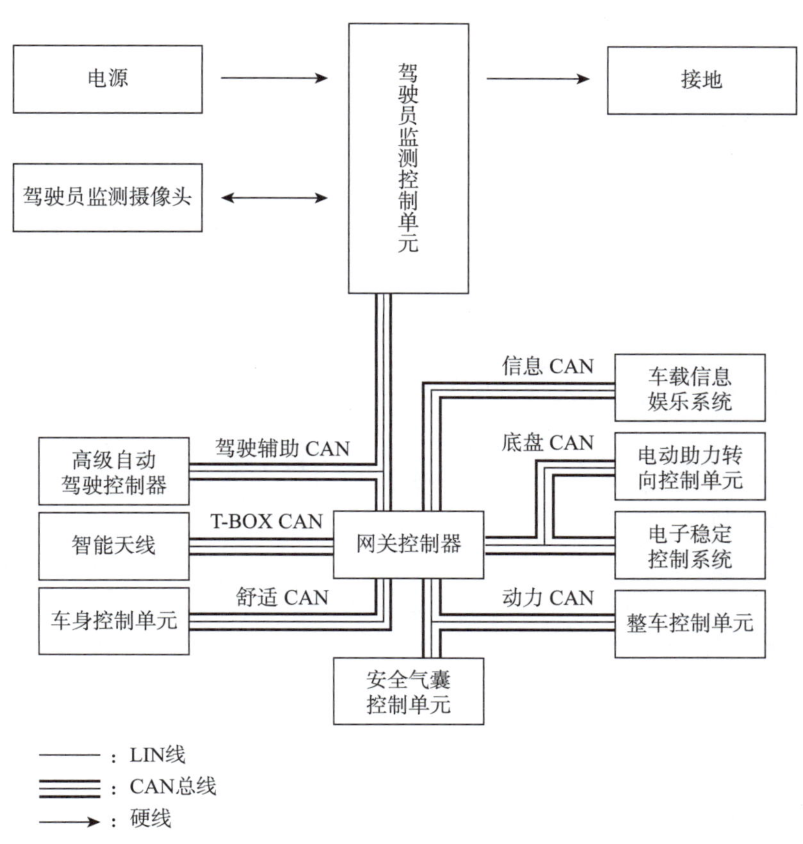

图 14–5　驾驶员监控系统图

（6）驾驶员监控系统动作测试方法

1）试验方法

本试验方法让试验人员模拟疲劳驾驶、分神驾驶、接打电话等异常驾驶行为，另一名工作人员在旁边记录相关状态次数。利用车载监测系统判断该试验人员各异常状态次数，并将判断结果与实际人工记录的异常状态发生次数进行对比，得出设备误报率和漏检率。

2）试验条件

试验应在实际车辆的驾驶室中进行，试验条件包括车辆应当处于室外试验场地中，不得停放于室内；试验人员应随机抽取；试验人员可佩戴帽子、墨镜等；记录人员应当位于试验人员侧前方，便于记录试验人员的相关状态；记录人员不得出现在被测设备视频监测区域内，不得遮挡试验人员的面部特征。

3）试验步骤

抽取用于试验的驾驶员，并与驾驶员确认测试安排。试验人员进入驾驶位置，根据记录人员的口令随机做出正常驾驶、疲劳状态、分神状态、接打电话以及离开驾驶位置等不同动作。在做出动作的同时，由记录人员在旁观察并记录动作的有效性，分神动作持续时间不得超过 15 s 左右，其他动作持续时间不得超过 60 s。试验人员针对特定功能测试规定操作次数达到 10 次以上后试验结束。将所记录的报警信息与传输至平台的信息进行对照，比较报警信息传输的实时性。将记录人员所记录的各个状态的实际数量与设备所检测到的数量进行对比，计算得出设备的误报率或漏检率。

4）试验结果分析

试验结束后，对所记录的报警时间及对应车头时距进行对比，具体分析步骤如下。

若在动作过程中设备产生报警，则结束相关动作，由记录人员记录设备的报警类型。若动作结束后设备未报警，则记录人员记录一次漏检，并记录漏检类型。若驾驶员做出正常驾驶动作时发出报警，则记录人员记录异常误报，并记录误报类型。将最终记录与平台记录对比，若平台报警记录缺失或延迟，则终端网络传输功能异常，试验失败。若平台报警记录符合实际情况，则终端传输功能正常，进入下一步检验。

计算各种类型报警的误报率与漏检率，公式如下。

$$\text{单项漏报率}=\frac{\text{单项漏报次数}}{\text{单项测试次数}};\ \text{单项误报率}=\frac{\text{单项误报次数}}{\text{单项测试次数}}$$

计算总误报率与总漏检率，公式如下。

$$\text{总漏报率}=\frac{\text{总漏报次数}}{\text{总测试次数}};\ \text{总误报率}=\frac{\text{总误报次数}}{\text{总测试次数}}$$

若所有类型报警的误报率均不高于 10%，漏检率均不高于 10%，则本次试验成功。

2. 技能操作

（1）操作准备

准备技能操作所需的物料，见表 14–1。

表 14–1 物料准备

类别	所需物料
教学车辆	智能座舱系统、实训车辆
设备、仪器、工具、资料	记录单、充电机、诊断仪

（2）驾驶员疲劳系统测试

根据驾驶员系统动作测试方法进行测试，将相关内容记录在表 14–2 中。

表 14–2 监测数据记录表

测试项	测试人（依次填写）	测试次数	测试持续时间（依次填写，单位为 s）	报警次数	漏报次数	误报次数
正常驾驶						
疲劳状态						
分神状态						
接打电话						
总计						

根据驾驶员系统动作测试数据，分别计算结论值，并填写在表 14-3 中。

表 14-3　计算记录表

测试项	分项误报率	分项漏报率	总误报率	总漏报率
正常驾驶				
疲劳状态				
分神状态				
接打电话				

（二）驾驶员监控摄像头的更换

1. 知识学习

（1）车载摄像头

车载摄像头是实现众多预警、识别类 ADAS 功能的基础。在众多 ADAS 功能中，视觉影像处理系统较为基础，而摄像头又是视觉影像处理系统的输入，因此车载摄像头对于智能驾驶必不可少。摄像头可实现的 ADAS 功能见表 14-4。

表 14-4　摄像头可实现的 ADAS 功能

ADAS 功能	使用摄像头	具体功能介绍
车道偏离预警 LDW	前视	当前视摄像头检测到车辆即将偏离车道线时发出警报
盲点监测 BSD	侧视	利用侧视摄像头将后视镜盲区的影像显示在驾驶舱内
泊车辅助 PA	后视	利用后视摄像头将车尾影像显示在驾驶舱内
全景泊车 SVP	前视、侧视、后视	利用图像拼接技术将摄像头采集的影像组合成周边全景图
驾驶员监测系统 DMS	内置	利用内置摄像头监测驾驶员是否疲劳、闭眼等
行人碰撞预警 PCW	前视	当前视摄像头检测到标记的前方行人可能发生碰撞时发出警报
车道保持辅助 LKA	前视	当前视摄像头检测到车辆即将偏离车道线时通知控制中心发出指示，纠正行驶方向
交通标志识别 TSR	前视、侧视	利用前视、侧视摄像头识别前方和两侧的交通标志
前向碰撞预警 FCW	前视	当前视摄像头检测到与前车距离过近时发出警报

车载摄像头的前置摄像头的类型主要包括单目摄像头、双目摄像头和三目摄像头。

单目摄像头通过摄像头拍摄的平面图像来感知和判断周边环境，识别车辆、路标、行人等固定物体和移动物体，是目前汽车摄像头的主流解决方案，依靠复杂算法进行测距。优点是探测信息丰富，观测距离远；缺点是探测容易受环境影响。

双目摄像头通过模仿人眼的功能实现对物体距离和大小的感知，进而感知周边环境，可通过视差和立体匹配计算精准测距。

三目摄像头通过三个摄像头覆盖不同范围的场景，可以解决摄像头无法切换焦距的问题，相比于单目摄像头和双目摄像头，拥有更好的视野广度和精度。但是，三目摄像头由于计算量大，对芯片的数据处理能力要求高，目前成本相对较高。

三种摄像头实物图如图 14–6 所示。

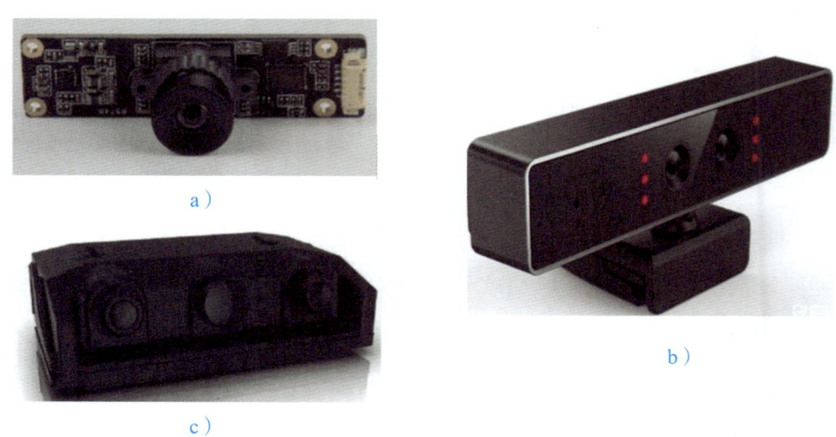

图 14–6　三种摄像头实物

a）单目摄像头　b）双目摄像头　c）三目摄像头

根据目前各车型的 DMS 案例分析，DMS 摄像头主要是在车灯、A 柱、转向盘等位置，如图 14–7 所示。

图 14–7　DMS 摄像头安装位置

车载摄像头主要的硬件结构包括光学镜头（其中包含光学镜片、滤光片、保护膜等）、图像传感器、图像信号处理器 ISP、串行器、连接器等器件。其结构示意图如图 14–8 所示。

光学镜头负责聚焦光线，将视野中的物体投射到成像介质表面，根据成像效果的要求不同，可能要求多层光学镜片。滤光片可以将人眼看不到的光波段进行滤除，只留下人眼视野范围内的实际景物的可见光波段。

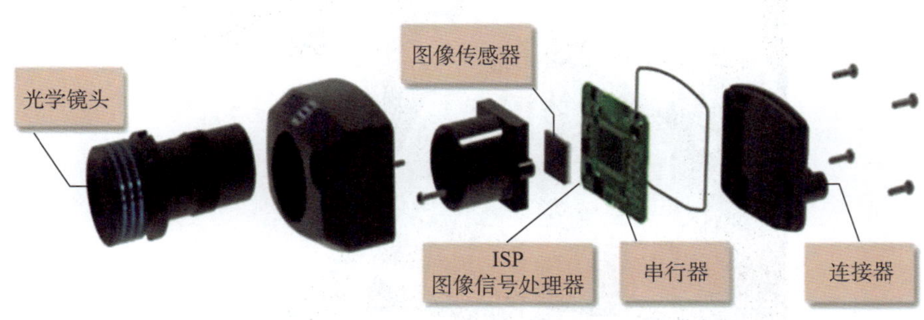

图 14-8　摄像头结构示意图

图像传感器可以利用光电器件的光电转换功能将感光面上的光像转换为与光像成相应比例关系的电信号，主要分为 CCD 和 CMOS 两种。

ISP 图像信号处理器主要使用硬件结构完成图像图传感器输入的图像视频源 RAW 格式数据的前处理，可转换为 YCbCr 等格式。还可以完成图像缩放、自动曝光、自动白平衡、自动聚焦等多种工作。

串行器将处理后的图像数据进行传输，可用于传输 RGB、YUV 等多种图像数据种类。

连接器用于连接固定摄像头。

车载摄像头在制造工艺及可靠性要求方面也要高于工业摄像头和商用摄像头，由于汽车需长期工作在恶劣环境中，车载摄像头需要在高低温环境、强振动、高湿热等复杂工况环境下稳定工作，其工艺制造要求见表 14-5。

表 14-5　摄像头工艺制造要求

工艺需求	具体需求
温度	−40~85 ℃
使用寿命	8~10 年及以上
防水等级	一般为 IP67
动态需求	高动态特性
振动	满足 PV 试验要求
绝缘性能	满足 PV 试验要求
耐久性	满足 PV 试验要求

（2）拆装驾驶员监控摄像头支架总成

拆卸步骤如下。

1）断开蓄电池负极端子，如图 14-9 所示。

2）拆卸转向柱上护罩。

3）拆卸驾驶员监测摄像头带支架总成。

图 14-9　断开蓄电池负极端子

断开驾驶员监测摄像头支架总成线束连接器，如图 14-10 所示。

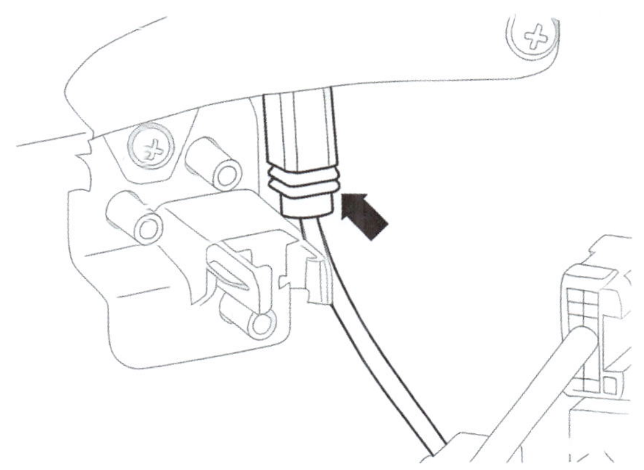

图 14-10　断开驾驶员监测摄像头支架总成线束连接

拆下 3 个螺钉，并拆下驾驶员监测摄像头支架总成，如图 14-11 所示。

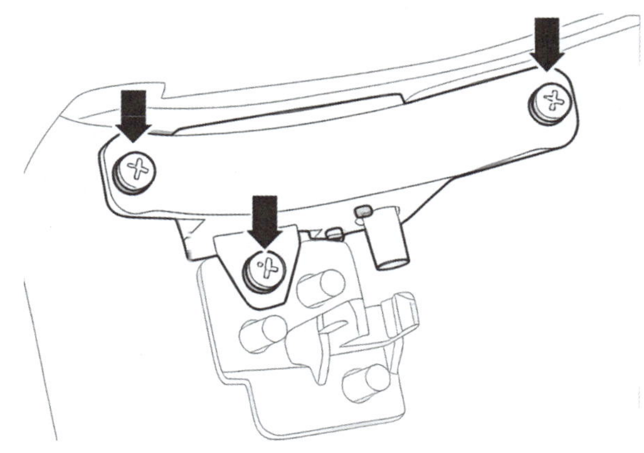

图 14-11　拆下驾驶员监测摄像头支架总成

安装步骤如下。

用 3 个螺钉安装驾驶员监测摄像头带支架总成，连接驾驶员监测摄像头带支架总成线束连接器，安

装转向柱上护罩，连接蓄电池负极端子。

2. 技能操作

（1）操作准备

准备技能操作所需的物料，见表 14-6。

表 14-6　物料准备

类别	所需物料
教学车辆	智能座舱系统、实训车辆
设备、仪器、工具、资料	维修手册、电路图、车内三件套、安全手套、工具套装、抹布

（2）更换驾驶员监控摄像头

依据驾驶员监控摄像头拆装步骤，规范完成驾驶员监控摄像头更换，并将相关内容填写在表 14-7 中。

表 14-7　操作记录表

序号	步骤	工具设备	关键点 / 注意事项
1			
2			
3			
4			
5			
6			
7			
8			

检查评估

对本任务的学习情况进行检查，并将相关内容填写在表 14-8 中。

表 14-8　检查表

检查项目	检查结果	结果点评
驾驶员疲劳系统动作测试		
疲劳驾驶测试是否正确完成	是□　否□	
分神状态测试是否正确完成	是□　否□	
接打电话动作测试是否正确完成	是□　否□	
是否完成测试结果的正确计算和评判	是□　否□	
驾驶员监控摄像头的更换		
是否正确更换驾驶员监控摄像头	是□　否□	
更换后的驾驶员监控摄像头是否能正常使用	是□　否□	
整理及恢复		
工具、设备是否整理并放置在指定位置	是□　否□	
是否出现额外的人为故障	是□　否□	
是否采取了必要的安全措施	是□　否□	
是否充分地进行团队沟通与协作	是□　否□	

任务小结

任务小结如图 14-12 所示。

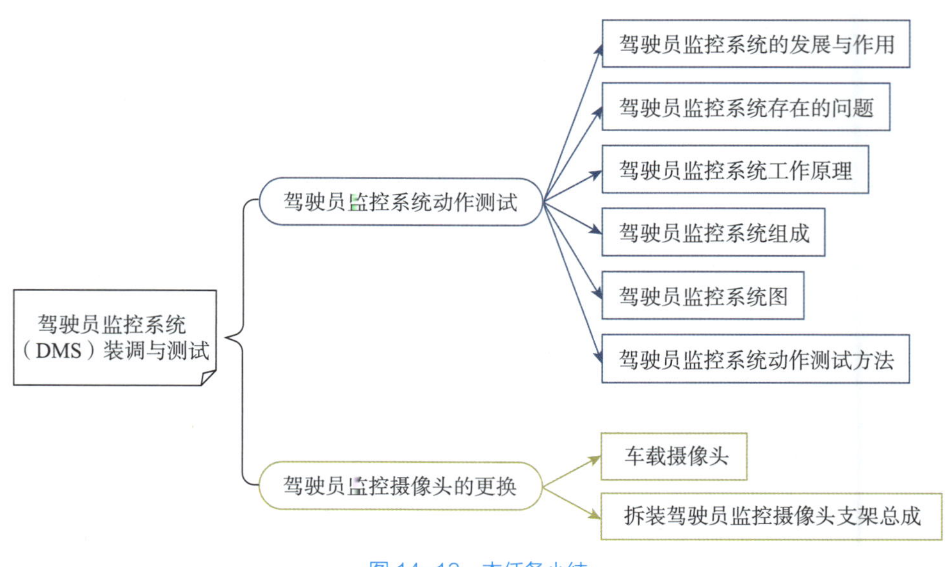

图 14-12　本任务小结

任务十五
智能语音控制系统检修

任务导入

场景：某国产汽车 4S 店

人物：客户刘先生、经理张先生

情境：客户郑先生的车辆配置较高，该车配有语音控制功能，郑先生经常使用这一功能，最近一段时间，郑先生使用语音控制功能时，发现偶有失效的现象。技师小王接到该车进行验证，发现确实有语音控制功能偶然失效的情况发生，读取故障码后，显示语音控制系统异常，小王接下来决定对该系统进行检查和测量，该如何操作呢？

任务目标

▸ 能够根据系统电路图，正确分析电路走向、系统控制方式，并借助诊断设备，选用合适的测量工具，准确检测语音交互系统。

▸ 能够根据所学知识，结合维修手册指引，选用合适的工具，正确进行语音控制传感器更换。

任务实施

（一）语音控制系统故障诊断

1. 知识学习

（1）语音识别

语音识别（automatic speech recognition）是人工智能领域关键技术之一，其目的是让计算机能够“听懂”人类的语言，并将语音转化成文本，如图 15–1 所示。语音识别技术开启了智能时代人机交互系统应用的大门，是实现机器翻译、自然语言理解的基础。

情境四

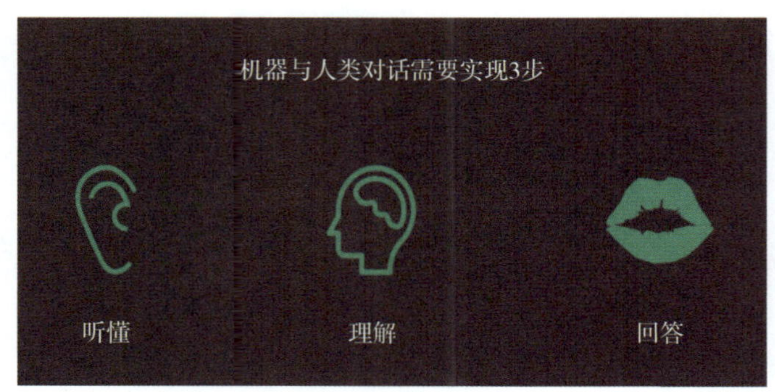

图 15-1　机器与人类交互条件

近年来，伴随着人工智能领域深度学习技术的飞速发展，语音识别技术性能也显著提升并被广泛应用，且逐步实用化并实现产品化。人们在生活和工作中无时无刻不体验着语音识别技术带来的便利，例如语音输入法、语音助手等智能语音软件以及机器人、点餐机、车载语音等智能语音交互系统等，如图 15-2 所示。

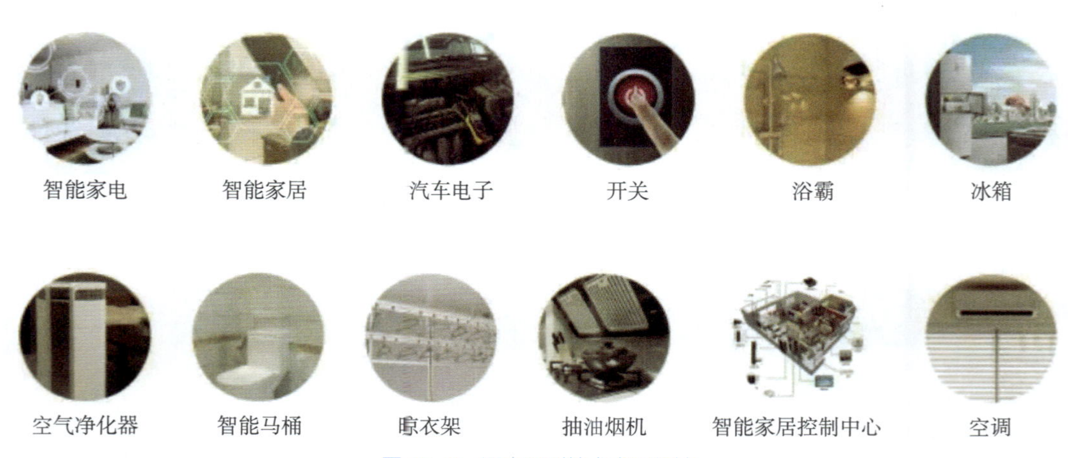

图 15-2　语音识别技术应用领域

（2）语音识别系统组成及原理

语音识别的本质是基于语音特征的模式识别，也就是通过学习，系统可以使输入的语音被按照一定的方式进行分类。由于原始语音信号包含了很多的随机因素，数据量太大，使得系统运算及存储负担过重，严重影响系统的识别性能。因此原始语音信号必须经过分析和处理得到能表征原始语音特征的参数才能进行识别。

像常规模式识别一样，语音识别系统基本结构包括前端预处理、特征提取、参考模板库、模式匹配等。识别系统本身由训练和识别两个部分组成：训练就是建模的过程，预先分析出语音特征参数，制作成语音模板存放在语音参数库中；识别过程就是将待识别的语音经过与训练时相同的分析，把得到的语音参数与库中已知参数模板进行对比，找到最接近语音特征的模板，就可得到识别结果。

根据关注侧重点的区别，语音识别系统有着不同分类。根据与说话人的相关性，分为特定人、非特定人以及多人识别系统；根据发音方式的不同，分为孤立词、连接词以及连续语音识别系统；根据对词汇量大小的要求，分为小词汇量、中等词汇量、大词汇量以及无限词汇量语音识别系统。对于不同的语音识别方法，其核心思想都是利用模式匹配，将待识别的语音模式逐一与系统存储的已知参考模式进行匹配，并把具有最大相似度的参考模式作为最终识别结果。完整的语音识别系统结构如图 15-3 所示。

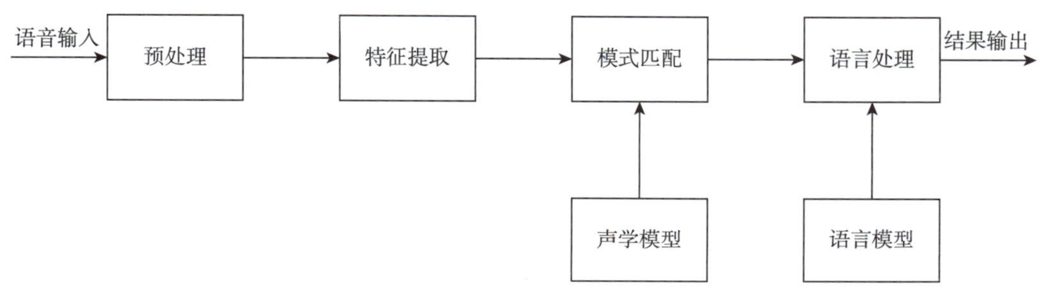

图 15-3　语音识别系统结构图

预处理滤除原始语音信号中的次要信息和环境噪声等影响因素，这样既进行了信息压缩，减少系统的运算量和存储量，系统的错误率也被极大降低。一般预处理过程分为滤波采样、预加重、分帧、加窗及端点检测等几个阶段。

语音特征提取旨在分析语音波形并提取出语音时序特征序列。语音特征参数的提取是语音识别系统的核心部分，决定了最终的识别效果。一个好的特征参数应当具有以下特征。

1）能很好地表现语音特征，例如发音特点和声道特性。

2）提取的特征向量维数尽量较低，各阶参数向量之间应有很好的相互独立性。

3）能够使用高效算法计算特征参数，保证系统能够实时实现识别过程。

声学模型与模式匹配将得到的语音特征参数输入声学模型进行不断训练得到与训练输出信号具有最大吻合概率的最佳模型。在识别过程中，将未知语音信号的语音特征输入声学模型进行对比与匹配，得到最终的识别结果。实质上，这是一个模式匹配的过程。

语言模型与语言处理主要应用于中等词汇量以上语音识别系统。语言模型是由识别语音命令构成的语法网络或是一种统计语言模型，语言处理可以用来分析语法、语义，确定识别结果的正确性。

（3）语音合成技术

语音合成又称文语转换（TTS，text to speech）技术。相较于语音识别能够赋予机器听懂人说话的能力，语音合成技术能够播报一定的语音内容，从而对用户的行为进行反馈。针对机器内部的文本信息或者接收到外部输入的文本信息，通过语音合成技术，可将其转变成可以听懂的、类似人类声音的信息后再行输出。

（4）智能座舱语音交互功能测试

下面以小鹏汽车为例，对语音交互功能进行测试，方法如下。

1）下载手机小鹏 App，打开并扫描小鹏汽车上的二维码登入。

2）确保车辆处于联网状态。

3）进入车内中控屏，根据中控屏的语言指导，语音输入“你好，小 P”即可完成唤醒词训练，以后通过“你好，小 P”唤醒语言助手，进行语言交互。

4）通过唤醒小 P 助手，语音输入“你好小 P”，等待系统响应后，语音输入“关闭或者开启车窗、车辆后备箱、车门”，检查车辆是否执行相应动作。

5）激活小 P 助手后，语音输入“我要泊车”，检查车辆是否会自动执行泊车。

6）语音切换驾驶模式：小鹏汽车一共有五种驾驶模式，即标准模式、运动模式、经济模式、XPEDAL 模式和舒享驾乘模式，除了中控屏切换外，还可以通过语音唤醒小 P 进行模式切换；语音输入“你好小 P”，等待系统响应后，使用语音发出切换驾驶模式指令，检查系统是否进行了相应模式切换，并做出语音反馈。

7）若以上测试均能正常执行，视为语音交互功能无异常。

（5）语音控制系统故障诊断流程

1）电路分析

在多数配备智能座舱的车型中，语音控制系统的信号采集电路并不复杂，如图 15-4 所示。多媒体系统主机是语音信号采集电路的信号接收单元，而三个麦克风是声音信号采集设备，它们分别是位于前部顶棚中轴位置的天窗控制模块内的第一排麦风、位于右侧中部顶棚内的第二排右侧麦克风、位于左侧中部顶棚内的第二排左侧麦克风，这三个麦克风所处的位置不同，用于在车内不同的区域采集声音信号。每个麦克风会有两根引线，一根为信号传输，另一根为接地。多媒体系统主机负责翻译信号，并将信号转化为具体指令并执行，多媒体系统主机有两根供电针脚和两根接地针脚，供电线分别由两个保险片接入，多媒体系统主机对其他模块的通信采用 CAN 总线的形式。

2）语音控制传感器供电故障

对于某些车型，语音控制传感器 – 麦克风发生供电故障导致系统失效，系统会报故障码“U2A3C1C– 麦克风供电失效”；CDC（多媒体系统主机）根据接收到的各类信号和内部控制逻辑，显示车辆状态，根据用户指令启用或禁用车辆的各种功能，如果麦克风供电出现失败，则报上述故障码。

对此类故障的诊断思路如下。

① 检查 12 V 蓄电池电压

将车辆状态处于“驻车状态”；先断开紧急切断开关，再断开 12 V 蓄电池负极，静置 5 min；使用万用表测量 12 V 蓄电池正极和负极之间的电压，标准值为 9~15 V。

若电压值正常，则复原车辆并进行下一步；若电压值不正常，应更换蓄电池。

② 检查车辆的故障码

使用诊断仪，检查 HVIC（高玉集成件）故障码。若存在故障，应先行检修 HVIC（高压集成件）；若不存在故障，则进行下一步。

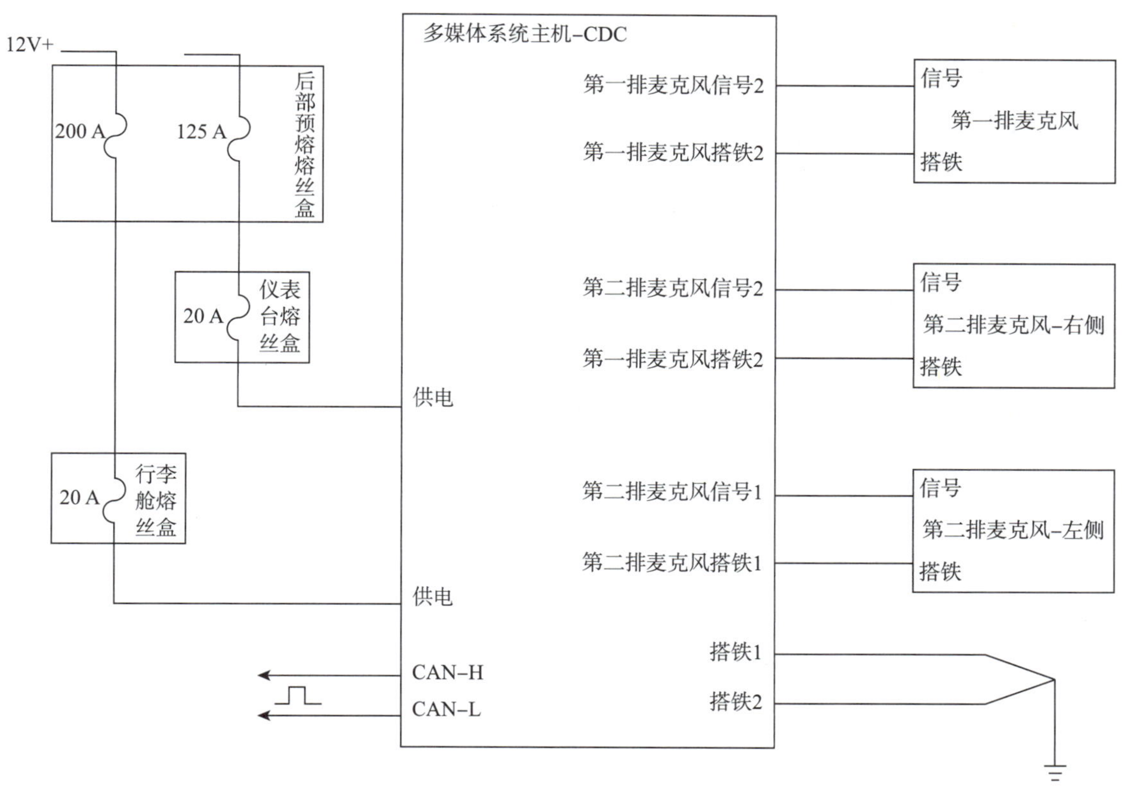

图 15-4　语音信号采集电路图

③ 检查 TF08、IF11 熔丝

将车辆状态处于“驻车状态”；拆卸并取出 TF08、IF11 熔丝，目视检查熔丝状态；使用万用表测量 TF08、IF11 熔丝两端之间的导通性，电阻标准值小于 1 Ω。若电阻值正常，将车辆复原并进行下一步；若电阻值不正常，则更换熔丝。

④ 检查 CDC（多媒体系统主机）供电线路

将车辆状态处于“驻车状态”；先断开紧急切断开关，再断开 12 V 蓄电池负极，静置 5 min；断开 CDC（多媒体系统主机）线束接头；连接 12 V 蓄电池负极；将车辆状态处于“车内有驾驶员状态”；使用万用表测量 CDC（多媒体系统主机）两个供电针脚与接地之间的电压，电压标准值为 9~15 V。若电压正常，则进行下一步；若电压不正常，则维修相关线束。

⑤ 检查 CDC（多媒体系统主机）接地线路

将车辆状态处于“驻车状态”；断开 12 V 蓄电池负极；使用万用表测量 CDC（多媒体系统主机）两个负极针脚与接地之间的导通性，标准电阻值小于 5 Ω；若阻值正常则进行下一步；若阻值异常，则检修相关线路。

⑥ 检查 CDC（多媒体系统主机）与麦克风之间的供电线路

断开第一排麦克风阵列线束接头、第二排麦克风阵列左侧线束接头以及第二排麦克风阵列右侧线束接头；使用万用表测量 CDC（多媒体系统主机）与麦克风供电线之间的导通性，标准阻值小于 5 Ω；若阻值正常，则进行下一步；若阻值异常，则检修相关线束。

⑦ 检查 CDC（多媒体系统主机）与麦克风之间的搭铁线路

使用万用表测量 CDC（多媒体系统主机）与麦克风搭铁线之间的导通性，标准阻值小于 5 Ω；若阻值正常，则进行下一步；若阻值异常，则检修相关线束。

⑧ 所有相关线束、针脚，均进行了检查且结果正常，更换 CDC（多媒体系统主机）。

3）麦克风信号接收异常

对于某些车型，麦克风音信信号收到不明原因的干扰时，系统会报故障码“U2A2F88- 无法初始化音频麦克风通道”；CDC（多媒体系统主机）根据接收到的各类信号和内部控制逻辑，显示车辆状态，根据用户的指令启用或禁用车辆的各种功能，如果模块无法正常接收麦克风信号，则可能报上述故障码。

对此类故障的诊断思路如下。

① 重启 CDC（多媒体系统主机），使用诊断仪，执行“诊断程序 -CDC- 控制器重启”；检查故障现象是否清除，若未清楚，进行下一步。

② 更新控制模块的软件版本，使用诊断仪，检查该模块最新的软件版本，进行升级。

③ 使用诊断仪，检查 CDC（多媒体系统主机）故障代码，若存在“U2A3C”故障码，则按照相关流程处理，若处理完成后故障依旧存在，则进入下一步。

④ 更换麦克风并清除故障码。

2. 技能操作

（1）操作准备

准备技能操作所需的物料，见表 15-1。

表 15-1 物料准备

类别	所需物料
教学车辆	智能座舱系统、实训车辆
设备、仪器、工具、资料	维修手册、电路图、车内三件套、安全手套、工具套装、万用表、诊断仪、手电筒

（2）语音控制系统故障诊断

对语音控制系统进行故障诊断，并将相关内容记录在表 15-2 中。

表 15-2 语音控制系统故障诊断记录表

序号	步骤	工具设备	检测数据 / 关键点 / 注意事项等
1			
2			
3			

续表

序号	步骤	工具设备	检测数据 / 关键点 / 注意事项等
4			
5			
6			
7			
8			

（二）车载语音控制系统部件更换

1. 知识学习

（1）车载语音系统

通过对当今的交互形式进行调查发现，相较于传统的触摸键盘的人机交互方式，语音交互具有输入更高效、表达更自然、信息容量更大等优势。通过语音交互功能，系统能够通过用户的语音指令，从而实现各应用程序的功能控制。

语音交互功能主要包括语音控制、语音合成。基于语音控制技术，当车载语音系统接收到用户指令后，系统能够“听懂”用户的语言；基于语音合成技术，系统能够将执行结果通过语音播报的形式反馈给用户。

以语音拨号为例，如果采用条目式语音命令，至少需要说出“通讯录”“呼叫”“被呼叫人姓名”等几个固定的词语和句子，才能实现语音拨号功能。如果采用自然语音控制系统，只需说出“给某某打电话”就可实现拨号。同时，一些高级的自然语音控制系统具备完整的语音交互流程，执行完语音指令后可以用语音或文字的方式反馈执行结果，实现与车内人员的互动和聊天。车载语音交互应用功能见表 15-3。

表 15-3　车载语音交互应用功能

类别	功能
通信	拨打电话
	呼叫后台服务
导航	开启 / 关闭导航
	定位查找
	路途导航
	路况查询
	周边设施查询
	交互式语音导航

续表

类别	功能
驾驶辅助	车载空调控制（空调开关、模式和温度调节、风速和风向调节）
	车载应用控制
	车身信息查询（水温、油量、胎压等）
	车身控制（灯光、车窗等）
车载娱乐	电台广播搜索
	音乐播放
	天气及新闻查询

目前，车载语音交互系统在汽车上的使用较为广泛，国内外许多汽车制造商在设计的时候也将这一功能配备到旗下轿车上，下面就奔驰（见图 15–5）、宝马（见图 15–6）、吉利（见图 15–7）、小鹏（见图 15–8）、荣威（见图 15–9）和江淮汽车从语音图标显示方式、显示效果、是否可定制唤醒词、二次交互表现形式、识别结果显示方式、帮助界面显示方式等 6 个方面进行比较，见表 15–4。

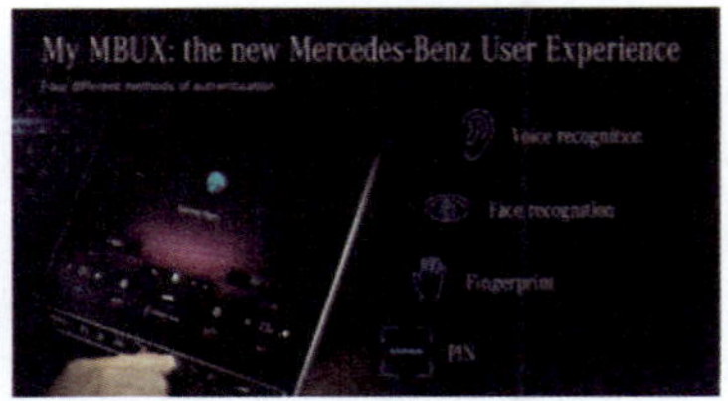

图 15–5　奔驰 MBUX 语音控制界面

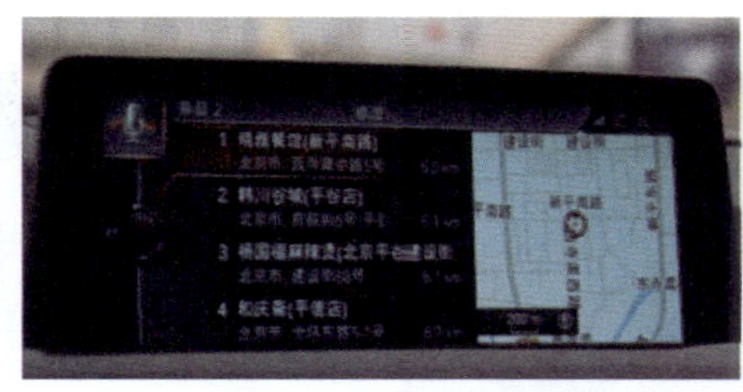

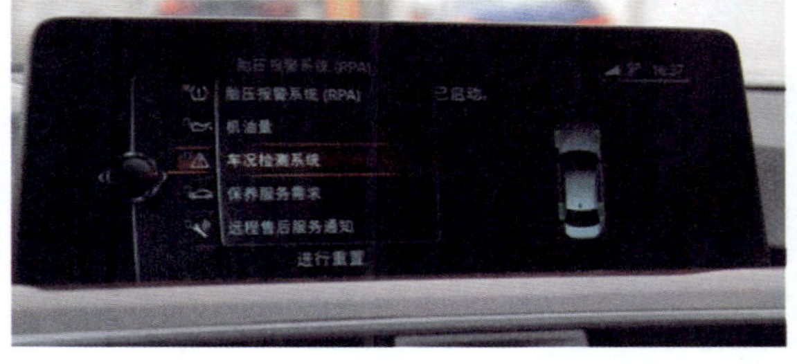

图 15–6　宝马 NLU 识别界面

图 15-7　吉利 GL 系列语音控制界面

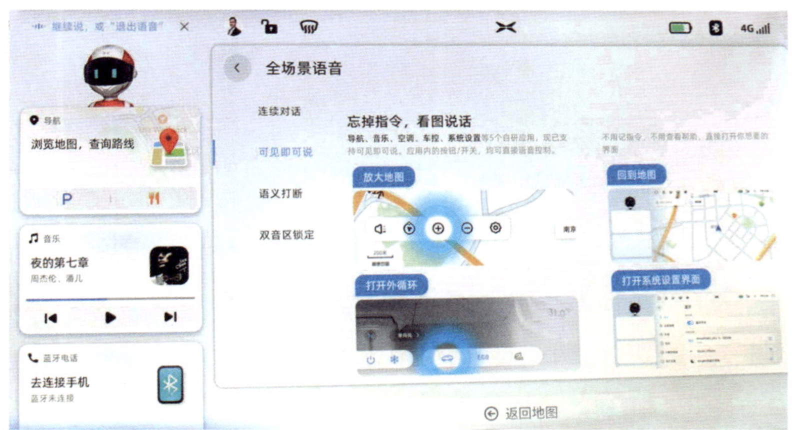

图 15-8　小鹏汽车语音控制界面

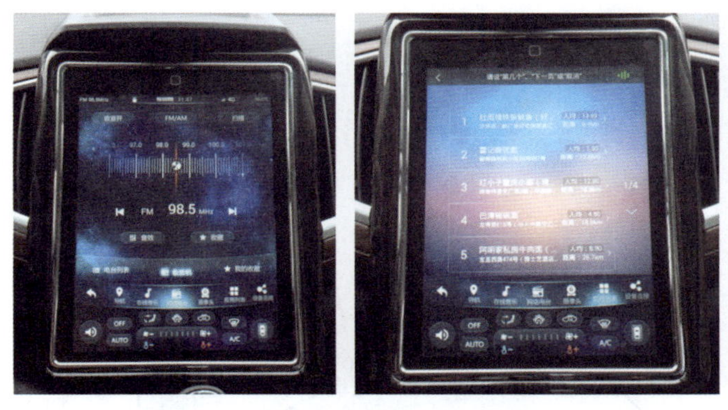

图 15-9　荣威 RX 系列语音控制界面

表 15-4　语音控制界面对比

项目	奔驰 MBUX	宝马 NLU	吉利 GL 系列	小鹏汽车	荣威 RX 系列	江淮大众
	纽昂斯		科大讯飞语音助理	思必驰	斑马智行	出门问问
语音图标显示方式	主界面无语音图标，需通过转向盘按键唤醒	主界面无语音图标，需通过转向盘按键唤醒	在主界面常显	主界面无语音图标，需通过转向盘按键唤醒	主界面无语音图标，需通过转向盘按键唤醒	在主界面常显
显示效果	半屏显示	顶栏	语音设置可改变全屏或弹框显示	全屏显示	全屏显示	半屏显示

续表

项目	奔驰 MBUX 纽昂斯	宝马 NLJ	吉利 GL 系列 科大讯飞语音助理	小鹏汽车 思必驰	荣威 RX 系列 斑马智行	江淮大众 出门问问
是否可定制唤醒词	有	有	有	唤醒词可定制	唤醒词可定制	唤醒词可定制
二次交互表现形式	以对话方式呈现	以对话方式呈现	以对话方式呈现	以对话方式呈现	以对话方式呈现	以对话方式呈现
识别结果显示方式	全屏铺开展示	分屏显示	全屏铺开展示	全屏铺开展示	全屏铺开展示	全屏铺开展示
帮助界面显示方式	识别不成功自动进入帮助界面	识别不成功自动进入帮助界面	识别不成功自动进入帮助界面	自动进入帮助界面	自动进入帮助界面	识别不成功自动进入帮助界面

语音唤醒更便捷、更趋于人性化。识别结果全屏显示效果更好，但随着屏幕尺寸增大，识别结果更趋于半屏显示，基于场景化的深度交互更符合车内驾驶体验，大部分语音控制都已实现二次交互，使得人机自有对话学习成本降低，但在设计时要注意对用户回答语句的引导。

（2）语音交互传感器（麦克风阵列）更换

1）前排麦克风阵列更换步骤

前排麦克风阵列大致更换步骤如下。

拆下天窗控制开关总成，移开第一排麦克风阵列线束，如图 15–10 所示。

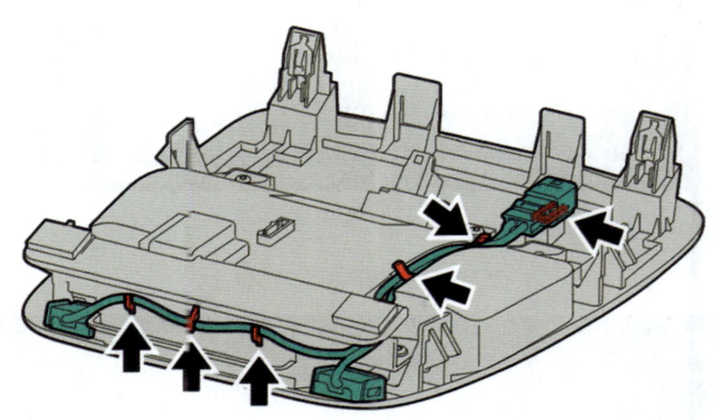

图 15–10 移开线束

撬开 4 个卡扣，拆下第一排麦克风阵列，如图 15–11 所示。

安装第一排麦克风阵列，复位第一排麦克风阵列线束，安装天窗控制开关总成。

2）第二排麦克风阵列更换步骤

第二排麦克风阵列大致更换步骤如下。

拆下车内饰顶棚，断开第二排麦克风阵列插件，如图 15–12 所示。

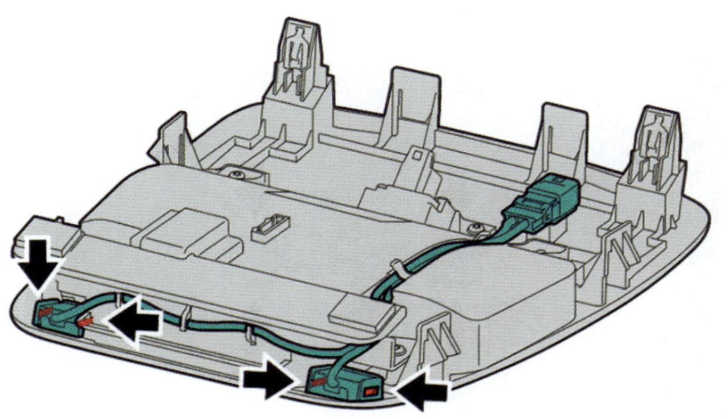

图 15-11　撬开卡扣（红色位置）

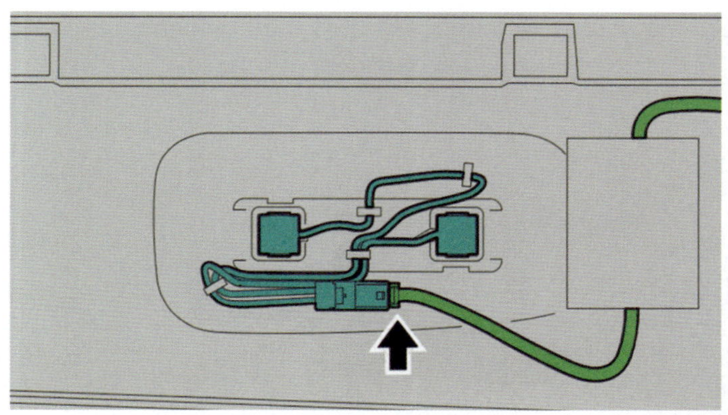

图 15-12　断开插头

移开第二排麦克风阵列线束，如图 15-13 所示。

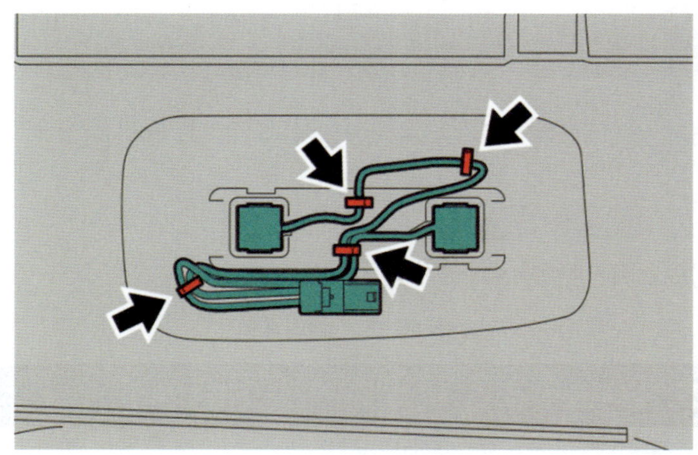

图 15-13　移开线束

撬开 4 个卡扣，拆下第二排麦克风阵列，如图 15-14 所示。

安装第二排麦克风阵列，如图 15-15 所示。

复位第二排麦克风阵列线束，连接第二排麦克风阵列接插件，安装车内饰顶棚。

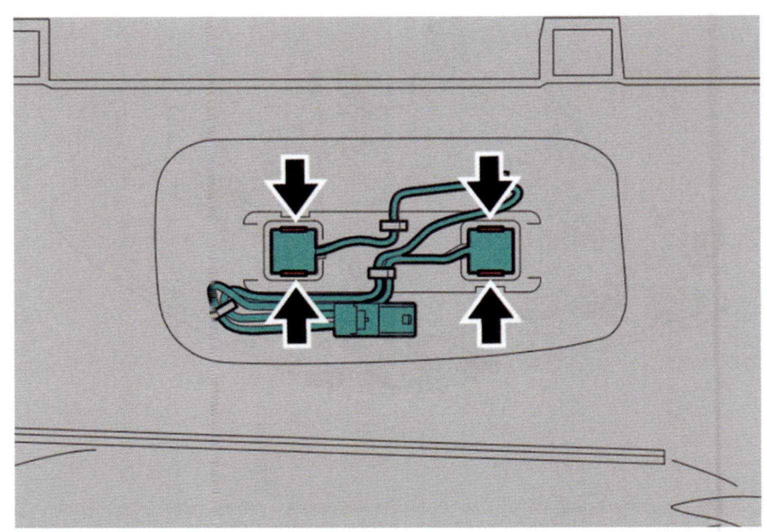

图 15-14 撬开卡扣（红色位置）

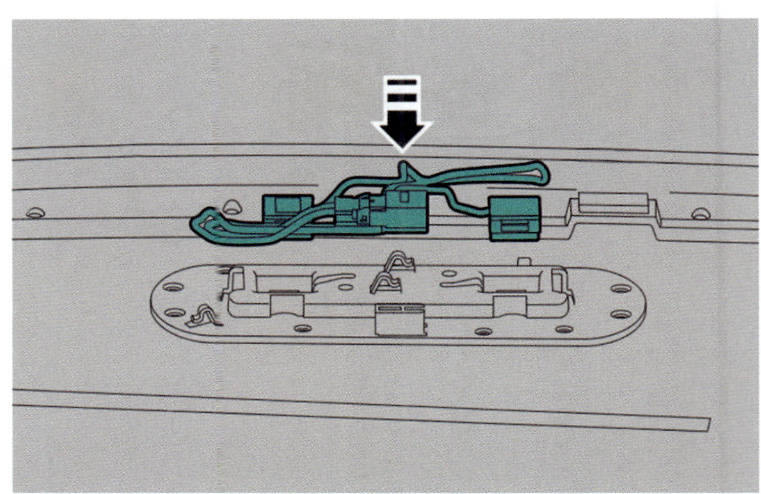

图 15-15 安装麦克风

2. 技能操作

（1）操作准备

准备技能操作所需的物料，见表 15-5。

表 15-5 物料准备

类别	所需物料
教学车辆	智能座舱系统、实训车辆
设备、仪器、工具、资料	维修手册、电路图、车内三件套、安全手套、工具套装

（2）更换语音交互传感器（麦克风）

更换语音交互传感器，并将相关内容填写在表 15-6 中。

表 15-6　操作记录表

序号	步骤	工具设备	关键点 / 注意事项
1			
2			
3			
4			
5			
6			
7			
8			

检查评估

对本任务的学习情况进行检查，并将相关内容填写在表 15-7 中。

表 15-7　检查表

检查项目	检查结果	结果点评
语音控制系统故障诊断		
是否读懂语音控制系统电路图	是□　否□	
是否正确使用个诊断仪执行故障代码读取	是□　否□	
是否正确进行线路测量和问题判定	是□　否□	
是否准确找到故障原因	是□　否□	
更换语音交互传感器		
是否使用正确的方法更换语音传感器	是□　否□	
是否选用的拆装工具正确	是□　否□	
更换后的语音传感器各项功能是否正常	是□　否□	
整理及恢复		
工具、设备是否整理并放置在指定位置	是□　否□	
是否出现额外的人为故障	是□　否□	
是否采取了必要的安全措施	是□　否□	
是否充分地进行团队沟通与协作	是□　否□	

任务小结

本任务小结如图 15-16 所示。

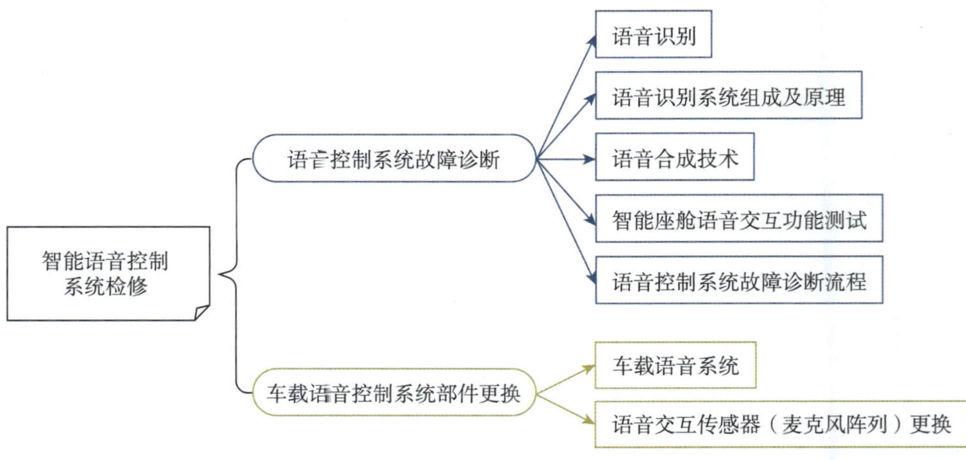

图 15-16　本任务小结

任务十六
手势识别控制系统检查与调试

任务导入

场景：某国产汽车4S店

人物：客户郑先生、维修技师小王

情境：客户郑先生的车辆配置比较高，该车配有手势识别控制功能，郑先生经常使用这一功能，有一次不慎将一杯水洒到仪表板上，及时擦拭后该车一切正常，但一段时间之后，郑先生使用手势识别时，发现偶有不识别的现象；维修技师小王接到该车，进行验证发现确实有偶然失效的情况发生，读取故障码后，显示手势识别传感器信号异常，小王接下来决定对该系统进行检查和测量，请问该如何操作？

任务目标

▸ 能够根据所学知识，依照用户手册指引，正确完成手势识别功能的操作。

▸ 能够根据所学知识，使用合适的材料，准确描绘出手势识别摄像头的某一竖直监测区域。

▸ 能够根据所学知识，选用合适的工具设备，正确完成手势识别评估系统调试。

任务实施

（一）手势识别控制系统功能检查

1. 知识学习

（1）手势识别控制系统概述

在目前车载多媒体系统中，很多车企也逐步推出新车型试图使用手势识别技术。加入了手势识别的车载多媒体系统提升了驾驶的安全性和用户的操作乐趣，多种交互方式融合的车载多媒体系统成为未来发展的方向。

根据操作时手的运动状态，手势交互方式可分为静态和动态两种，如图 16–1 所示。静态手势重点处理帧图像的特点，与时间轨迹无关，手势含义通过手的形状、轮廓来表达，通过图像处理技术对获取的手势图像进行特征分析，可以识别静态手势所表达的具体含义。

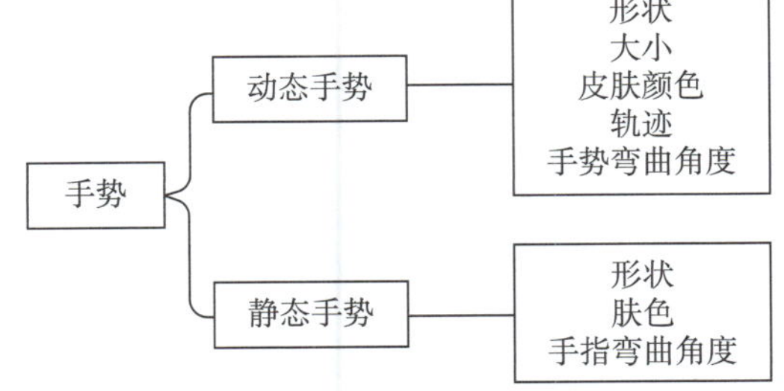

图 16–1　手势分类及其主要特征

动态手势与静态手势相比更注重时间的连续性，重点处理的是连续的手势动作，处理单独一帧的手势图像并不能获得有效信息。动态手势具有运动的过程，因而要考虑手势运动的跟踪问题。动态手势的多样性使得人们可以赋予它更多的功能含义，应用范围广。

近年来，手势识别产品不断涌现，智能家居、智能手机、汽车交互和各类 AR 产品不断地改变着人们的生活方式。这些设备能够识别常见的手势和身体姿势，而汽车手势识别作为一个较新的识别设计领域，为动作识别设计提供了新的挑战和机会。对于汽车而言，手势识别就是通过摄像头、传感器接收手势操作，然后开启相应的车辆功能。

手势交流是人的本能，在学会语言和文字之前，就已经能用肢体语言与人交流。它使人类能够与机器（HMI）进行通信，并且无须任何机械设备即可自然地进行交互。基于视觉的手势识别主要包括手势分割、手势特征提取、静态手势识别、动态手势识别。简单地说，手势识别就是一种用手势来直接控制计算机运算的一种技术，简单且便捷。一种可以基于手势控制的电滑车门如图 16–2 所示。

图 16–2　一种可以基于手势控制的电滑车门

（2）手势识别中的关键技术

“手势识别系统”原理是通过中控台上方的 3D 摄像头发出光线，根据光线发射与接收设备之间的时间差来分析出手势的变化。最终得到的数据会传递给车载系统的控制单元，由控制单元调出与识别出的手势相对应的功能，然后与系统中预设的手势匹配，进而下达相应的操作指令。

汽车手势交互属于新兴的行为设计门类，具有巨大的发展潜力。与人脸识别、HUD 显示和语音命令等先进技术相结合，将更好地应用于汽车交互。在即将到来的环境交互时代，为了更有效地沟通技术与人，手势作为人们与生俱来的一种自然交互方式，不依赖界面等第三方设备，能够最大限度地减少认知和视觉沟通成本，在环境交互时代具有巨大的发展潜力，汽车手势控制如图 16–3 所示。

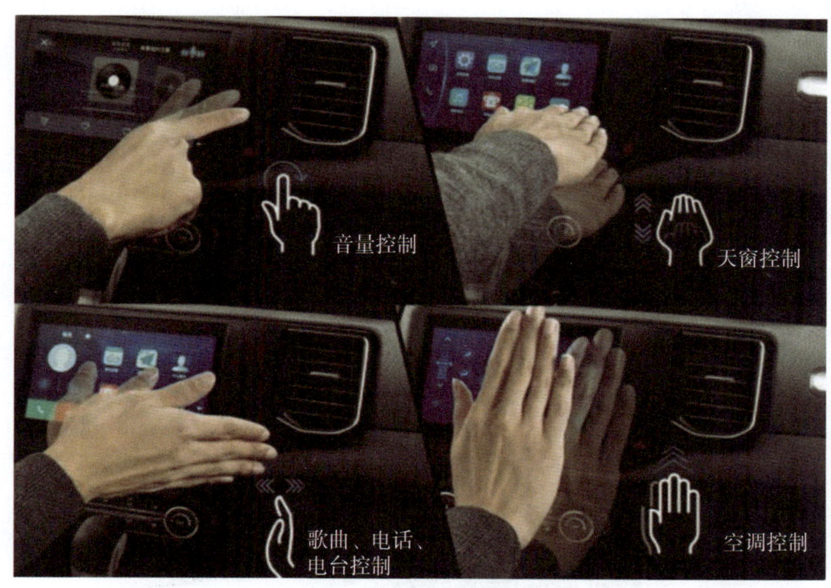

图 16–3　汽车手势控制

手势识别系统如图 16–4 所示，包括手势图像采集、手势分割、手势跟踪、手势识别及人机交互接口。

第一步，进行手势图像的获取并对其预处理。

第二步，提取完整的手势区域，进行手势区域分割。

第三步，手势区域跟踪主要用于动态手势识别中，避免出现在有遮挡物的情况下手势丢失的情况。

第四步，从手势区域中提取手势特征并进行分类从而完成手势识别。

第五步，将手势识别模块通过人机交互接口送入计算机，从而得到手势对应的计算机命令实现人机交互。

图 16–4　基于单目视觉的手势识别系统结构

（3）手势识别的类型

手势控制的核心是手势识别技术，就目前的技术而言，大量的手势识别采用的是计算机视觉技术。手势识别由简单粗略的到复杂精细的，大致可以分为三个等级：二维手势识别、二维手势识别、三维手势识别。

前两种手势识别技术，完全是基于二维层面的，而第三种手势识别技术，是基于三维层面的。三维手势识别与二维手势识别的最根本区别就在于，三维手势识别需要的输入是包含有深度的信息，这就使得三维手势识别在硬件和软件两方面都比二维手势识别要复杂得多。当然三维识别也能够识别更多的动作。

（4）手势控制在汽车中的应用

对于不同的车型，其手势识别操作会有不同的方式，具体参见相关车型的维修手册，下面以某车型为例，讲解手势识别操作的方法。

1）手指画圆

在控制按顺时针或者逆时针方向画圈。顺时针即为调大音量，逆时针即为减小音量。为了防止误操作，手指需要先在空中转一圈，摄像头才会对手势进行识别，如图 16–5 所示。

图 16–5　手指画圆

2）捏住拖拽

对于配备全景摄像头的车辆，在驻车辅助功能中，系统会摄取周围全景并且在屏幕中生成 3D 的车辆以模拟实车位置，并且可以在屏幕上单击，通过不同的机位观察。在控制时将拇指和食指中指做出捏合动作，在空中拽动车辆即可观察任意角度，如图 16–6 所示。

图 16–6　捏住拖拽

3）空中单击和横扫

当手机通过蓝牙和车辆系统进行连接之后，如若有电话接入，只需单手伸出食指在空中单击，即可完成接电话动作，若不想接听电话只需手掌向右滑动即为挂断电话，如图 16–7 所示。

图 16–7　空中单击和横扫

4）食指和中指双手指空中单击

这个动作可以进行自定义。在系统手势设置菜单中可以选择这个手势对应动作，可以在引导至家庭住址、开关静音、最近使用的菜单、下一个曲目 / 频道、历史通话、通知、关闭控制显示器这 7 个对应操作中根据平时使用习惯进行选择，如图 16–8 所示。

图 16–8　食指和中指双手指空中单击

手势控制还预留了一个自定义的手势控制动作，用户可通过食指和中指空中单击进行个性化手势设定，例如“引导至家庭住址”“开关静音”“最近使用的菜单”“历史通话”等。

（5）汽车人机交互系统中的手势控制设计

在汽车人机交互系统中关于手势的使用，取决于众多因素，如触觉、UI 组件、音频反馈以及车辆架构的设计系统。汽车 HMI 手势控制设计见表 16–1。

表 16-1　汽车 HMI 手势控制设计

序号	操作	手势	动作内容
1	手部轻拍		是 确认 接受 播放 / 暂停（切换） 开 / 关（切换）
2	手指拨动		选择 是 确认 接受 播放 / 暂停 切换开 / 关
3	捏 （手指移动）		调整数值（体积、温度等） 浏览 2D 或 3D 菜单 音乐或视频的前进 / 后退 在 AR/VR 中拾取和放置对象 选择光标突出显示的按钮
4	抓取释放		没有 取消 拒绝 关闭 重启 停止
5	手指姿势		选择特定功能或模式 选择特定项目的所需数量
6	轻微地挥动		跳过音乐曲目 在功能模式之间切换
7	翻转手部		返回上一个画面 取消 转到当前播放的曲目 / 视频的开头 播放上一个曲目 / 视频

注释：

① 手部轻拍：驾驶员手掌平摊，运动手臂上下“弹跳”整个手部。

② 手指拨动：驾驶员保持整个手部静止不动，以快速运动的方式上下移动手指（或单个手指）。

③ 捏（手臂移动）：驾驶员将食指和拇指放在一起，同时保持其余手指张开。

④ 抓取释放：在再次打开之前，驾驶员握紧手（握紧拳头）。

⑤ 手指姿势：驾驶员只需向手部跟踪设备显示一定数量的手指即可。

⑥ 轻微地挥动：驾驶员从左到右轻挥手部，然后又以一个动作再次返回。仅前臂需要移动，而不是整个手臂。

⑦ 翻转手部：手张开并且手掌朝下开始，驾驶员将手转过来，然后以一种流畅的动作再次转回（手向外旋转，而不是向内旋转）。

手势评价见表 16–2。

表 16–2　手势评价

序号	可用性	可靠性	舒适性
手部轻拍	中	中	高
手指拨动	中	中	中
捏（手臂移动）	中	高	高
抓取释放	高	低	高
手势姿势	高	中	低
轻微地挥动	高	低	中
翻转手部	高	高	中

（6）手势识别功能检查

以某款车型为例，进行手势识别功能检查，步骤如下。

启动发动机，通过蓝牙将手机与汽车互联，做出胜利的 V 字手势控制多媒体播放 / 暂停，如图 16–9 所示。

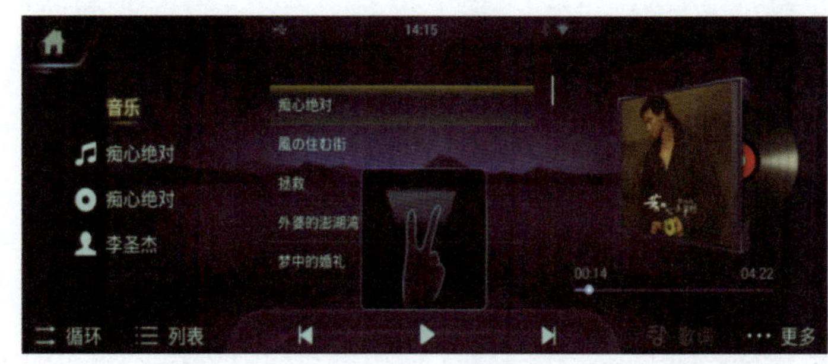

图 16–9　V 字手势

做出右手握拳拇指伸出向左控制播放器播放上一曲，如图 16–10 所示。

做出右手握拳拇指伸出向右控制播放器播放下一曲，如图 16–11 所示。

做出掌心向上抬手控制播放器提高音量，如图 16–12 所示。

做出掌心向下压手控制播放器降低音量，如图 16–13 所示。

借助其他手机拨通与车连接手机。做出六字手势掌心向上接电话，如图 16–14 所示。

图 16-10　右手握拳拇指伸出向左

图 16-11　右手握拳拇指伸出向右

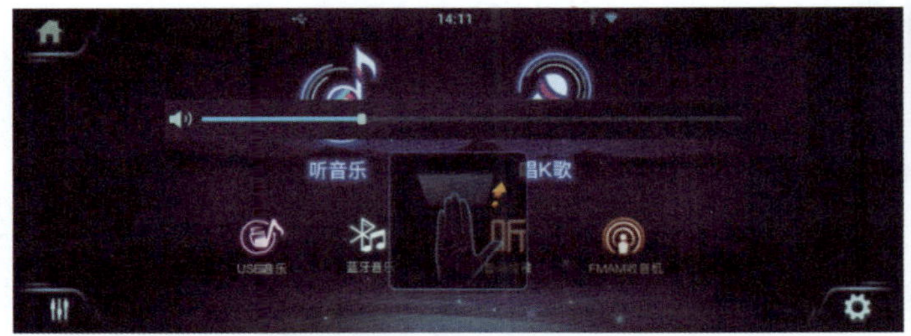

图 16-12　掌心向上抬手

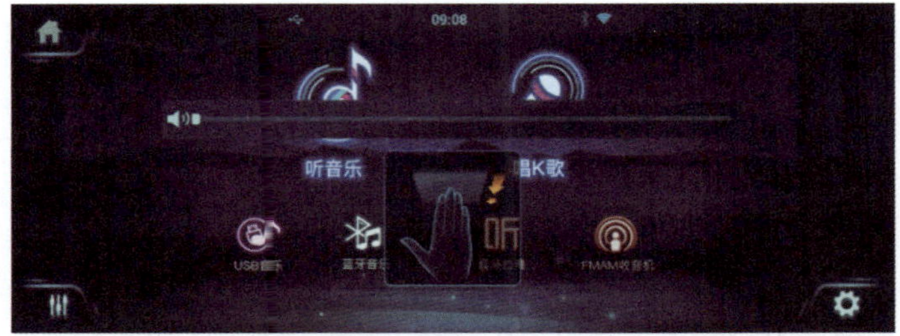

图 16-13　掌心向下压手

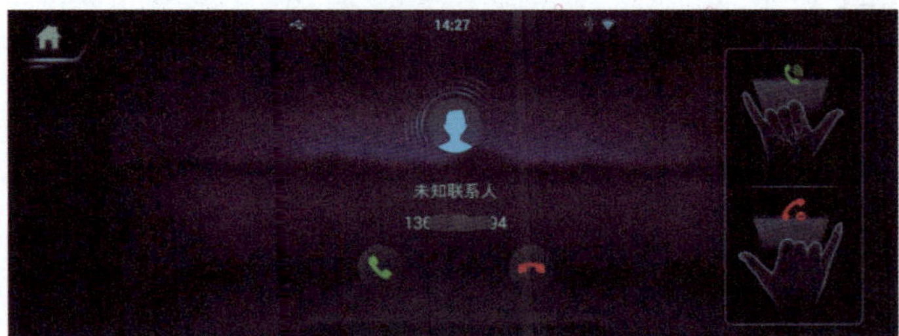

图 16-14　六字手势掌心向上 / 向下

2. 技能操作

（1）操作准备

准备技能操作所需的物料，见表 16-3。

表 16-3　物料准备

类别	所需物料
教学车辆	智能座舱系统、实训车辆
设备、仪器、工具、资料	操作手册、充电设备

（2）手势识别功能测试

结合实训车辆的操作手册，进行手势识别功能测试，将相关内容填写在表 16-4 中。

表 16-4　手势识别功能测试记录表

序号	手势描述	执行动作	手势施放时间	动作响应时间
1				
2				
3				
4				
5				
6				
7				
8				

（3）手势识别区域测试

对实训车辆进行此功能验证，逐步确认手势识别区域的最大二维平面空间（面向车头前方、距风窗玻璃内表面中心点 50 cm 的车内竖直面），并在图 16-15 中画出识别区域，绘画时请画出车辆转向盘、左右 A 柱、风窗玻璃上沿等，作为位置参照。

图 16-15　手势识别区域测试

（二）手势识别控制系统调试

1. 知识学习

（1）手势识别的功能

部分车型手势识别系统适用的功能如图 16–16 所示。

按钮的功能	
首页	打开主菜单
	打开应用程序菜单
COM	打开“通信”菜单
苦	打开“媒体/电台”菜单
那	打开目标输入菜单进行导航
地	打开导航地图
沃	打开上一个显示
奥申	打开“选项”菜单

图 16–16　手势识别功能列表

（2）手势识别监测区域

手势识别监测区域因车而异，但一般都在前排驾驶员侧及中间区域，图 16–17 展示的是某款汽车的手势识别检测区域（黑色区域）。

图 16–17　手势识别监测区域

（3）手势识别失效原因

相机镜头被覆盖；对象位于车内镜像上；照相机的镜头脏污，应清洁照相机镜头；该手势在检测范围之外执行；戴上手套或珠宝饰品；在汽车车内有烟雾。

（4）手势评估套件

成熟的汽车手势识别系统往往是非开源的，因其要充分考虑手势识别系统的可靠性、先进性、安全性等要素，在实际系统调试中，可以借助专业的开源素材套件，独立模仿该系统的各个功能，并做调试试验。

手势识别评估套件主要包含手势跟踪演示设备、传感器输出可视化软件、应用程序开发案例。该套件是在计算机上运行的，使用前应先加载硬件设备（通过 USB 线将兼容电路板与计算机连接起来），如图 16–18 所示，然后装载必要的配套软件和驱动插件，使评估套件能够正常运行。

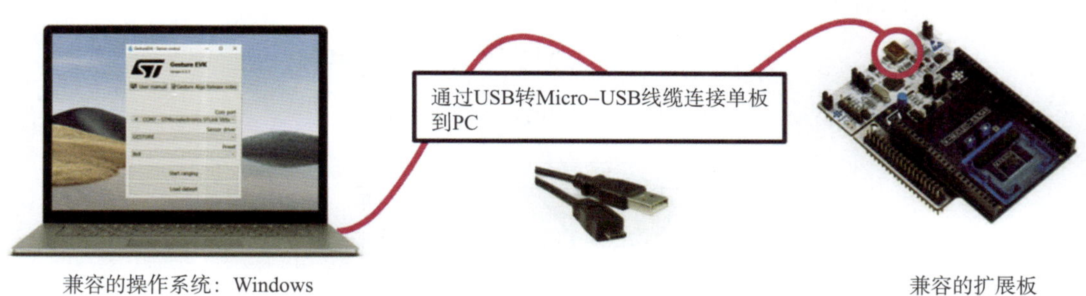

图 16–18　手势识别评估套件连接示意图

其软件操作界面如图 16–19 所示。

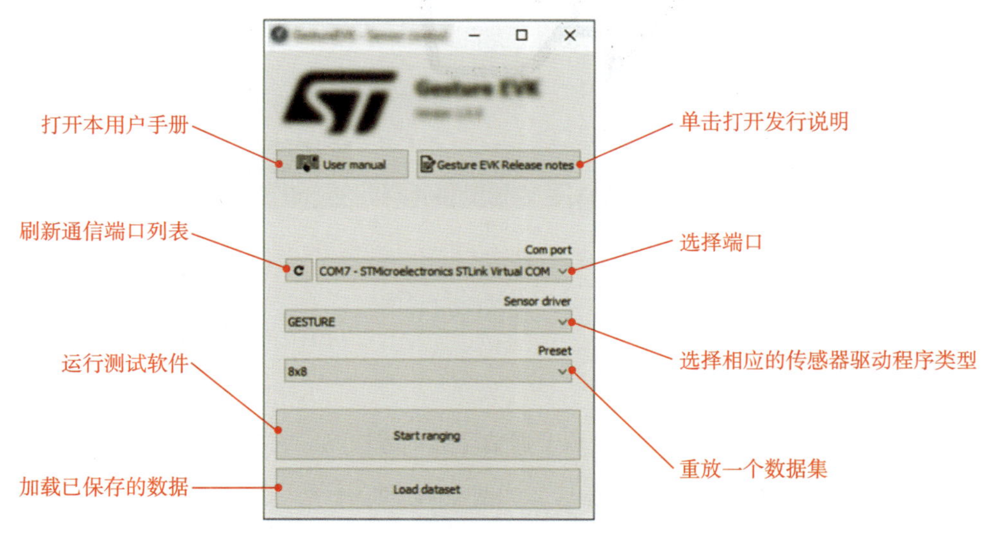

图 16–19　软件操作界面

其程序主窗口如图 16–20 所示。

1）手势检测功能

手势检测部件是一个图形化的工具，用于评估手势算法。它的特点是：手势识别、手势技术、水平控制（在算法中默认为保持一秒后激活；侧面的柱状图显示算法返回的水平控制值，默认值：0 为 10 cm，100% 为 40 cm），如图 16–21 所示。

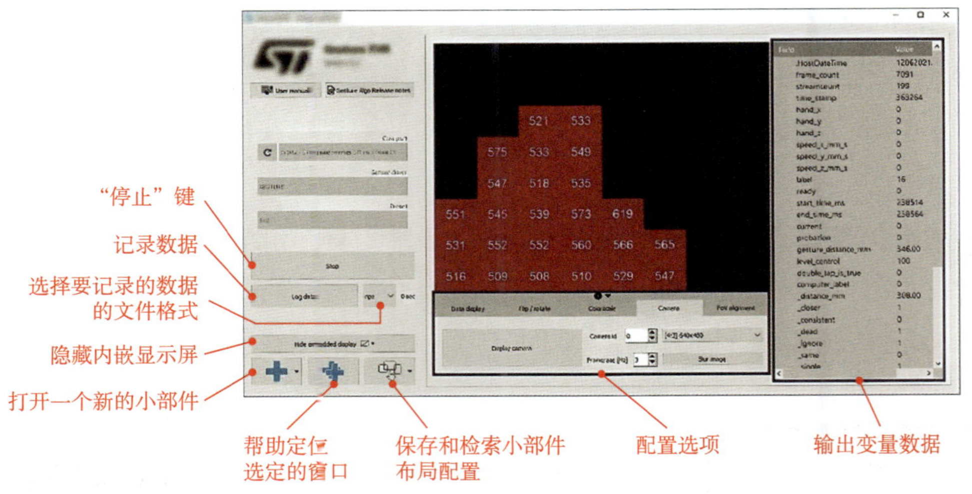

图 16-20　程序主窗口界面

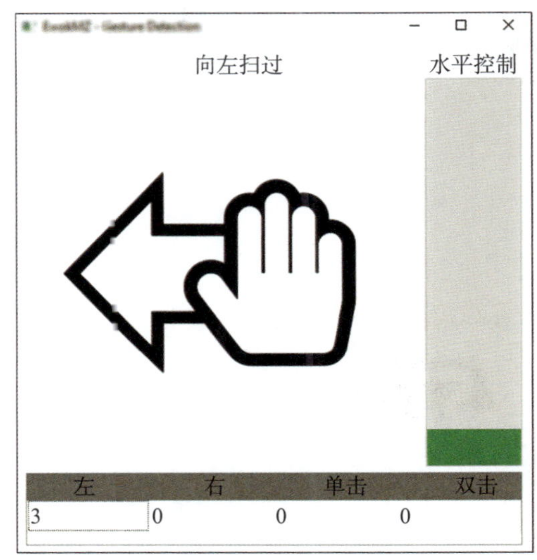

图 16-21　手势检测功能界面

2）环形水平控制

环形水平控制小组件是一个图形工具，用于评估环形手势检测。它显示手部位置的角度，可将该角度转化为百分比，在算法中默认保持 1 s 后激活，如图 16-22 所示。

3）手部跟踪

手部跟踪部件是一个图形化工具，用于评估手部跟踪算法。它可以进行手部位置跟踪，采集点与 Z 轴距离对齐，毫米距离标识点，储存最近 20 个图像轨迹，如图 16-23 所示。

（5）运用手势评估套件进行手势识别调试

1）将 TOF 传感器放置在靠近笔记本摄像头的位置，如图 16-24 所示。

2）将电路板连接至计算机，用固件对电路板进行闪存，启动软件。

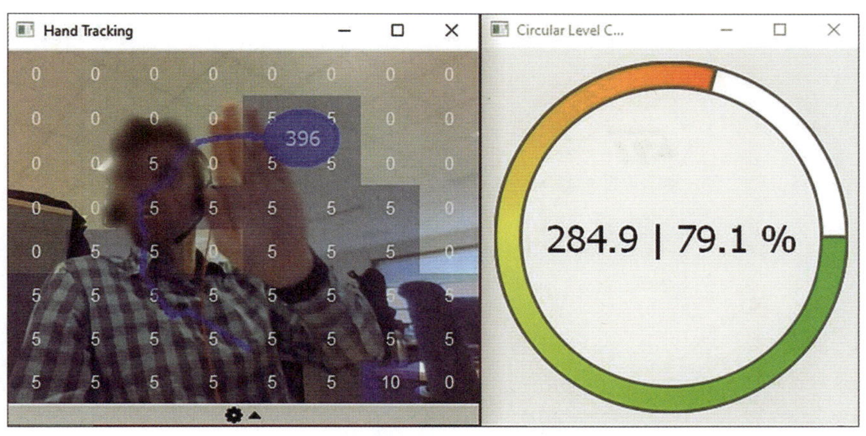

图 16-22　环形水平控制界面

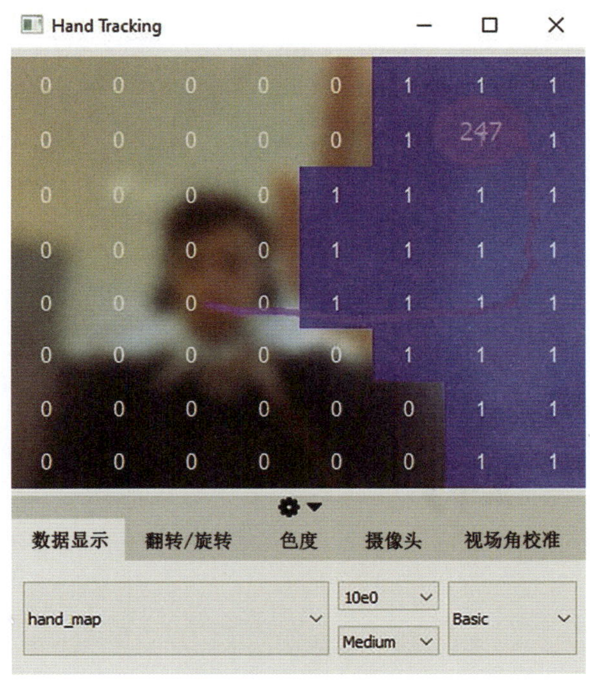

图 16-23　显示界面

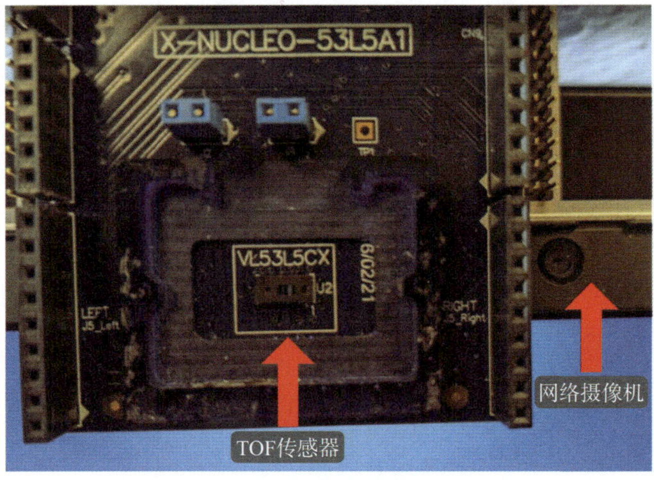

图 16-24　TOF 传感器放置位置

3）显示实时头像画面，如图 16–25 所示。

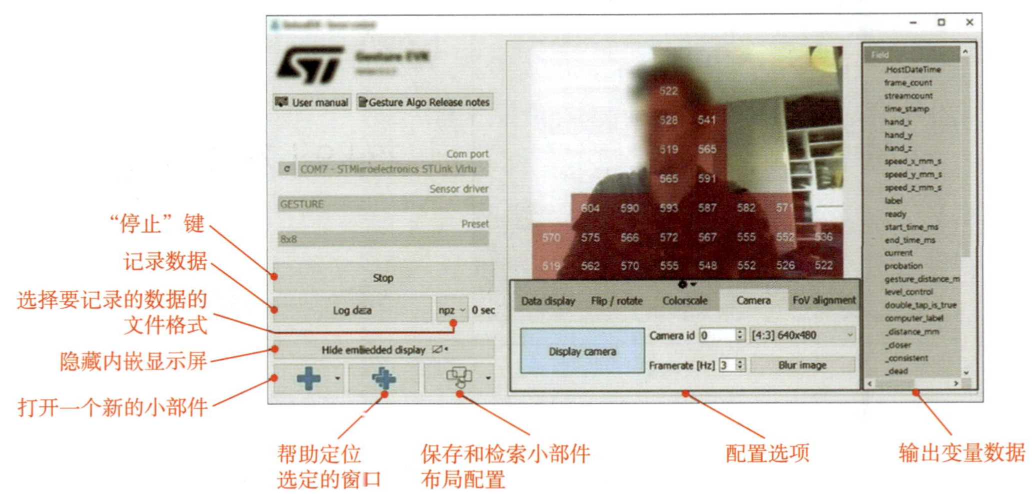

图 16–25　实时画面显示

① 单击显示头像后（图中白手指处），应显示摄像头图像。

② 如果没有，请先确保摄像头能正常工作。

③ 如果存在多个摄像头连接到计算机，应为不同的摄像头设置 ID 编码。

4）单击日志数据按钮开始数据记录，此时按钮应该变成灰色，如图 16–26 所示。

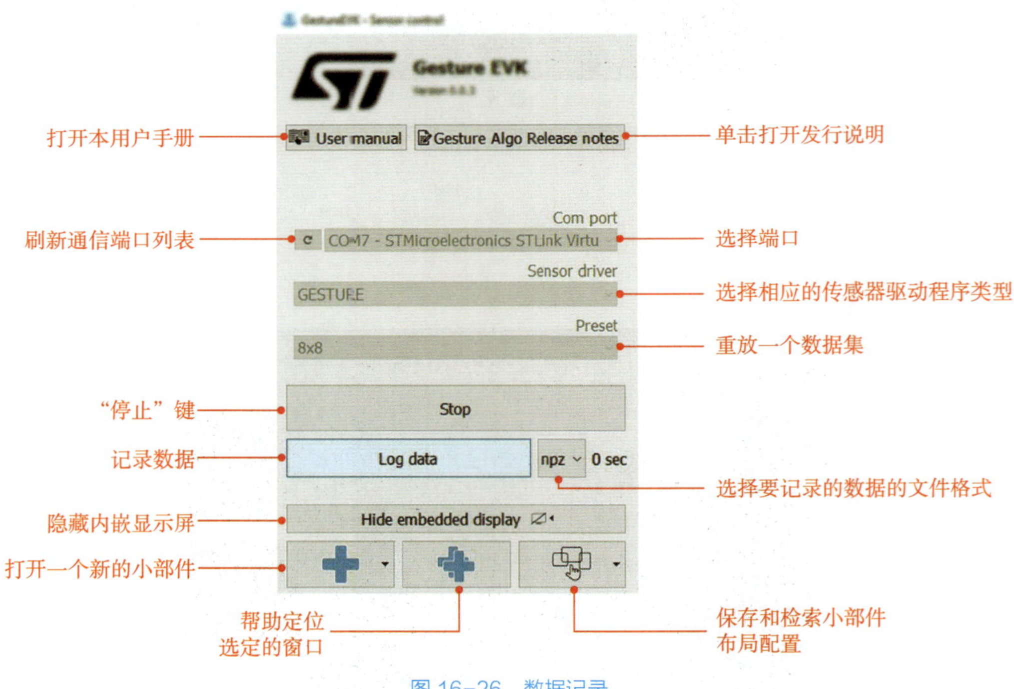

图 16–26　数据记录

5）执行预定的手势序列，如图 16–27 所示。

6）完成后，再次单击"日志数据记录"按钮以停止数据日志记录。

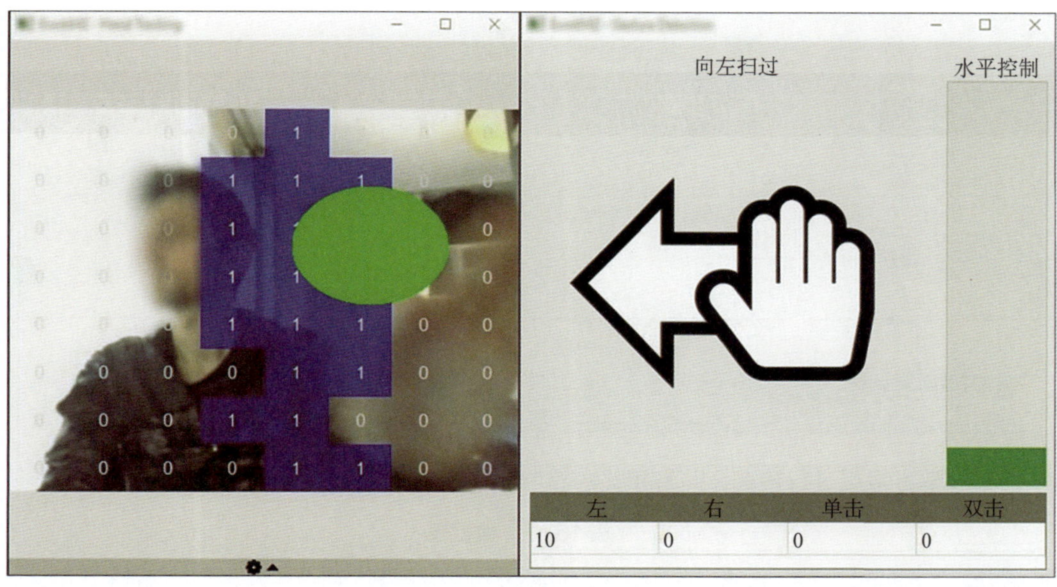

图 16-27　向左扫过屏幕

7）在计算机中检索日志，系统自动创建一个名称包含捕获日期和时间的新文件夹，例如："log_EwokMZ_gesture_api_8x8_20211206_172015"，并压缩该文件夹。

2. 技能操作

（1）操作准备

准备技能操作所需的物料，见表 16-5。

表 16-5　物料准备

类别	所需物料
设备、仪器、工具、资料	计算机、手势评估套件（软件和硬件）

（2）手势识别系统调试

结合所学知识，进行手势识别调试，将相关内容填写在表 16-6 中。

表 16-6　手势识别功能测试表

序号	步骤	关键点 / 注意事项
1		
2		
3		
4		
5		

情境四

续表

序号	步骤	关键点 / 注意事项
6		
7		
8		

检查评估

对本任务的学习情况进行检查，并将相关内容填写在表 16-7 中。

表 16-7 检查表

检查项目	检查结果	结果点评
手势识别功能测试		
是否正确调用手势识别功能	是□ 否□	
是否正确绘画出手势识别区域	是□ 否□	
是否准确找到手势识别系统的相关部件	是□ 否□	
手势识别调试		
是否正确装载手势识别评估套件	是□ 否□	
是否按照正确的流程执行手势识别系统设定	是□ 否□	
是否能够导出完整的评估日志	是□ 否□	
整理及恢复		
工具、设备是否整理并放置在指定位置	是□ 否□	
是否出现额外的人为故障	是□ 否□	
是否采取了必要的安全措施	是□ 否□	
是否充分地进行团队沟通与协作	是□ 否□	

任务小结

本任务小结如图 16-28 所示。

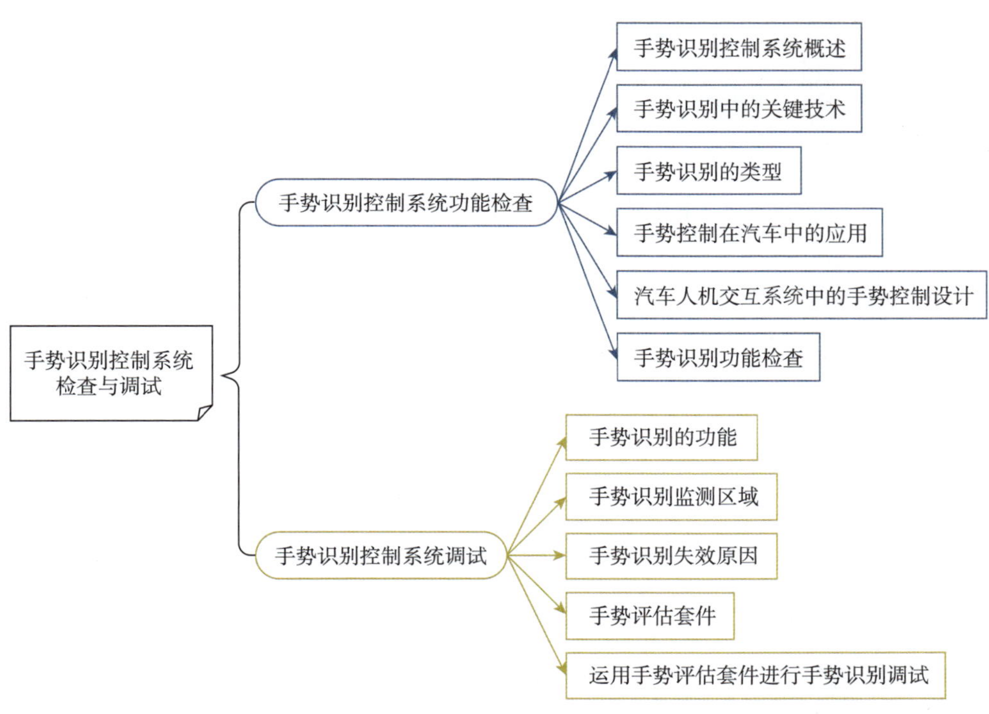
手势识别控制系统
检查与调试
手势识别控制系统功能检查
手势识别控制系统概述
手势识别中的关键技术
手势识别的类型
手势控制在汽车中的应用
汽车人机交互系统中的手势控制设计
手势识别功能检查
手势识别控制系统调试
手势识别的功能
手势识别监测区域
手势识别失效原因
手势评估套件
运用手势评估套件进行手势识别调试

图 16-28　本任务小结